Nutrição
Visão Atual e do Futuro

Nutrição
Visão Atual e do Futuro

Roberta Soares Lara
Lara Cristiane Natacci
ORGANIZADORAS

Manole

Copyright © 2018 Editora Manole Ltda., por meio de contrato com as organizadoras.

Este livro contempla as regras do Acordo Ortográfico da Língua Portuguesa de 1990, que entrou em vigor no Brasil em 2009.

Editora gestora: Sônia Midori Fujiyoshi
Editora: Ana Maria da Silva Hosaka
Capa: Rubens Lima
Editoração eletrônica: Estúdio Asterisco
Ilustrações: Rafael Zemantauskas

CIP-Brasil. Catalogação na Publicação
Sindicato Nacional dos Editores de Livros, RJ, Brasil

Nutrição: visão atual e do futuro / organização Roberta Soares Lara, Lara Cristiane Natacci. – 1. ed. – Barueri [SP]: Manole, 2018.
248 p.; 23 cm.

ISBN 978-85-204-5250-9

1. Nutrição – Estudo e ensino – Brasil. 2. Nutricionistas – Orientação profissional. I. Lara, Roberta Soares. II. Natacci, Lara Cristiane.

18-50122	CDD: 612.30981
	CDU: 613.2:37.02

Todos os direitos reservados.
Nenhuma parte deste livro poderá ser reproduzida, por qualquer processo, sem a permissão expressa dos editores. É proibida a reprodução por fotocópia.

A Editora Manole é filiada à ABDR – Associação Brasileira de Direitos Reprográficos.

Direitos adquiridos pela:
Editora Manole Ltda.
Avenida Ceci, 672 – Tamboré
06460-120 – Barueri – SP – Brasil
Tel.: (11) 4196-6000
www.manole.com.br
info@manole.com.br

Impresso no Brasil
Printed in Brazil

Sobre as organizadoras

Lara Cristiane Natacci
Nutricionista. Doutoranda em Ciências na Faculdade de Medicina da Universidade de São Paulo (FM-USP). Mestre em Ciências pela FM-USP e *coach* de Bem-estar pela American College of Sports and Medicine. Fez especialização em Nutrição Clínica Funcional pela Universidade Ibirapuera; em Distúrbios do Comportamento Alimentar pela Université de Paris 5 René Descartes, França; em Bases Fisiológicas da Nutrição no Esporte pela Universidade Federal de São Paulo (Unifesp). Membro da Câmara Técnica de Comunicação e Marketing do Conselho Regional de Nutricionistas da Terceira Região (CRN3) e da Comissão de Comunicação da Sociedade Brasileira de Alimentação e Nutrição (Sban).

Roberta Soares Lara
Residência em Nutrição Clínica pelo Hospital das Clínicas da Faculdade de Medicina de Ribeirão Preto da Universidade de São Paulo (HCFMRP-USP). Fez especialização em Nutrição e Cardiologia pela Sociedade de Cardiologia do Estado de São Paulo (Socesp). Doutora em Investigação Biomédica pela FMRP-USP. Pesquisadora do Laboratório de Genômica Nutricional da Universidade Estadual de Campinas (Unicamp). Membro do Grupo de Nutrição da Sociedade Brasileira de Cardiologia (SBC).

Sobre os autores

Ana Carolina Barco Leme
Nutricionista, mestre e doutora pela Faculdade de Saúde Pública da Universidade de São Paulo (FSP-USP). Bolsista do programa de doutorado sanduíche Capes pelo Priority Research Centre in Physical Activity and Nutrition, University of Newcastle, Austrália. Pós-doutoranda pela FSP-USP e bolsista no Children's Nutrition Research Center, Baylor College of Medicine, EUA, do programa Bolsa de Estágio de Pesquisa no Exterior da Fundação de Amparo à Pesquisa do Estado de São Paulo (Bepe/Fapesp).

Ana Maria Pita Lottenberg
Mestre e doutora em Nutrição pela Faculdade de Ciências Farmacêuticas da Universidade de São Paulo (FCF-USP). Nutricionista da disciplina de Endocrinologia da Faculdade de Medicina da USP, atuando na área de pesquisa em lípides, com ênfase em doenças cardiometabólicas. Professora de Nutrição e coordenadora do curso de Especialização em Nutrição nas Doenças Crônicas não Transmissíveis da Faculdade Israelita de Ciências da Saúde Albert Einstein. Membro do Departamento de Nutrição da Sociedade Brasileira de Diabetes e coordenadora do Núcleo em Nutrição do Departamento de Aterosclerose da Sociedade Brasileira de Cardiologia (SBC).

Andrea Zaccaro de Barros
Mestre em Ciências da Saúde pela Faculdade de Medicina do ABC. Especialista em Fisiologia do Exercício pela Universidade Federal de São Paulo (Unifesp). Presidente da Associação Brasileira de Nutrição Esportiva.

Bartira Mendes Gorgulho
Professora do Departamento de Alimentos e Nutrição da Faculdade de Nutrição da Universidade Federal de Mato Grosso (UFMT). Pós-doutorado no Departamento de Nutrição da Faculdade de Saúde Pública da Universidade de São Paulo (FSP-USP). Nutricionista, mestre e doutora em Nutrição em Saúde Pública pela mesma instituição.

Célia Suzuki
Nutricionista pela Pontifícia Universidade Católica de Campinas (PUC-Campinas). Pós-graduada em Marketing pela Escola Superior de Propaganda e Marketing (ESPM). Possui experiência de mais de 20 anos na indústria de alimentos.

Cristiane Kovacs
Mestre em Ciências pela Universidade Federal de São Paulo (Unifesp). Especialista em Nutrição Clínica pelo Ganep e em Distúrbios Metabólicos e Risco Cardiovascular pelo CCV. Responsável pelo ambulatório de nutrição clínica do Instituto Dante Pazzanese de Cardiologia.

Dennys Esper Cintra
Nutricionista pela Universidade de Alfenas; mestre em Ciência da Nutrição pela Universidade Federal de Viçosa; doutor e pós-doutor em Clínica Médica pela Universidade Estadual de Campinas (Unicamp). Especialista em jornalismo científico pela Unicamp. Coordenador do Laboratório de Genômica Nutricional da Unicamp; do Centro de Estudos e Pesquisas em Lipídios e Nutrigenômica. Pesquisador de Produtividade do CNPq.

Diogo Thimoteo da Cunha
Docente e pesquisador da Faculdade de Ciências Aplicadas da Universidade Estadual de Campinas (Unicamp) atuando na área de nutrição em alimentação coletiva. Mestre e doutor pela Universidade Federal de São Paulo (Unifesp) e especialista em Alimentação Coletiva pela Associação Brasileira de Nutrição (Asbran). Foi coordenador do curso de Nutrição da Unicamp, membro do colegiado 2014-2017 do Conselho Regional de Nutricionistas da Terceira Região (CRN3) e assessor da Agência Nacional de Vigilância Sanitária (Anvisa) e do Ministério da Educação na área de Risco Sanitário e Alimentação Escolar.

Dirce Maria Lobo Marchioni
Professora do Departamento de Nutrição da Faculdade de Saúde Pública da Universidade de São Paulo (FSP-USP). Pós-doutorado pelo Imperial College London, Reino Unido, e pela Fundação Oswaldo Cruz (Fiocruz). Nutricionista, mestre, doutora e livre-docente em Nutrição em Saúde Pública pela FSP-USP.

Geórgia Alvares de Castro
Mestre em Tecnologia de Alimentos pela Universidade Estadual de Campinas (Unicamp). Especialista em Administração Industrial pela Universidade de São Paulo (USP). Doutora em Alimentos e Nutrição pela Unicamp e pelo Institut National de la Recherche Agronomique (Inra), França.

Gláucia Cristina Conzo
Nutricionista pela Universidade São Judas Tadeu. Pós-graduada em Aperfeiçoamento em Gerontologia pela Universidade Federal de São Paulo (Unifesp). Especialista em Saúde Coletiva pela Associação Brasileira de Nutrição (Asbran); em Gestão de Unidade Produtora de Refeições pelo Sindicato dos Nutricionistas de São Paulo (Sinesp); em Segurança Nutricional e Qualidade dos Alimentos pela Universidade Gama Filho (UGF); em Nutrição Clínica: prática, metabolismo e terapia nutricional pela Universidade Estácio de Sá (UES).

Josiane Steluti
Nutricionista pela Faculdade de Saúde Pública da Universidade de São Paulo (FSP-USP). Mestre e doutora em Ciências pelo Programa Nutrição em Saúde Pública da USP e, atualmente, pós-doutoranda no Departamento de Nutrição da mesma instituição. Pesquisadora com diversos trabalhos publicados nas áreas de epidemiologia nutricional, saúde pública, análise nutricional da população, métodos de avaliação do consumo e deficiência nutricional de micronutrientes e nutrigenética.

Juliana Aiko Watanabe Tanaka
Graduada em Nutrição pela Faculdade de Saúde Pública da Universidade de São Paulo (FSP--USP). Especialista em Nutrição Hospitalar em Cardiologia pelo Instituto do Coração do Hospital das Clínicas da Faculdade de Medicina da Universidade de São Paulo (Incor-HCF-MUSP). Especialista em Padrões Gastronômicos pela Universidade Anhembi Morumbi (UAM).

Lia Mara Lemos Giro
Graduada em Nutrição pela Universidade de Mogi das Cruzes (UMC). Especialista em Fisiologia do Exercício pela Universidade Federal de São Paulo (Unifesp); em Marketing Nutricional pelo Centro Universitário São Camilo e em Comunicação e Jornalismo pela Universidade Metodista de São Paulo. Membro da Câmara Técnica de Comunicação do Conselho Regional de Nutricionistas da Terceira Região (CRN3).

Luciana Lancha
Nutricionista pela Faculdade de Saúde Pública da Universidade de São Paulo (FSP-USP). Graduada em Esporte pela Escola de Educação Física e Esporte da USP (EEFE-USP). Mestre em Biologia Celular pelo Instituto de Biologia da Universidade Estadual de Campinas (Unicamp). Doutora em Ciências pelo Instituto de Ciências Biomédicas da USP. Pós-doutora no Institut de la Recherche Agronomique-Paris, França. *Personal/professional coach* formada pela Sociedade Brasileira de Coaching. *Wellness coach* formada pela WellCoaches by ACSM (American College of Sports Medicine). Possui certificação em Mindfulness pelo Mindfulness e Movimentos de Integração.

Marcelo Macedo Rogero
Nutricionista formado pela Faculdade de Saúde Pública da Universidade de São Paulo (FSP-USP). Especialista em Nutrição em Esporte pela Associação Brasileira de Nutrição (Asbran). Mestre e doutor em Ciência dos Alimentos pela Faculdade de Ciências Farmacêuticas da USP (FCF-USP). Pós-doutor em Ciência dos Alimentos pela mesma instituição. Pós-doutorado na Faculdade de Medicina da Universidade de Southampton, Inglaterra. Professor associado do Departamento de Nutrição da FSP-USP. Coordenador do Laboratório de Genômica Nutricional e Inflamação (Genuin).

Maria Carolina Gonçalves Dias
Nutricionista chefe da Divisão de Nutrição e Dietética do Instituto Central do Hospital das Clínicas da Faculdade de Medicina da Universidade de São Paulo (ICHC-FMUSP). Coordenadora administrativa da Equipe Multiprofissional de Terapia Nutricional do Hospital das Clínicas (EMTN-HC). Mestre em Nutrição Humana pela USP. Especialista em Nutrição Parenteral e Enteral pela Sociedade Brasileira de Nutrição Enteral e Parenteral (SBNPE); em Nutrição Clínica pela Associação Brasileira de Nutrição (Asbran); em Administração Hospitalar pelo Instituto de Pesquisas Hospitalares. Tutora da Residência de Nutrição Clínica em Gastroenterologia do ICHC-FMUSP.

Maria Cristina Rubim Camargo

Mestre em Administração pela Universidade Presbiteriana Mackenzie, especialista em Administração pela Fundação Getúlio Vargas e graduada em Nutrição pelo Centro Universitário São Camilo. Auditora líder de certificação ISO 9000 pela Fundação Carlos Alberto Vanzolini. *Personal/professional coach* pela Sociedade Brasileira de Coaching. Docente e supervisora de estágio do curso de Nutrição e coordenadora de pós-graduação em Gestão de Negócios em Alimentação e Nutrição no Centro Universitário São Camilo. Atua também como sócia e diretora do Instituto Nutra e Viva Ltda., empresa de consultoria em alimentação e nutrição.

Mariana Del Bosco Rodrigues

Nutricionista pelo Centro Universitário São Camilo; especialista em Fisiologia do Exercício pela Universidade Federal de São Paulo (Unifesp); mestre em Ciências pela Faculdade de Medicina da Universidade de São Paulo (FMUSP). É membro da Associação Brasileira para o Estudo da Obesidade e da Síndrome Metabólica (Abeso) e da International Network for Diet in Nutrition in Allergy (Indana).

Marle Alvarenga

Nutricionista, mestre, doutora e pós-doutora em Nutrição pela Faculdade de Saúde Pública da Universidade de São Paulo (FSP-USP). Orientadora do Programa de Pós-graduação em Nutrição em Saúde Pública da FSP-USP. Coordenadora do Grupo Especializado em Nutrição, Transtornos Alimentares e Obesidade (Genta); supervisora do grupo de nutrição do Programa de Transtornos Alimentares (Ambulim-HC-FMUSP). Idealizadora do Instituto Nutrição Comportamental.

Mônica Beyruti

Especialista em Nutrição em Cardiologia pela Sociedade de Cardiologia do Estado de São Paulo (Socesp); em Fisiologia do Exercício pela Universidade Federal de São Paulo (Unifesp); em Fitoterapia pela Faculdade do Meio Ambiente e de Tecnologia de Negócios (Famatec). Membro do departamento de Nutrição da Associação Brasileira para o Estudo da Obesidade e da Síndrome Metabólica (Abeso).

Olga Maria Silverio Amancio

Professora livre-docente associada do Departamento de Pediatria da Escola Paulista de Medicina da Universidade Federal de São Paulo (EPM-Unifesp). Presidente da Sociedade Brasileira de Alimentação e Nutrição (Sban). Assessora da Agência Nacional de Vigilância Sanitária (Anvisa) na área de Alimentos.

Priscila Maximino

Nutricionista. Pesquisadora do Instituto Pensi – Ensino e Pesquisa em Saúde Infantil, no Hospital Infantil Sabará. Especialista e mestre pela Universidade Federal de São Paulo (Unifesp). Autora do *Guia Descomplicado da Alimentação Infantil*. Docente do curso de pós-graduação do Hospital Israelita Albert Einstein.

Rita de Cássia de Aquino

Nutricionista. Doutora em Saúde Pública pela Faculdade de Saúde Pública da Universidade de São Paulo (FSP-USP) e mestre em Nutrição Humana Aplicada pela USP. Docente do Mestrado Multidisciplinar em Ciências do Envelhecimento da Universidade São Judas e nos cursos de Nutrição da Universidade São Judas; Universidade Cruzeiro do Sul e Universidade Municipal de São Caetano.

Rosana Raele
Nutricionista pelo Centro Universitário São Camilo. Especialista em Nutrição Clínica pela Associação Brasileira de Nutrição (Asbran); em Nutrição Funcional pelo Centro Valéria Paschoal de Educação, da Universidade Ibirapuera (Unib); em Cardiologia pela Sociedade de Cardiologia do Estado de São Paulo (Socesp). Responsável pela implantação do Serviço de Nutrição em Medicina Preventiva do Hospital Albert Einstein. Possui experiência de 30 anos em nutrição clínica, além de uma larga experiência como *personal diet*, atuando há mais de 17 anos na área. Atualmente é mestranda em Educação em Saúde pela USP e docente convidada dos cursos de pós-graduação das instituições: Hospital Albert Einstein, Centro Universitário São Camilo e Ganep.

Sonia Tucunduva Philippi
Docente e pesquisadora do Departamento de Nutrição da Faculdade de Saúde Pública da Universidade de São Paulo (FSP-USP). Professora associada com mestrado e doutorado pela USP. Foi presidente da Associação Paulista de Nutrição (Apan); membro da diretoria da Associação Brasileira de Nutrição (Abran); do Conselho Consultivo da Sociedade Brasileira de Alimentação e Nutrição (Sban) e vice-presidente do Conselho Regional de Nutricionistas da Terceira Região (CRN3) no período 2014-2017. Recebeu importantes prêmios na área da saúde e nutrição: Prêmio 100 Mais Influentes da Saúde – Revista Healthcare Management; Prêmio Saúde – Editora Abril; Prêmio Dra. Eliete Salomon Tudisco do CRN3 – destaque profissional na área acadêmica – e Homenagem LIDE Saúde Nutrição. É autora do *software* Web Virtual Nutri Plus; coordenadora da coleção *Guias de Nutrição e Alimentação* e autora dos livros: *Nutrição e técnica dietética, Frutas: onde elas nascem?, Recomendações nutricionais – nos estágios de vida e nas doenças crônicas não transmissíveis* e *Tabela de composição de alimentos*, todos publicados pela Editora Manole.

Sueli Longo
Mestre em Comunicação Social pela Universidade Metodista de São Paulo. Graduada em Nutrição pelo Centro Universitário São Camilo, Campus Ipiranga. Especialista em Nutrição e Esporte pela Associação Brasileira de Nutrição (Asbran); em Nutrição em Cardiologia pela Sociedade de Cardiologia do Estado de São Paulo (Socesp); em Nutrição Clínica pelo Centro Universitário São Camilo. Nutricionista da Seleção Brasileira Masculina de Handebol (2000-2005). Vice-presidente da Associação Brasileira de Nutrição Esportiva (2010-2012/2014-2016). Integrante da Comissão de Comunicação da Sociedade Brasileira de Alimentação e Nutrição (desde 2015). Sócia-proprietária do Instituto de Nutrição Harmonie. Autora do livro *Manual de Nutrição para o Exercício Físico*. Vencedora do Prêmio Dra. Eliete Salomon Tudisco, Destaque Profissional 2016, na categoria Nutrição Esportiva.

Vanderlí Fátima Marchiori
Nutricionista pelo Centro Universitário São Camilo. Fitoterapeuta pelo Manchester Institute. Especialista em Nutrição Clínica Funcional pelo Centro Valéria Paschoal de Educação; em Psicologia Transpessoal pela Associação Luso Brasileira de Transpessoal; em Fitoterapia Integrativa pela Faculdade do Meio Ambiente e Tecnologia de Negócios (Famatec). Presidente da Associação Paulista de Fitoterapia. Colaboradora técnica do Conselho Federal e Regional de Nutricionistas e da Associação Paulista de Nutrição. Instrutora Oficial de Mindfulness Based Eating. Professora convidada de hospitais e de várias universidades públicas e privadas no curso de graduação e pós-graduação em Nutrição. Sócia-fundadora da Sociedade Brasileira de Nutrição Esportiva.

Sumário

PREFÁCIO XIII

INTRODUÇÃO
Por que resolvemos escrever este livro? XV

CAPÍTULO 1
A nutrição e os desafios da sociedade moderna 1
Sonia Tucunduva Philippi, Rita de Cássia de Aquino, Ana Carolina Barco Leme

CAPÍTULO 2
Estratégias de marketing para o nutricionista 27
Maria Cristina Rubim Camargo

CAPÍTULO 3
A comunicação na nutrição 39
Lia Mara Lemos Giro

CAPÍTULO 4
A comunicação e os riscos nutricionais 73
Marle Alvarenga

CAPÍTULO 5
Consultório – estruturação e gerenciamento 80
Mônica Beyruti

CAPÍTULO 6
Personal diet e atendimento domiciliar 93
Rosana Raele

XII Nutrição: Visão Atual e do Futuro

CAPÍTULO 7
Estratégias educativas, *coaching* e comportamento......................101
Luciana Lancha

CAPÍTULO 8
A criança e a família...110
Priscila Maximino, Mariana Del Bosco Rodrigues

CAPÍTULO 9
Fitoterapia, estética e alimentos com propriedades funcionais..............119
Vanderlí Fátima Marchiori

CAPÍTULO 10
Nutrição hospitalar e ambulatorial.................................139
Cristiane Kovacs, Maria Carolina Gonçalves Dias

CAPÍTULO 11
Nutrição esportiva..154
Andrea Zaccaro de Barros, Sueli Longo

CAPÍTULO 12
Práticas culinárias e gastronomia..................................165
Gláucia Cristina Conzo, Juliana Aiko Watanabe Tanaka

CAPÍTULO 13
Nutrição *in company*..172
Lara Cristiane Natacci, Roberta Soares Lara

CAPÍTULO 14
O meio acadêmico...178
Olga Maria Silverio Amancio, Ana Maria Pita Lottenberg

CAPÍTULO 15
O nutricionista no campo da saúde pública 185
Dirce Maria Lobo Marchioni, Bartira Mendes Gorgulho, Josiane Steluti

CAPÍTULO 16
O nutricionista em alimentação coletiva.............................196
Diogo Thimoteo da Cunha

CAPÍTULO 17
Atuação do nutricionista na indústria:
um campo muito promissor e pouco conhecido 207
Geórgia Alvares de Castro, Célia Suzuki

CAPÍTULO 18
Genômica nutricional..219
Marcelo Macedo Rogero, Dennys Esper Cintra

Prefácio

Escrever o prefácio do livro *Nutrição: Visão Atual e do Futuro*, organizado pelas Dras. Roberta Soares Lara e Lara Natacci, foi uma grande honra para mim, principalmente por tratar-se de nutricionistas pelas quais tenho o maior respeito e admiração, além de considerar o tema de grande relevância. Esta obra procura discutir as grandes áreas de atuação do nutricionista, fornecendo subsídios e embasamento para aqueles que iniciam na profissão ou pretendem fazê-lo; e também esclarece a população em geral sobre o papel do nutricionista na sociedade. Com certeza será um guia para os recém-formados ingressantes no mercado de trabalho, além de possibilitar uma maior abrangência de campos de atuação, visto que considera a evolução científica dos conhecimentos sobre alimentos e nutrição.

A nutrição na atualidade está cada vez mais valorizada e não há dúvidas de que pode influenciar tanto em aspectos de manutenção da saúde como na redução do risco de doenças. E sempre é bom lembrar que em qualquer profissão, quando se desempenha o trabalho com amor, fazendo o que se gosta, o sucesso é inevitável. De modo mais objetivo, discorrendo sobre os capítulos que compõem o livro, podemos inicialmente parabenizar os autores pela qualidade das informações, que foram organizadas de forma clara e abrangente. A abordagem inicia-se com a importância de uma alimentação adequada levando em consideração os desafios atuais – a alimentação da criança em família, as práticas culinárias e a gastronomia – mas num segundo momento também aborda o futuro, ao discorrer sobre a nutrição personalizada com os fundamentos da genômica nutricional. Apresenta ainda a atuação do nutricionista em seus vários segmentos, como: saúde pública, alimentação coletiva, nutrição na clínica, nutrição esportiva, indústria de alimentos, fitoterapia e marketing nutricional, além de tratar sobre a docência e de incluir assuntos voltados à comunicação, as ferramentas mais modernas de *coaching* e aspectos comportamentais. Portanto, finalizo recomendando este livro a todos os estudantes da área de nutrição, assim como para outros profissionais de áreas correlatas e qualquer pessoa que tenha interesse em conhecer melhor as possibilidades de atuação do nutricionista.

Silvia M. Franciscato Cozzolino
*Professora Titular da Faculdade
de Ciências Farmacêuticas da
Universidade de São Paulo (FCF-USP)*

INTRODUÇÃO

Por que resolvemos escrever este livro?

O crescente número de novos cursos de graduação em Nutrição no país tem ocasionado um aumento significativo de profissionais lançados ao mercado ano a ano. Por essa razão, torna-se cada vez mais relevante que tais profissionais compreendam a importância do aprofundamento ou maior *expertise* dentro de cada temática profissional escolhida. Entendemos que há necessidade de aperfeiçoamento constante, com base em revisões e evidências científicas, e que esta se relacionará de forma direta com a qualidade e o destaque profissional, o que permitirá o desenvolvimento profissional, aliado a um senso crítico mais apurado, que será muito bem-vindo à triagem das informações que atualmente cercam o profissional da área de nutrição.

Ao pensarmos sobre este cenário, nosso objetivo principal não é impor regras, métodos ou formatos de atuação, mas sim, nortear ações para o exercício legal da profissão, bem como promover o conhecimento das diferentes especialidades na área de atuação do profissional de nutrição, o que pode contribuir para a escolha dos profissionais recém-formados ou mudanças de especialidades para profissionais mais experientes. Para tais finalidades, contamos nesta obra com a contribuição de colegas experientes e especializados nas principais áreas que envolvem a ciência da nutrição.

Nossos colaboradores relatam aqui sobre particularidades de sua área de atuação, sua evolução e como se destacaram dentro do que escolheram, mostrando ao leitor aspectos específicos de sua vida profissional. Esperamos assim que nossa contribuição com esta obra seja proporcionar uma leitura agradável, que possa auxiliar como referência para todos os profissionais que pretendem se aprofundar em um dos segmentos da nutrição com excelência.

A escolha do título desta obra nos exigiu carinho e coerência com aquilo que desejamos mostrar aos leitores; sendo assim, chegamos à conclusão de que participaremos de forma mais efetiva, por meio de ações simples, do presente e do futuro de profissionais de nutrição que estão em formação ou especialização, para que suas escolhas sejam fundamentadas em experiências profissionais verdadeiras e consistentes, compreendendo a importância da abordagem científica, isenta de modismos, com condutas adequadas baseadas na responsabilidade, ética, saúde e bem comum. É com base neste propósito que trazemos aqui *Nutrição: Visão Atual e do Futuro*.

CAPÍTULO 1

A nutrição e os desafios da sociedade moderna

Sonia Tucunduva Philippi
Rita de Cássia de Aquino
Ana Carolina Barco Leme

INTRODUÇÃO

Os aspectos ligados ao estudo do padrão alimentar das populações podem contribuir para o planejamento e a avaliação de dietas, seja no atendimento nutricional individualizado ou em programas de intervenção para coletividades.

Os determinantes ambientais do *status* de peso (estado nutricional), que interferem diretamente na saúde, podem ser aqueles relacionados aos hábitos alimentares, à quantidade e à qualidade dos alimentos e à forma como as pessoas se alimentam. O preparo dos alimentos, as técnicas dietéticas empregadas, assim como a opção de se alimentar dentro ou fora do domicílio, com a aquisição ou não dos alimentos preparados, são variáveis que merecem atenção, pois estão interferindo no estado de saúde das populações com o aumento das doenças crônicas não transmissíveis (DCNT). Os aspectos comportamentais ligados à alimentação assumem um papel relevante ao se avaliar a alimentação em família, os aspectos biopsicossociais ligados à alimentação, fatores como estresse e ansiedade e, ainda, as doenças que repercutem e influem na alimentação.

Todos os ciclos da vida são importantes para a orientação da alimentação, desde os 1.000 dias, os escolares, os adolescentes, as gestantes e os adultos, nos aspectos ligados ao envelhecimento.

PADRÃO ALIMENTAR DO BRASILEIRO

A Organização Mundial da Saúde (OMS)[1] sugere que os estudos devem ser baseados nos alimentos. Essa abordagem levou à avaliação de estudos que se referem ao termo padrão dietético, ou padrão alimentar, definido como um conjunto de alimentos consumidos por uma população específica.[2-5]

A análise da ingestão diária de nutrientes ou alimentos tem sido abordada nos estudos de nutrição, porém os indivíduos não consomem esses nutrientes/alimentos separadamente, e sim de maneira estruturada, compondo diferentes refeições ou lanches, com uma variedade e diversidade de alimentos, com combinações complexas de nutrientes que interagem entre si, facilitando ou dificultando a absorção de outros nutrientes.[3] A fim de compreender as recomendações dietéticas para a população, os itens de alimentos e bebidas, portanto, podem ser avaliados por meio dos inquéritos dietéticos (ou seja, recordatórios habitual ou 24 horas, questionários de frequência e diários alimentares), que são agrupados de acordo com critérios como: valor nutricional, hábitos de ingestão do indivíduo, dados da literatura e experiência profissional em outros trabalhos.

Os itens alimentares que apresentarem ingestão suficiente em uma refeição específica e/ou lanche podem ser agrupados. Nas pesquisas que envolvem o consumo alimentar, para se avaliar o padrão alimentar, existem três diferentes estágios de classificação ou reclassificação dos grupos por meio de técnicas estatísticas.[3] Os grupos de alimentos/bebidas podem ser agrupados por refeições, como café da manhã, almoço e jantar, e por lanches intermediários, formando, assim, um padrão dietético por refeições ou por lanches.

A análise do padrão dietético de acordo com as refeições ou lanches permite a identificação das características específicas, assim como a combinação detalhada desses alimentos e bebidas e a prevalência das refeições e lanches omitidos. Geralmente, a literatura científica concede mais privilégio para o café da manhã, considerado a refeição mais importante do dia. No entanto, devem ser implementadas avaliações que permitam a identificação dos padrões das demais refeições, não menos importantes, como o almoço, o jantar e os lanches intermediários.[6,7]

Os padrões dietéticos de refeições são multidimensionais e podem ser descritos de acordo com seu padrão, formato e contexto. No entanto, em razão do limite de métodos de avaliação dietética disponíveis, a maioria das pesquisas tem focado na padronização da refeição. A variedade de alimentos tem sido utilizada para examinar os padrões das refeições. Outros critérios adicionais têm sido adotados na avaliação sobre esses padrões, que podem apresentar impacto nos tipos de padrão descritos na literatura.

As evidências sugerem que diferentes padrões de refeição ou lanches estejam relacionados com a ingestão de nutrientes e a qualidade global da dieta, com resultados consistentes, apresentando uma relação inversa entre a omissão do café da manhã e a ingestão de nutrientes e a qualidade da dieta. A omissão das refeições, não se considerando o café da manhã, tem sido raramente avaliada, porém pode ser importante, sobretudo em grupos vulneráveis como o dos idosos.

O impacto nutricional do lanche, da refeição e a frequência global da alimentação necessitam de mais estudos, e algumas pesquisas têm verificado como o tempo das refeições influencia na ingestão nutricional e na qualidade global da dieta. Esses aspectos são importantes pelas possíveis evidências que sugerem que o tempo da ingestão de energia ou de macronutrientes durante o dia pode estar associado com a obesidade e as DCNT (em especial as cardiometabólicas).[6] Portanto, pode-se dizer que a qualidade da dieta está associada com os padrões dietéticos.

Evidências de países de alta,[8-11] média e baixa renda[3,12] têm demonstrado dados semelhantes em relação ao padrão dietético. A presença de alimentos e bebidas com elevado teor de gorduras, açúcares e sódio, representados por alimentos prontos para consumo, como molhos de salada, enlatados, congelados e macarrão instantâneo, além de bebidas açucaradas (refrigerantes e sucos do tipo néctar e em pó) e biscoitos doces e salgados, entre outros,[8,11] opõe-se ao consumo reduzido dos grupos das verduras e legumes, das frutas, dos leites e produtos lácteos e dos grãos integrais. Algumas evidências denominam esse padrão alimentar como o padrão dietético ocidental.[3,13]

Em vista disso, o padrão alimentar afeta a saúde e o bem-estar dos indivíduos tanto de modo saudável como não saudável. Por muitos anos, o Departamento de Agricultura dos Estados Unidos (US Department of Agriculture – USDA) tem desenvolvido e disseminado os padrões alimentares recomendados para suprir as necessidades nutricionais. As evidências científicas ligadas a dieta e DCNT estão disponíveis; e os padrões alimentares do USDA têm incluído não somente as metas para adequação de nutrientes, mas também as recomendações para limitar alguns componentes dietéticos. Esses padrões têm representado a abordagem total dietética para as orientações alimentares, em contraste com guias anteriores, que apresentavam apenas uma dieta de base para a adequação de nutrientes.

Desde a década de 1980, demonstra-se que as metas de nutrição e os limites para os padrões alimentares se refletem nas recomendações dos guias dietéticos, que têm a intenção de auxiliar a população a realizar escolhas alimentares saudáveis.[14] Em 1992, o padrão alimentar no USDA era ilustrado na forma de pirâmide, e assim tornou-se o "Guia da pirâmide dos alimentos".[14] No Brasil, em 1999, Philippi et al.[15] adaptaram essa pirâmide à realidade brasileira e, assim, as evidências demonstram que o conjunto de alimentos que fazem parte de cada grupo da pirâmide dos alimentos[15] pode ser denominado de padrão alimentar baseado em estudos publicados sobre esse tema.[16,17]

Com a intenção de abordar os fatores dietéticos que contribuem para uma epidemia das doenças da modernidade, o Guia Alimentar para Americanos de 2010 recomenda que crianças e adultos limitem a ingestão de calorias provenientes de gorduras sólidas e açúcares adicionados, representados pela sigla em inglês SoFAS (*solid fat and added sugar*). A gordura saturada[18] e a gordura trans[19] são os principais contribuintes da gordura sólida. O consumo excessivo de SoFAS não somente substitui mais alimentos que são fontes de nutrientes densos, como também impulsiona a ingestão de energia acima das necessidades calóricas.[18,19] Em média, a ingestão diária das calorias advindas de gorduras sólidas e açúcares adicionados é 1.018 kcal, representando cerca de 52% do total das calorias.[19] Essa quantidade excede as recomendações máximas da ingestão de calorias para os alimentos permitidos com prudência.[20] As principais fontes de SoFAS incluem bebidas açucaradas, queijos, gordura hidrogenada, manteiga, margarina e creme vegetal, batata frita e salgadinhos (à base de milho e batata); leite e bebidas à base de leite, soja e iogurte; cereais prontos para consumo; e pizza.[19,20] As evidências demonstram que esses alimentos e bebidas são frequentemente comprados nos supermercados, lojas de conveniências, escolas e restaurantes do tipo *fast-food*.[20]

Os indivíduos que tendem a seguir os padrões dietéticos propostos pelos guias alimentares apresentam significativamente menor risco de mortalidade para todas as causas. Os indivíduos que apresentam níveis elevados de qualidade de dieta têm variedade e uma recomendação ideal de alimentos na sua dieta, sugerindo que seguir as orientações dos guias dietéticos pode reduzir a probabilidade de todas as causas de mortalidade.[21]

Evidência longitudinal[8] documenta a derivação dos padrões dietéticos com base na integração do relato de tempo de ingestão dietética, frequência da ingestão e a proporção diária de energia consumida para cada ocasião de ingestão. A qualidade da dieta pode indicar padrões dietéticos temporais, com impacto significativo na saúde, que merece contínuo desenvolvimento metodológico e refinamento de derivação de padrão. Os padrões dietéticos temporais associados com a média total da qualidade da dieta estão também relacionados com certas características como etnia/raça, idade, renda familiar e estado nutricional, que atuam como mediadores das disparidades de saúde relacionados à dieta.

Alimentos-fonte

Os valores nutritivos de um alimento e uma bebida podem ser atribuídos pela quantidade de energia (quilocalorias), macronutrientes (carboidratos, proteínas e lipídios) e micronutrientes (vitaminas, minerais e elementos-traço).[22] Por exemplo, o valor nutritivo do leite pode ser atribuído ao cálcio, à vitamina D e/ou à proteína. Para estabelecer o valor nutritivo de um alimento ou uma bebida é necessário associá-lo às fontes alimentares. Philippi et al. adotaram os conceitos de alimentos-fonte baseados nas ingestões dietéticas de referência, da sigla em inglês DRIs (*dietary reference intakes*), que são valores de referência desenvolvidos pelo Instituto de Medicina (Institute of Medicine). A intenção é servir de recomendação para uma boa nutrição e fornecer base científica para o desenvolvimento de guias alimentares. Esses valores de referência de nutrientes são especificados para idade, sexo e estágio de vida e apresentam mais de 40 nutrientes. As DRIs apresentam-se como um grupo de quatro valores de referência de ingestão de nutrientes: 1) necessidade média estimada (*estimated average requirement* – EAR); 2) ingestão dietética recomendada (*recommended dietary allowance* – RDA); 3) ingestão adequada (*adequate intake* – AI); 4) limite superior tolerável de ingestão (*tolerable upper intake level* – UL).[23] Para o conceito de alimento-fonte, adotaram-se os valores de referência AI e RDA (Quadro 1.1).

6 Nutrição: Visão Atual e do Futuro

Quadro 1.1. Classificação dos alimentos-fonte de acordo com o valor da DRI

Alimento-fonte: > 5% do valor da DRI em uma porção usual*
Alimento-boa fonte: entre 10 e 20% do valor da DRI em uma porção usual*
Alimento-excelente fonte: > 20% do valor da DRI em uma porção usual*

* Porção usual é uma medida comum de consumo, ou seja, unidade, xícara, copo, colher etc.

É importante destacar que a apresentação dos macro e micronutrientes, com base nos grupos da pirâmide dos alimentos, permite uma melhor compreensão do papel e da importância dos alimentos e das bebidas nas refeições e lanches intermediários.

Densidade energética

Conhecer a densidade energética (DE) dos alimentos é importante para o planejamento dietético e para um consumo mais adequado dos alimentos. Ela é definida como a quantidade de calorias presente em certa quantidade de alimento ou bebida consumida. A densidade do nutriente é definida pela média de ingestão de nutriente por porção de bebida ou alimento consumido.[24] Evidências científicas[17,24,25] com base nas orientações dos guias de alimentação saudável internacionais, como o da Austrália,[26] propõem que os alimentos e as bebidas sejam classificados de acordo com a densidade de energia e nutrientes. Os alimentos e as bebidas podem ser classificados da seguinte maneira:

- Alimentos do núcleo: denso-nutrientes de baixa energia. Por exemplo: frutas, legumes, verduras, leite e produtos lácteos, carnes e ovos, pães e cereais.
- Alimentos consumidos com moderação: alimentos denso-energéticos com baixo teor em nutrientes. Alimentos com altos teores de gordura, açúcar e/ou sal e fontes não significativas de micronutrientes, como produtos prontos para consumo (molhos, congelados); salgados assados (*croissant*, folhados e pão de queijo); salgados fritos; salgadinhos de pacote; bebidas açucaradas, como néctar de frutas, sucos artificiais, em pó e refrigerantes; além de balas e doces.

Desagregação dos alimentos e preparações culinárias

No processo de avaliação da dieta ou em estudos de consumo alimentar, vários alimentos, bebidas e preparações culinárias podem estar representados em mais de um grupo de alimento. A proporção dos macronutrientes presentes nesses itens é calculada e distribuída entre os diferentes grupos de alimentos[17] utilizando-se a distribuição dos grupos alimentares preconizada pela pirâmide dos alimentos.[17,27] A agregação ou desagregação das preparações poderia ser feita da seguinte forma:

- Verificar o macronutriente principal
- Identificar o grupo do alimento pertencente ao nutriente
- Converter em porção cada grupo destacado do seu nutriente-chave (gramas)
- Verificar o peso em gramas da porção × calorias do grupo

Como exemplo de preparação culinária será utilizada a pizza de muçarela (Tabela 1.1). Os principais nutrientes são a proteína (do queijo), o carboidrato (da massa) e o óleo/gordura, portanto esses nutrientes devem ser distribuídos nos seguintes grupos da pirâmide dos alimentos: 1) grupo do arroz, pão, massa (...); 2) grupo do leite, queijo e iogurte; 3) grupo dos óleos e gorduras. Com a estimativa das porções dos grupos de alimentos, cada grupo pode ser multiplicado pelo equivalente calórico dos grupos da pirâmide, e finalmente somam-se os grupos e o total de energia.[17]

Para orientar a identificação dos alimentos da preparação e seu respectivo grupo alimentar, podem ser seguidos os oito grupos de alimentos que são divididos em quatro níveis, de acordo com o principal nutriente da composição:

- Grupo do arroz, pão, massa, batata e mandioca: destaca a presença de carboidratos.
- Grupo das frutas, verduras e legumes: em adição aos carboidratos (frutose), destaca a presença de vitaminas e minerais.
- Grupo do leite, queijo e iogurte (principal fonte de cálcio), carnes e ovos, e feijões e oleaginosas: destacam-se as proteínas de origem animal e vegetal.

8 Nutrição: Visão Atual e do Futuro

Tabela 1.1. Exemplo do cálculo de desagregação da pizza (valores aproximados)

Pizza	Macronutriente	Gramas/ porção	Valores energéticos	kcal do grupo da pirâmide
Pizza de muçarela	Carboidrato	16,5	16,5 × 4 = 66	66/150 = 0,44
	Gordura	5,17	5,17 × 9 = 46	46/73 = 0,63
	Proteína	5,17	5,17 × 4= 21	21/120 = 0,17

Nota: equivalente a 1 fatia média (porção usual).

Alimento/preparação	Macronutriente	Equivalência na porção
Pizza de muçarela	Carboidrato	= 1/0,44 = 2,27
	Gordura	= 1/0,64 = 1,57
	Proteína	= 1/0,17 = 5,88

- Grupo dos óleos e gorduras, e açúcares e doces: devem ser consumidos com prudência.

ALIMENTAÇÃO FORA DE CASA

Entende-se por alimentação "fora de casa ou do domicílio" toda e qualquer refeição, alimento ou bebida adquiridos para consumo ou comercializados em locais como restaurantes, lanchonetes, cafés, redes de *fast-food*, lojas de conveniência, mercados, máquinas, pontos de venda na rua, *food trucks*, entre outros.

A forma *delivery*, pedidos de entrega de alimentos diretamente ao consumidor, em casa, no trabalho ou em qualquer outro lugar, também pode ser entendida como alimentação "fora de casa", pois é feita pelo estabelecimento comercial. Os chamados *fast-foods*, entendidos como refeições rápidas, com produtos alimentícios com baixa densidade energética e pouca quantidade de nutrientes, são representados por hambúrgueres, pizzas, salgados fritos e assados, sorvetes, doces/guloseimas e refrigerantes. Passaram a ter novas versões com a presença de refeições que incluem padrões dietéticos prudentes de denso-nutrientes e baixa energia, como as saladas e os produtos de culinária regional servidos principalmente em praças de alimentação de shoppings. Os locais onde os indivíduos comem fora do domicílio incluem quase sempre a presença de alimentos prontos para consumo. Nesse caso, incluem-se as máquinas de alimentos/bebidas, os cafés, os restaurantes, os supermercados e as lojas de conveniência.[28] Os alimentos consumidos fora do domicílio, por se desconhecerem os ingredientes e as técnicas dietéticas aplicadas, tendem a ser menos saudáveis do que os alimentos preparados em casa, particularmente em termos de energia e conteúdo de gordura.[29-32] Essa pode ser uma das prováveis explicações para as associações encontradas entre a frequência de comer fora do domicílio e a qualidade nutricional da dieta total e do peso corporal,[31,33] assim como se pode considerar o *delivery* como contribuinte para esse crescimento no peso corporal. Merecem, contudo, uma avaliação crítica as preparações culinárias feitas no próprio domicílio com relação aos ingredientes e ao preparo principalmente no que diz respeito a sal, óleo, açúcar e quantidades.

O consumo de alimentos e bebidas preparados fora do domicílio tem se tornado bastante frequente em todo o mundo e traz uma contribuição substancial às dietas dos indivíduos e aos gastos com a alimentação.[34,35] Por exemplo, cerca de 10% do total diário de ingestão de energia pelos indivíduos é estimado pelos alimentos preparados e consumidos fora do domicílio, com até 4% de adicional estimado por alimentos de entrega em domicílio e consumidos em casa. O gasto no consumo dos alimentos de entrega em domicílio aumentou em 11% nos últimos anos e, em termos reais, em média 2,86 dólares por pessoa por semana. De maneira semelhante, o gasto de comer fora (excluindo a ingestão de bebidas alcóolicas) aumentou em 7%, para 14,29 dólares por pessoa por semana, contabilizando mais de um quarto do total das despesas domiciliares com alimentação e bebidas não alcóolicas.[29]

As mudanças no estilo de vida da população em razão da globalização e da urbanização têm levado a mudanças nos padrões e comportamentos alimentares.[36,37] A falta de tempo para preparar e consumir alimentos estimula a indústria a desenvolver novas tecnologias para conservar e preparar alimentos, o que fornece uma maior variedade das opções prontas para consumo. Ademais, certos alimentos e bebidas têm se tornado globalizados e foram introduzidos em diferentes contextos cultural e econômico.[37] A entrada da mulher ocidental no mercado de trabalho é também um aspecto cultural que influencia no comer fora de casa. Na década de 1970, a mulher despendia cerca de 92 minutos/dia preparando e limpando os alimentos, e em 2006 houve uma redução desse tempo para 51 minutos/dia, sem um incremento compensatório no tempo despendido nessas atividades pelo homem.[38] No Brasil, nas últimas décadas, mudanças têm sido observadas nos hábitos alimentares dos indivíduos; não somente sobre o incremento de alimentos denso-energéticos com baixos nutrientes, mas também nos locais onde as refeições são consumidas e com relação aos tipos de alimento.[30,31]

Os dados da Pesquisa de Orçamentos Familiares (POF) de 2002-2003 e 2008-2009 demonstram aumento na média mensal despendida em comer fora (de 24,1% para 31,1%), principalmente em restaurantes do tipo *fast-food*,[34] ou seja, restaurantes que servem preparações rápidas, mas que geralmente apresentam na sua composição uma elevada densidade energética e uma composição baixa em nutrientes (vitaminas e minerais), representados por sanduíches e hambúrgueres, refrigerantes, sucos do tipo néctar (em caixinha ou lata), batatas fritas, algumas preparações congeladas, pizzas e salgados assados e fritos.

Estudo representativo realizado na cidade de São Paulo, ISA-Capital,[31] demonstrou que 32% dos indivíduos (adultos, idosos e adolescentes) reportaram que pelo menos uma das três principais refeições (café da manhã, almoço e jantar) era consumida fora de casa. A comparação entre comer em casa e fora de casa e a qualidade da dieta apresentou diferenças significativas para maior aporte do consumo das gorduras totais e saturadas nas refeições de café da manhã e almoço quando consumidas fora de casa. Houve diferenças estatisticamente significativas na média da pontuação para o almoço quando a refeição também era consumida fora de casa. Entretanto, o café da manhã consumido em casa apresentou menor variabilidade dos grupos de alimentos. A média da pontuação da qualidade da dieta foi de 58,29 (IC – Índice de Conversão de 95%: 57,08--59,49%; intervalo interquartil: 50,48-68,24) pontos, demonstrando o padrão dietético com baixo consumo de frutas, grãos integrais e alta ingestão de gordura e sódio. Entre as refeições, o almoço consumido fora de casa apresentou a pior qualidade, sendo superior em gordura total e saturada. Entretanto, as refeições consumidas em casa também precisavam de melhores ingredientes e preparações culinárias mais adequadas.[31]

Há evidências semelhantes nos países de alta renda.[29,32,33] Aproximadamente 41% das despesas domiciliares com alimentos/bebidas nos Estados Unidos são alocados nos alimentos obtidos fora de casa, o que representa um substancial aumento de 25% desde 1970.[39,40] A porcentagem da energia diária obtida pelas preparações feitas em casa apresentou redução de 77% no final da década de 1970 para cerca de 65% em meados de 1990, enquanto a porcentagem de energia dos restaurantes e *fast-foods* mais que dobrou, indo de 5% a 14% durante o mesmo período.[41] A maioria (95%) dos jovens adultos frequenta restaurantes do tipo *fast-food* ou de serviço *à la carte* pelo menos uma vez na semana. Os alimentos e bebidas mais consumidos são batatas fritas, hambúrgueres e refrigerantes, e ocorre baixo consumo de itens alimentares saudáveis e nutrientes-chaves.[32] Setenta e sete por cento dos alimentos consumidos como lanches são itens prontos para consumo; 18% dos lanches são preparados em casa e apenas 4% são obtidos fora de casa. Itens alimentares apresentam em média o conteúdo de energia de 218,81 ± 213,86 kcal, porém o conteúdo de energia pode variar de acordo com a forma de preparação do alimento. As preparações de alimentos também diferem na densidade energética e no peso dos itens consumidos. O sabor não difere nas preparações de alimentos.[33]

Essa constatação da substituição das refeições preparadas e consumidas fora de casa apresenta importantes implicações na qualidade da dieta, na obesidade e no risco para as DCNT. Maior consumo de alimentos fora de casa, principalmente *fast-food*, está ligado a piora da qualidade da dieta global, ingestão elevada de gordura total e saturada, e baixa ingestão de fibras.[30,32,33] Mais frequentemente, o comer fora de casa está também relacionado a maior adiposidade, *status* de excesso de peso e ganho de peso.[32,34] Em contraste, refeições planejadas e cozinhar em casa com mais frequência estão associados à redução de peso. O consumo de alimentos prontos está ligado ao incremento da circunferência da cintura na população adulta.[33]

A identificação de processos comportamentais que influenciam o consumo dos alimentos preparados em casa, prontos para consumo, e fora do domicílio é crucial para a compreensão da vulnerabilidade do ganho de peso no ambiente alimentar moderno e para a melhoria das estratégias e intervenções dietéticas para reduzir o risco da obesidade e DCNT. Em adição aos fatores demográficos, evidências prévias identificaram que a "orientação de conveniência" e "não gostar de cozinhar" são os principais impulsionadores da ingestão dos alimentos denso-energéticos e baixos em nutrientes. Essas preferências dos consumidores provavel-

O ENVELHECIMENTO DA POPULAÇÃO

mente refletem mais traços de comportamentos gerais que influenciam em aspectos da escolha alimentar e do comportamento alimentar.[33]

Nas últimas décadas, a longevidade da população é um fenômeno mundial. No Brasil, a população de idosos vem aumentando progressivamente, desde o início da década de 1960. Segundo o Instituto Brasileiro de Geografia e Estatística (IBGE), a projeção para 2050 é de 64 milhões de idosos, ou seja, cerca de 30% da população, colocando o Brasil entre os países com maior população idosa no mundo.[42] Essas alterações demográficas são acompanhadas por diversas preocupações sociais, visto que nessa fase de vida ocorrem alterações biológicas e metabólicas que repercutem nas condições de saúde do indivíduo.[43]

O envelhecimento é um processo natural que pode ocorrer de diversas formas. Alguns indivíduos se adaptam às alterações fisiológicas e alcançam o chamado "envelhecimento bem-sucedido" ou "envelhecimento ativo", denominado senescência; no caso de envelhecimento associado a doenças crônicas, incapacidade e fragilidade, denomina-se senilidade.[44]

As teorias relacionadas ao ritmo do envelhecimento têm considerado as alterações modulares e a ação dos radicais livres como as principais causas das mudanças observadas, consequências de mutações celulares, e os desfechos de um envelhecimento bem-sucedido são consequências de uma série de fatores relacionados ao estilo de vida.[45] Distúrbios nutricionais, como a desnutrição e a deficiência de micronutrientes, constituem problemas comuns entre os idosos, vistos muitas vezes como parte do processo natural.[46] Associado às alterações metabólicas decorrentes do envelhecimento, à má nutrição e à presença de doenças, é frequente o uso concomitante de múltiplos medicamentos que influenciam na ingestão de alimentos, digestão, absorção e utilização de diversos nutrientes, o que pode comprometer o estado de saúde e as necessidades nutricionais do idoso.[47]

Considerando-se o envelhecimento populacional, começa-se a definir velhice por volta dos 65 anos em países desenvolvidos, e a partir dos 60 anos em países em desenvolvimento. No entanto, esses limites de idade podem parecer inadequados quando avaliados individualmente.

Alterações no processo de envelhecimento

O envelhecimento pode refletir no estado nutricional do idoso, pois as mudanças observadas podem impactar no consumo alimentar e no aproveitamento dos nutrientes. A saúde bucal é um importante fator que determina as escolhas alimentares. Dentição incompleta e/ou próteses desajustadas podem comprometer a ingestão e a qualidade da dieta, principalmente se associadas a alterações/redução de salivação (xerostomia) e mudanças no paladar (sabor e aroma). Além disso, dificuldades e alterações sensoriais podem impactar e reduzir o apetite do idoso, principalmente quando associados ao uso de medicamentos anorexígenos, à inadequação do ambiente, dos cuidados diários e dos utensílios domiciliares.

No geral, observa-se redução nas secreções digestórias, afetando tanto o volume como a atividade enzimática de glândulas salivares, gástricas, biliares, pancreáticas e intestinais, que influenciarão significativamente na absorção e na disponibilidade de energia e de nutrientes. É importante destacar também que a diminuição na capacidade regenerativa das células pode comprometer a superfície de absorção e a redução das secreções gástricas e pode colaborar com infecções bacterianas e comprometer o trânsito intestinal. Alterações musculares e de motilidade, relacionadas à redução de muco, podem comprometer o trânsito e provocar constipação intestinal, principalmente se associada ao comprometimento nas atividades físicas diárias e na mobilidade.

Com relação à composição corporal, o peso tende a aumentar, porém, a partir da idade aproximada de 75 anos, há uma tendência de reversão, ou seja, começa a ocorrer perda de peso e há maior risco de desnutrição. Todas as modificações do envelhecimento resultam, de forma geral, em alterações da composição corporal. Geralmente, observam-se uma tendência a obesidade e perda de massa muscular, além de diminuição da água corporal total, perda de massa óssea e modificações no tecido conjuntivo e comprometimento da elasticidade. A redução da massa muscular e do nível de atividade física diminui o metabolismo basal e as necessidades energéticas.

As alterações na composição corporal são causadas pela redução da massa corporal magra e pela redistribuição da gordura corporal, que tende a se concentrar na região abdominal, impactando na resistência periférica à insulina e em alterações associadas às doenças crônicas não transmissíveis, como diabetes e dislipidemias.[48] A massa magra, especificamente o músculo esquelético, paralelamente à sua função estrutural, é fundamental para a mobilização de substratos, a síntese de moléculas essenciais e as reações a agressões externas. O músculo esquelético, além de ser considerado a maior reserva de proteínas corporais, é capaz de direcionar a produção de anticorpos, a cicatrização e a produção de células brancas. Portanto, se a massa magra for depletada, haverá menor reserva de proteínas para permitir a funcionalidade corporal.[49]

A redução da densidade mineral óssea, principalmente em mulheres, é um processo natural e decorre, principalmente, da cessação da produção de hormônios esteroides com a menopausa, e a redução da água corporal pode explicar a redução da atividade metabólica das células e tecidos corporais.[50]

Todas essas modificações corporais podem culminar na síndrome da fragilidade. Define-se fragilidade como um acúmulo de estressores desde as idades mais jovens, que gradativamente envolvem as reservas fisiológicas, desregulando diferentes sistemas corporais.[51] A fragilidade não é facilmente notada e só é identificada a partir do momento que a perda de funcionalidade ou a dificuldade para lidar com estressores tornam-se nítidas.

Com relação aos fatores sociais e cognitivos, são inúmeras as situações que podem impactar na ingestão alimentar. Podem-se destacar os recursos econômicos do idoso, o local de moradia e a presença (ou ausência) de acompanhantes e/ou cuidadores, além de aspectos psicológicos, como a depressão, em geral associada à solidão e à perda de familiares e amigos, que podem impactar nos cuidados pessoais básicos. Muitas vezes, a solidão pode acarretar descuido com a alimentação e, se o idoso é dependente, é necessário que suas refeições sejam preparadas e ministradas com qualidade nutritiva e adequadas adaptações, se preciso, em domicílio ou na institucionalização.

Planejamento dietético no envelhecimento

Planejar uma dieta nesse estágio significa propor alimentos e preparações de forma a considerar aspectos relacionados ao estilo de vida, aos hábitos e às atitudes alimentares, isto é, às condições biopsicossociais. O planejamento de uma dieta para um idoso deve priorizar as diferenças individuais, pois são inúmeras as variáveis a serem consideradas para contemplar uma alimentação saudável.

No geral, as necessidades energéticas diminuem a partir dos 30 anos cerca de 2 a 4% por decênio de vida e esse declínio é atribuído principalmente à diminuição da massa magra e do nível de atividade física. Assim como nos demais estágios de vida, deve-se determinar as necessidades energéticas com base nas equações preditivas, que consideram a idade, o peso, a estatura e o nível de atividade física. É importante lembrar que, se a ingestão energética for inadequada, o organismo passa a utilizar, para gerar energia, parte da proteína disponível, podendo prejudicar o processo de síntese proteica.

A recomendação atual de ingestão de proteínas é de 0,8g/kg de peso/dia para adultos, independentemente da idade. Esta representa uma quantidade mínima para evitar a perda progressiva da massa corporal magra. Têm se demonstrado vantagens na elevação da ingestão de proteínas com o envelhecimento, mostrando benefícios no aumento da massa magra, na força e na funcionalidade em idosos.[52] A ingestão de 1,5g/kg de peso/dia parece ser indicada em termos de saúde e funcionalidade.

Como em todas as recomendações para as demais faixas etárias, a ingestão adequada de alimentos-fonte de carboidratos contribui com o balanço proteico e para poupar proteínas para sua função anabólica. É importante lembrar que alimentos com teor elevado de fibras, como legumes e cereais integrais, colaboram com a minimização dos efeitos da constipação intestinal, comum nesse grupo populacional. Além disso, os alimentos integrais e os vegetais também colaboram para a elevação na ingestão de vitaminas, minerais e para o controle da glicemia.

O percentual em relação à ingestão energética e, principalmente, o tipo de lipídios a ser ingerido, são fatores importantes a serem considerados. Como recomendação geral, a ingestão não deve ultrapassar os 30% do total de energia consumida. Além disso, não mais que 8% da energia ingerida diariamente deve ser derivado de gorduras saturadas. Porém, é necessário garantir um aporte mínimo de 15% da oferta dos ácidos graxos essenciais (13,0 g de ácido graxo linoleico e 1,3g de alfalinolênico) e priorizar gorduras insaturadas, tanto poli (fontes de ácidos graxos do tipo ômega 3), como as monoinsaturadas. É importante considerar que a gordura tem importante papel na palatabilidade e seu uso moderado e qualitativamente selecionado pode contribuir de forma significativa na aceitação e na redução de inapetência nesse estágio de vida.

Apesar da redução das necessidades energéticas associada ao envelhecimento, as recomendações para a maioria dos micronutrientes permanecem as mesmas. Geralmente é a baixa ingestão energética, associada a uma dieta inadequada, que pode predispor os idosos à deficiência de vitaminas e minerais. Além disso, por todos os problemas decorrentes do envelhecimento, a absorção e a metabolização de alguns nutrientes pode ficar diminuída e, consequentemente, a ingestão de vitaminas e minerais deve ser monitorada com atenção. Escolhas alimentares associadas à seleção de alimentos de acordo com melhor consistência e digestão podem reduzir a ingestão de importantes grupos alimentares, que contribuem com a oferta adequada de várias vitaminas e minerais.

Em comparação com adultos, as recomendações de micronutrientes para indivíduos acima de 50 anos são maiores para cálcio, vitamina B6 e vitamina D, e menores para ferro (no caso de mulheres, em razão da interrupção das perdas menstruais) e cromo, cujas concentrações teciduais declinam com a idade. É importante considerar que as necessidades individuais de um nutriente podem ser maiores ou menores do que as recomendações, principalmente por causa das condições clínicas do idoso (especialmente na presença de doenças crônicas), do uso de múltiplas drogas, além do consumo de álcool e do tabagismo.

Algumas vitaminas e minerais são imprescindíveis para a saúde mental. A vitamina B6 ou piridoxina atua como coenzima em mais de cem reações relacionadas a proteínas, aminoácidos e neurotransmissores (como a serotonina), além de atuar no metabolismo de homocisteína e glutationa, importantes na redução do risco cardíaco e no estresse oxidativo.[53] Dessa forma, a deficiência de B6 relacionada à idade pode comprometer vários aspectos da saúde do idoso, destacando-se as funções cognitivas, neurológicas (como a neuropatia diabética) e de imunocompetência.[54]

O folato é uma vitamina do complexo B cuja absorção pode ser comprometida na presença de doenças que afetem a porção superior do intestino delgado ou a produção ácida do estômago, como na hipocloridria. Drogas com efeito antifolato também podem afetar a biodisponibilidade.[55] A depleção de folato é conhecida como anemia megaloblástica, uma manifestação hematológica comum com a deficiência de vitamina B12, que pode ser corrigida com a administração de ácido fólico.[56] A deficiência de folato, B12 ou B6 pode determinar o aumento de homocisteína, considerada fator de risco para doenças cardiovasculares, sendo também relacionada aos sintomas de depressão e a danos cognitivos.[57] A necessidade de vitamina B_{12} aumenta principalmente por conta da redução da secreção ácida e, consequentemente, do fator intrínseco. A causa mais comum da deficiência de B12 está relacionada à má absorção da vitamina ligada à fração proteica, determinada pela hipocloridria, comum entre idosos com gastrite atrófica ou com infecção por *H. pylori*. A deficiência de B12 também pode ser determinada pela falta do fator intrínseco, como na anemia perniciosa, nas ressecções estomacais ou nas doenças do íleo e pelo uso crônico de antiácidos, como omeprazol, e antidiabetogênicos, como a metformina.[58] A vitamina B12 participa do metabolismo da homocisteína, que juntamente com o folato e a B6, regulam a eficiência das reações de metilação. Os sintomas clínicos da deficiência podem variar entre alterações neuropsiquiátricas e hematológicas (anemia megaloblástica). Danos neurológicos relacionados à desmielinização podem se estender de forma silenciosa durante anos e manifestar-se num estágio avançado de difícil reversão.[56]

Com relação à saúde óssea, deve-se monitorar a disponibilidade de vitamina D e cálcio. A deficiência de vitamina D é considerada uma epidemia mundial, que afeta de modo especial a população idosa. A deficiência pode ser ainda maior entre idosos institucionalizados ou acamados, que não se expõem com frequência ao sol e não fazem reposição com suplementos.[55] Níveis plasmáticos da forma ativa da vitamina D encontram-se diminuídos em idosos, o que tem sido atribuído a problemas na síntese renal, como também à menor capacidade de síntese, fator que pode ser agravado pela menor exposição ao sol. Outros fatores são má absorção, obesidade, etnia (raça negra), latitude, falência hepática e renal e interações medicamentosas. Manter níveis séricos adequados pode melhorar o desempenho muscular e reduzir o risco de quedas e fraturas em idosos. A hipovitaminose D aumenta o risco de diversas condições clínicas, incluindo osteoporose, doenças cardíacas, hipertensão, certos tipos de câncer, distúrbios imunológicos e dor musculoesquelética.[55] No entanto, a manutenção do *status* adequado de vitamina D não é uma questão apenas de ordem dietética. A exposição frequente ao sol é fonte primária de vitamina D e apenas quantidades limitadas podem ser obtidas por meio da dieta, incluindo-se peixes gordurosos, óleo de fígado de peixe, além de laticínios fortificados.

O cálcio é um nutriente essencial à saúde óssea e a outras funções metabólicas, cujas recomendações estão aumentadas no envelhecimento. A ingestão de cálcio merece atenção em razão da diminuição da densidade mineral óssea que acompanha o envelhecimento e a diversos fatores que contribuem para a alteração do balanço de cálcio, como as alterações na absorção, no metabolismo e na síntese de vitamina D, impactando na redução da absorção intestinal de cálcio. O consumo de cálcio tem sido associado a prevenção de osteoporose, redução do risco de queda, além de proteção para hipertensão arterial e câncer de cólon.[55] As recomendações aumentadas, em geral, não são acompanhadas de mudanças no padrão alimentar dos idosos, sendo a suplementação necessária para a maioria desses indivíduos. Entretanto, a ingestão excessiva de suplementos de cálcio tem sido associada à incidência de cálculo renal e também ao aumento do risco cardiovascular decorrente da deposição de cálcio nas artérias.[59] Assim, o uso de suplementos de cálcio deve ser individualmente planejado de acordo com o consumo alcançado pela dieta e as condições clínicas.

Assim, com base nas características do indivíduo, devem-se propor as refeições por horário, discriminando-se nome dos alimentos e/ou preparações, indicando-se a composição da refeição, a forma de consumo e de preparo, medidas usuais, quantidades em gramas, além de sugerir escolhas alimentares por grupos alimentares, equivalentes em energia, densidade energética e alimentos-fonte. Além disso, devem-se indicar locais de compra, seleção, armazenamento e orientar formas de preparo para obtenção de melhor valor nutritivo.

É importante que o planejamento seja individual, avaliando-se todas as variáveis apontadas no processo de planejamento dietético e incluindo todos os grupos alimentares.[27] Todas as alterações do envelhecimento e também a qualidade do envelhecimento estão relacionados a uma enorme rede de fatores. Entre os fatores importantes a serem compreendidos e monitorados, sem dúvida está a alimentação e/ou o suporte nutricional. Sendo assim, é importante que se discutam as necessidades nutricionais específicas para o envelhecimento. Considerando-se a necessidade de uma dieta que garanta a saúde e, consequentemente, a qualidade de vida, todos os nutrientes reconhecidamente essenciais devem ser considerados no adequado planejamento dietético.

O PAPEL DO ESTRESSE E A ANSIEDADE

Como um importante aspecto de estilo de vida, os hábitos alimentares podem afetar os índices de saúde, morbidade e mortalidade. Os padrões alimentares associados à saúde mental estão previamente relatados.[60,61] Os padrões de DCNT, incluindo a obesidade, as doenças cardiovasculares e o diabetes do tipo 2 têm sido sensivelmente distorcidos nos últimos anos, muito provavelmente como o principal desfecho adverso das mudanças nos hábitos alimentares e níveis de atividade física.[62] O impacto da dieta no estado psicológico e depressão, inflamação, função cerebral e resposta ao sistema de estresse em adição ao processo oxidativo têm alterado os padrões das DCNT tanto direta quanto indiretamente. Comer em excesso é um hábito comum da maioria das pessoas que tenta lidar com os problemas emocionais, ansiedade e estresse.[63]

A condição conhecida como fobia social pelo critério do DSM-IV foi renomeada para distúrbio de ansiedade social na 5ª edição do Diagnostic and Statistical Manual of Mental Disorders (DSM).[64] Essa mudança reflete-se em uma compreensão nova e ampla sobre a condição em uma variedade de situações sociais. No passado, a fobia social primeiramente foi diagnosticada quando o indivíduo sentia extremo desconforto ou medo na frente dos outros. Evidências demonstraram que essa definição era muito estreita. Com o DSM-5, a ansiedade social pode ser diagnosticada por causa da resposta do indivíduo em uma variedade de situações sociais. O diagnóstico requer que a pessoa sinta medo ou ansiedade fora de proporção – em frequência e/ou duração – na situação atual. Os sintomas devem persistir por seis meses ou mais. Para ser diagnosticado com distúrbio de ansiedade social, o indivíduo deve sofrer significativa angústia ou prejuízo que interfira na sua rotina no ambiente social, no trabalho, na escola ou durante outras atividades do dia a dia. Sugere-se que o indivíduo reconheça que sua resposta é excessiva e não racional.[64]

A ansiedade é um dos fatores psicológicos que tem recebido atenção especial durante as duas últimas décadas em razão de, entre outras, sua elevada taxa de prevalência e sua associação com doenças crônicas, principalmente doenças coronárias. Os efeitos da ingestão dietética em humanos têm sido pesquisados por meio de estudos laboratoriais. A ingestão de alimentos é mensurada após a provocação de estresse agudo, em estudos naturalísticos, em mudanças na ingestão de alimentos em resposta à ocorrência natural do período de estresse, assim como nos estudos transversais, em que a ansiedade ou estresse estavam associados com a ingestão alimentar atual dos indivíduos.[65]

A ansiedade é um distúrbio psicológico que na prática clínica pode ser avaliado por meio de questionários desenvolvidos para isso, que envolvem um conjunto de questões que avalia tanto o estado de ansiedade como os traços de ansiedade. O *State-Trait Anxiety Inventory* (Inventário de Ansiedade Traço-Estado) foi desenvolvido por Spielberger et al.[66] na década de 1970. Os itens do formulário de traços de ansiedade (respondido de acordo com o modo como o respondente geralmente sente) incluem questões como: "Me sinto nervoso e inquieto?" e "Eu sou feliz?". Os itens do estado são semelhantes, mas as respostas variam conforme o respondente se sente durante uma experiência específica de estresse reportada.

O estresse, por sua vez, caminha junto com a ansiedade e também apresenta um importante papel na perpetuação de distúrbios alimentares, tanto clínicos quanto subclínicos. Geralmente acredita-se que algumas pessoas respondem ao estresse pelo consumo em excesso e outros pela redução da alimentação. A redução da ingestão durante o estresse tem sido considerada uma resposta "natural" ao incremento da atividade do sistema nervoso simpático.[67] Desde 1997, com o estudo de Weinstein et al.,[67] tem se observado que, entre as mulheres, maiores pontuações de desinibição estão significativamente correlacionadas com comer mais que o usual durante uma experiência específica de estresse, enquanto para maiores pontuações da restrição cognitiva não houve correlação.

Para os homens, nem a desinibição nem a restrição cognitiva estavam associadas à relação entre comer e estresse. Pontuações de desinibição foram observadas em mais de 80% das mulheres que relataram incremento na ingestão durante o estresse em contrapartida daquelas que reportaram não incremento na ingestão. No sexo feminino, a incapacidade de manter controle sob as regras autoimpostas relacionadas à ingestão alimentar é um fator importante na relação entre estresse e comer.

Do mesmo modo, pessoas jovens são propensas a apresentar estresse, ansiedade e padrões alimentares inadequados; e todos esses elementos, isoladamente ou no contexto de um arranjo de interferência, podem resultar na emergência de condição não saudável de estilo de vida em adultos jovens.[68]

A maioria dos estudos que avaliam a relação entre consumo de alimentos industrializados e condições mentais tem focado principalmente na análise de depressão,[69,70] seguido de ansiedade, que não tem sido suficientemente considerada.[71] Há necessidade de mais estudos que abordem a inter-relação com alimento em termos de presença e intensidade da ansiedade. Com relação ao consumo excessivo de carnes processadas como um indicador do estilo de vida caracterizado pela urbanização, trabalho excessivo, pouco tempo de descanso e tempo insuficiente para cozinhar e preparar alimentos são fatores que podem estar relacionados ao estresse, à ansiedade e ao consumo de alimentos denso-energéticos e pobre em nutrientes.[60]

As evidências na literatura têm sugerido que a tendência do consumo excessivo durante situações emocionais está relacionada com a obesidade. Os resultados dos estudos são mistos. Enquanto alguns pesquisadores têm reportado que não há diferenças na quantidade dos alimentos consumidos por homens obesos sob condições de estresse/ansiedade e/ou medo comparados a condições calmas, outros encontraram que os homens com excesso de peso consomem mais nas condições em que há maior ansiedade do que aqueles com baixa manipulação de ansiedade.

As mulheres consomem mais quando apresentam nível de estresse mediano comparadas àquelas que apresentam nível elevado de estresse ou de tranquilidade. Ainda que os resultados sejam mistos em relação ao autorrelato de comer emocional, alguns autorrelatores confirmam a relação entre consumo excessivo e obesidade durante o estresse, enquanto outros não confirmam a relação. Não há conclusões claras sobre a conexão entre estresse e consumo em excesso na obesidade.[61]

CONSIDERAÇÕES FINAIS

Entender a sociedade moderna e seus desafios envolve a necessária compreensão dos padrões alimentares e o quanto esses modelos contribuem

Nutrição: Visão Atual e do Futuro

para o desenvolvimento das DCNT. As dietas como determinantes do *status* de peso interferem diretamente na saúde dos indivíduos. A preparação e a distribuição das refeições durante o dia são variáveis importantes para os grupos vulneráveis desde a infância até a terceira idade.

A alimentação fora de casa também tem contribuído para o aumento das DCNT, e uma escolha alimentar mais adequada pode reverter ou diminuir essa situação.

O envelhecimento da população traz novos problemas no controle das DCNT e a especificidade da dieta com relação a cálcio, vitamina B6, vitamina D, ferro e cromo, entre outros.

Conhecendo os padrões alimentares e os aspectos referentes ao envelhecimento da população, é importante considerar os aspectos biopsicossociais da alimentação em que problemas emocionais como o estresse e a ansiedade constituem fatores importantes na análise do comer em excesso e também de distúrbios alimentares.

REFERÊNCIAS BIBLIOGRÁFICAS

1. World Health Organization (WHO). Obesity: preventing and managing the global epidemic. Retrieved from Geneva; 1998.
2. Castro MA, Baltar VT, Selem SS, Marchioni DM, Fisberg RM. Empirically derived dietary patterns: interpretability and construct validity according to different factor rotation methods. Cad Saúde Pública 2015;31(2):298-310.
3. de Oliveira Santos R, Fisberg RM, Marchioni DM, Troncoso Baltar V. Dietary patterns for meals of Brazilian adults. Br J Nutr 2015;114(5): 822-828.
4. Pinho L, Silveira MF, Botelho AC, Caldeira AP. Identification of dietary patterns of adolescents attending public schools. J Pediatr 2014;90(3):267-272.
5. Schumacher TL, Dewar DL, Lubans DR, Morgan PJ, Watson J, Guest M et al. Dietary patterns of adolescent girls attending schools in low-income communities highlight low consumption of core foods. Nutrition & Dietetics 2014;71(2):127-134.
6. Leech RM, Worsley A, Timperio A, McNaughton SA. Understanding meal patterns: definitions, methodology and impact on nutrient intake and diet quality. Nutr Res Rev 2015;28(1):1-21.
7. Yoo KB, Suh HJ, Lee M, Kim JH, Kwon JA, Park EC. Breakfast eating patterns and the metabolic syndrome: the Korea National Health and Nutrition Examination Survey (KNHANES) 2007-2009. Asia Pac J Clin Nutr 2014;23(1):128-137.
8. Alles B, Samieri C, Lorrain S, Jutand MA, Carmichael PH, Shatenstein, B et al. Nutrient patterns and their food sources in older persons from France and Quebec: dietary and lifestyle characteristics. Nutrients 2016;8(4):225.
9. Eicher-Miller HA, Khanna N, Boushey CJ, Gelfand SB, Delp EJ. Temporal dietary patterns derived among the adult participants of the National Health and Nutrition Exa-

mination Survey 1999-2004 are associated with diet quality. J Acad Nutr Diet 2016; 116(2):283-291.

10. Martinez Steele E, Baraldi LG, Louzada ML, Moubarac JC, Mozaffarian D, Monteiro CA. Ultra-processed foods and added sugars in the US diet: evidence from a nationally representative cross-sectional study. BMJ Open 2016;6(3):e009892.

11. Quader ZS, Patel S, Gillespie C, Cogswell ME, Gunn JP, Perrine CG et al. Trends and determinants of discretionary salt use: National Health and Nutrition Examination Survey 2003-2012. Public Health Nutr 1996;19(12):2195-2203.

12. Rezazadeh A, Omidvar N, Eini-Zinab H, Ghazi-Tabatabaie M, Majdzadeh R, Ghavamzadeh S et al. Major dietary patterns in relation to demographic and socio-economic status and food insecurity in two Iranian ethnic groups living in Urmia, Iran. Public Health Nutr 2016;1-12.

13. Pinho L, Silveira MF, Botelho AC, Caldeira AP. Identification of dietary patterns of adolescents attending public schools. Jornal de Pediatria 2014;90:267-72.

14. Britten P, Cleveland LE, Koegel KL, Kuczynski KJ, Nickols-Richardson SM. Updated US Department of Agriculture Food Patterns meet goals of the 2010 dietary guidelines. J Acad Nutr Diet 2012;112(10):1648-55.

15. Philippi ST, Latterza ATR, Ribeiro LC. Pirâmide alimentar adaptada: guia para escolha dos alimentos. Rev Nutr 1999;12(1):65-80.

16. Leme AC, Lubans DR, Guerra PH, Dewar D, Toassa EC, Philippi ST. Preventing obesity among Brazilian adolescent girls: six-month outcomes of the healthy habits, healthy girls-Brazil school-based randomized controlled trial. Prev Med 2016;86:77-83.

17. Philippi ST, Barco Leme AC. Dietary intake and meal frequency of Brazilian girls attending a school-based randomized controlled trial. Nutrition & Food Science 2015; 45(6):954-68.

18. Nicklas TA, O'Neil CE. Development of the SoFAS (solid fats and added sugars) concept: the 2010 dietary guidelines for Americans. Adv Nutr 2015;6(3):368S-375S.

19. Pereira RA, Duffey KJ, Sichieri R, Popkin BM. Sources of excessive saturated fat, trans fat and sugar consumption in Brazil: an analysis of the first Brazilian nationwide individual dietary survey. Public Health Nutr 2014;17(1):113-21.

20. Poti JM, Slining MM, Popkin BM. Solid fat and added sugar intake among U.S. children: the role of stores, schools, and fast food, 1994-2010. Am J Prev Med 2013;45(5): 551-559.

21. Russell J, Flood V, Rochtchina E, Gopinath B, Allman-Farinelli M, Bauman A et al. Adherence to dietary guidelines and 15-year risk of all-cause mortality. Brit J Nutr 2013;109(3):547-55.

22. Philippi S, Aquino RC, Leal GVS. Planejamento dietético: princípios, conceitos e ferramentas. In: Philippi S., Aquino RC. (Ed.). Dietética. Princípios para o planejamento de uma alimentação saudável. Barueri: Manole; 2015.

23. Institute of Medicine (IOM). Dietary reference intakes: DRI values summary. Institute of Medicine; USA, 2000.

24. Nicklas TA, O'Neil CE, Mendoza J, Liu Y, Zakeri IF, Berenson GS. Are energy dense diets also nutrient dense? J Am Coll Nutr 2008;27(5):553-60.

25. Collins CE, Dewar DL, Schumacher TL, Finn T, Morgan PJ, Lubans DR. 12 month changes in dietary intake of adolescent girls attending schools in low-income communities following the NEAT Girls cluster randomized controlled trial. Appetite 2014; 73:147-55.

26. Australia. Eat for Health – Australian Dietary Guidelines Providing the scientific evidence for healthier Australian diets 2013.

24 Nutrição: Visão Atual e do Futuro

27. Philippi ST. Pirâmide dos alimentos: fundamentos básicos da nutrição. 2.ed. Barueri: Manole; 2012.
28. Lake AA, Burgoine T, Greenhalgh F, Stamp E, Tyrrell R. The foodscape: classification and field validation of secondary data sources. Health Place 2010;16(4):666-73.
29. Adams J, Goffe L, Brown T, Lake AA, Summerbell C, White M et al. Frequency and socio-demographic correlates of eating meals out and take-away meals at home: cross-sectional analysis of the UK national diet and nutrition survey, waves 1-4 (2008-12). Int J Behav Nutr Phys Act 2015;12:51.
30. Carus JP, Franca GV, Barros AJ. Place and type of meals consumed by adults in medium sized cities. Rev Saúde Pública 2014;48(1):68-74.
31. Gorgulho BM, Fisberg RM, Marchioni DM. Nutritional quality of major meals consumed away from home in Brazil and its association with the overall diet quality. Prev Med 2013;57(2):98-101.
32. Larson N, Neumark-Sztainer D, Laska MN, Story M. Young adults and eating away from home: associations with dietary intake patterns and weight status differ by choice of restaurant. J Am Diet Assoc 2011;111(11):1696-1703.
33. Appelhans BM, Waring ME, Schneider KL, Pagoto SL, DeBiasse MA, Whited MC et al. Delay discounting and intake of ready-to-eat and away-from-home foods in overweight and obese women. Appetite 2012;59(2):576-84.
34. Bezerra IN, Curioni C, Sichieri R. Association between eating out of home and body weight. Nutr Rev 2012;70(2):65-79.
35. Lachat C, Nago E, Verstraeten R, Roberfroid D, Van Camp J, Kolsteren P. Eating out of home and its association with dietary intake: a systematic review of the evidence. Obes Rev 2012;13(4):329-46.
36. Dave JM, An LC, Jeffery RW, Ahluwalia JS. Relationship of attitudes toward fast food and frequency of fast-food intake in adults. Obesity 2009;17(6):1164-70.
37. Diez-Garcia RW. Reflexos da globalização na cultura alimentar: considerações sobre as mudanças na alimentação urbana. Rev Nutr 2003;16(4):483-92.
38. Zick CD, Stevens RB. Trends in Americans' food-related time use: 1975-2006. Public Health Nutr 2010;13(7):1064-72.
39. US Department of Labor/Bureau Labor of Statistics. Consumer expenditure survey database. (2011). Disponível em: http://www.bls.gov. Acesso em: 23 jan. 2017.
40. US Department of Labor/Bureau Labor of Statistics. Food CPI and expenditures: Table 1. (2011). Disponível em: http://www.bls.gov. Acesso em: 23 jan. 2017.
41. Nielsen SJ, Siega-Riz AM, Popkin BM. Trends in energy intake in U.S. between 1977 and 1996: similar shifts seen across age groups. Obes Res 2002;10(5):370-78.
42. Fundação Instituto Brasileiro de Geografia e Estatística (IBGE). Indicadores sociodemográficos e de Saúde no Brasil. Rio de Janeiro: IBGE; 2009.
43. Novaes MRCG, Ito MK, Arruda SF, Rodrigues P, Lisboa AQ. Suplementação de micronutrientes na senescência: implicações nos mecanismos imunológicos. Rev Nutr 2005;18(3):367-76.
44. World Health Organization (WHO). Envelhecimento ativo: uma política de saúde/ World Health Organization. Brasília: Organização Pan-Americana da Saúde, 2005.
45. Neri AL. Palavras-chave em gerontologia. São Paulo: Alínea; 2005.
46. Malafaia, G. As consequências das deficiências nutricionais associadas à imunossenescência do idoso. Arq Bras Ciênc Saúde 2008;33(3):168-76.
47. Akamine D, Filho MK, Peres CM. Drug-nutrient interactions in elderly people. Curr Opin Clin Nutr Metab Care 2007;10(3):304-10.

48. Wilson MM, Morley JE. Invited review: Aging and energy balance. J Appl Physiol 2003;95(4):1728-36.
49. Jensen GJ, McGee M, Binkley J. Gastroenterol Clin N Am 2001;30(2):313-34.
50. Kehayias JJ, Ribeiro SML, Shahan A, Itzowitz L, Dallal G, Rogers G et al. Water homeostasis, frailty and cognitive function in the nursing home. J Nutr Health Aging 2012;16(1):35-9.
51. Bauer J, Sieber C. Sarcopenia and frailty: a clinician's controversial point of view. Exp Gerontol 2008;43:674-78.
52. Paddon-Jones D, Sheffield-Moore M, Zhang X-J, Volpi E, Wolf SE, Aarsland A et al. Amino acid ingestion improves muscle protein synthesis in young and elderly. Am J Physiol Endocrinol Metab 2004;286:E321-E328.
53. Nijhout HF, Gregory JF, Fitzpatrick C, Cho E, Lamers KY, Ulrich CM et al. A mathematical model gives insights into the effects of vitamin B-6 deficiency on 1-carbon and glutathione metabolism. J Nutr 2009;139(4):784-91.
54. Kjeldby IK, Fosnes GS, Ligaarden SC, Farup PG. Vitamin B6 deficiency and diseases in elderly people – a study in nursing homes. BMC Geriatr 2013;8:13.
55. Marian M, Sacks G. Micronutrients and older adults. Nutr Clin Pract 2009;24:179-95.
56. Selhub J, Troen A, Rosenberg IH. B vitamins and the aging brain. Nutr Rev 2010;68(Suppl 2):S112-8.
57. Werder SF. Cobalamin deficiency, hyperhomocysteinemia and dementia. Neuropsychiatr Dis Treat 2010;6(6):159-95.
58. Dali-Youcef N, Andrès E. An update on cobalamin deficiency in adults. QJM 2009; 102(1):17-28.
59. Reid IR, Bolland MJ, Grey A. Does calcium supplementation increase cardiovascular risk? Clin Endocrinol (Oxf) 2010;73(6):689-95.
60. Bakhtiyari M, Ehrampoush E, Enayati N, Joodi G, Sadr S, Delpisheh A. Anxiety as a consequence of modern dietary pattern in adults in Tehran-Iran. Eat Behav 2013;14 (2):107-12.
61. Logan AC, Jacka FN. Nutritional psychiatry research: an emerging discipline and its intersection with global urbanization, environmental challenges and the evolutionary mismatch. J Physiol Anthropol 2014;33:22.
62. World Health Organization (WHO). Diet, nutrition and the prevention of chronic diseases. Retrieved from Geneva, 2003.
63. Macht M. How emotions affect eating: a five-way model. Appetite 2008;50(1):1-11.
64. DSM-5. Social anxiet disorder. Retrieved from Arlington, VA: 2013.
65. Yannakoulia M, Panagiotakos DB, Pitsavos C, Tsetsekou E, Fappa E, Papageorgiou C et al. Eating habits in relations to anxiety symptoms among apparently healthy adults. A pattern analysis from the ATTICA Study. Appetite 2008;51(3):519-25.
66. Spielberguer CD, Gorsuch RL, Lushene R, Vagg PR, Jacobs GA. Manual for the state--trait anxiety inventory (Form Y) (self-evaluation questionnaire). Palo Alto: Consulting Psychologists Press; 1983.
67. Weinstein SE, Shide DJ, Rolls BJ. Changes in food intake in response to stress in men and women: psychological factors. Appetite 1997;28(1):7-18.
68. Kandiah J, Yake M, Jones J, Meyer M. Stress influences appetite and comfort food preferences in college women. Nutr Res 2006;26:118-12.
69. Appleton KM, Peters TJ, Hayward RC, Heatherley SV, McNaughton SA, Rogers PJ et al. Depressed mood and n-3 polyunsaturated fatty acid intake from fish: non-linear or confounded association? Soc Psychiatry Psychiatr Epidemiol 2007;42(2):100-4.

70. Roca M, Kohls E, Gili M, Watkins E, Owens M, Hegerl U et al. Prevention of depression through nutritional strategies in high-risk persons: rationale and design of the MooDFOOD prevention trial. BMC Psychiatry 2016;16:192.
71. Eisenberg D, Gollust SE, Golberstein E, Hefner JL. Prevalence and correlates of depression, anxiety, and suicidality among university students. Am J Orthopsychiatry 2007;77(4):534-542.
72. Mocchegiani E, Romeo J, Malavolta M, Costarelli L, Giacconi R et al. Zinc: dietary intake and impact of supplementation on immune function in elderly. AGE 2013;35: 839-60.
73. Morley JE. Nutrition and the brain. Clin Geriatr Med 2010;26(1):89-98.
74. Nishitani N, Sakakibara H, Akiyama I. Eating behavior related to obesity and job stress in male Japanese workers. Nutrition 2009;25(1):45-50.
75. Xavier JM, Costa FF, Annichino-Bizzacchi JM, Saad ST. High frequency of vitamin B12 deficiency in a Brazilian population. Public Health Nutr 2010;13(8):1191-7.

CAPÍTULO 2

Estratégias de marketing para o nutricionista

Maria Cristina Rubim Camargo

INTRODUÇÃO

Marketing é uma palavra em inglês usada com frequência no dia a dia dos brasileiros. *Market* significa mercado, do que se deduz que marketing é o mesmo que mercadologia ou estudo de mercado.

Para Philip Kotler, marketing é a função empresarial que identifica necessidades e desejos insatisfeitos, define e mede a sua magnitude e o seu potencial de rentabilidade, especifica quais mercados-alvo serão mais bem atendidos pela empresa, decide sobre produtos, serviços e programas adequados para servir a esses mercados selecionados e convoca a todos na organização para pensar no cliente e atendê-lo.[1]

Na Figura 2.1, Kotler mostra o mercado consumidor disposto a comprar bens e serviços, bem como organizações que os oferecem. Para tanto, essas organizações buscam informações sobre as expectativas de seus possíveis compradores e, além de trocar bens e serviços ajustados às expectativas por dinheiro, usam a comunicação para informar o mercado sobre as suas características.

Para Peter Drucker, marketing é algo tão básico que não pode ser considerado como uma função isolada. É o negócio inteiro, cujo resultado final depende do ponto de vista do cliente. Segundo ele, o objetivo do marketing é tornar desnecessário o ato de vender.[2] Essa definição, muito mais ampla, esclarece aqueles que pensam que marketing é apenas

Figura 2.1. Sistema de marketing simples. Fonte: Kotler.[1]

propaganda e comunicação, ou seja, apenas a promoção de um produto ou serviço.

Pensar em marketing é, essencialmente, pensar nos 4Ps que representam Produto, Preço, Ponto/Praça e Promoção; e ainda nos 3Ps adicionais para o marketing de serviços, denominados Pessoas, Prova física e Processos.

O plano de marketing, essencial a toda empresa, nada mais é do que uma ferramenta estratégica gerencial utilizada para identificar as forças, fraquezas, ameaças e oportunidades que o mercado proporciona ao empreendedor, estimulando-o a estabelecer metas, objetivos e a buscar de maneira incessante conhecer as necessidades e os desejos dos seus clientes e, consequentemente, levar a organização ao progresso.[1]

Um plano de marketing bem estruturado proporciona uma visão sistêmica sobre onde os esforços da empresa devem estar concentrados para tirar o melhor proveito das oportunidades encontradas e potencializar os seus pontos fortes.

As estratégias de marketing descrevem os caminhos para se chegar lá, devendo ser condizentes com os recursos disponíveis.

O MARKETING NA ÁREA DA SAÚDE

Serviços de saúde são atividades ou processos realizados por profissionais ou organizações de saúde. Eles objetivam satisfazer as necessidades de cuidados e atenção de pacientes/clientes ou, simplesmente, indivíduos. São realizados processos pelos quais os pacientes estão dispostos a pagar um determinado preço (honorários ou mensalidades) para impedir o surgimento de doenças ou para alterar o seu curso quando já instaladas. Promover a saúde, prevenir doenças, curar e reabilitar são os produtos finais dos serviços de saúde, motivos pelos quais o negócio existe e seus profissionais são pagos.[3]

Especificamente na área de saúde, o marketing é formado por um conjunto de estratégias que permitirão aos profissionais (médicos, enfermeiros, nutricionistas, fisioterapeutas etc.), planos de saúde, hospitais e clínicas identificar as necessidades dos seus pacientes, de forma a atendê-las da melhor maneira possível.

As estratégias de marketing na área da saúde são utilizadas principalmente na busca por novos pacientes (pois a carteira de clientes exige renovação); na retenção de clientes existentes, gerando vendas recorrentes, e na conquista de novos mercados.

Muitos profissionais de saúde costumam rejeitar a ideia de uso de estratégias de marketing em suas atividades, pois desenvolveram uma crença negativa de que não estão sendo éticos ao valer-se de técnicas para aumentar seu número de clientes e, consequentemente, o seu faturamento. No entanto, quando trabalhada essa crença limitante, os profissionais percebem que a utilização de estratégias de marketing pode melhorar também a performance de seus clientes e auxiliá-los a atingir os seus objetivos, configurando-se, portanto, como algo muito positivo.

Quanto à obtenção de crescimento e retorno econômico-financeiro, são essenciais a todo e qualquer negócio, por ser uma questão de sobrevivência.

Características dos serviços de saúde

Para definir as estratégias de marketing a serem adotadas, é importante entender algumas características dos serviços de saúde:[4]

- Intangibilidade: os serviços de saúde são intangíveis, ou seja, não podem ser vistos, provados, manipulados ou experimentados como pré--requisito à aquisição. Para reduzir a incerteza dos compradores, que precisam de algum sinal da qualidade do que vão adquirir, os profissionais buscam oferecer evidências físicas dos bons atributos dos serviços que realizam. Para isso, são necessários esforços de convencimento que devem incluir formas de percepção prévia satisfatória e segura para o cliente.

- Escolha às cegas: mesmo sendo uma etapa muito importante, a escolha do profissional de saúde (como o nutricionista) muitas vezes acontece às cegas e está sujeita a erros. Daí a importância, por parte do profissional, de ser reconhecido como uma autoridade no assunto, de ter o depoimento de clientes que já usaram o serviço, de ser indicado como um profissional sério e competente, para que essa escolha se torne mais segura.

- Produção e consumo concomitantes: outra importante característica dos serviços de saúde é que são produzidos e consumidos ao mesmo tempo. Não há produção prévia nem estocagem. Quando se vai a uma consulta, à medida que o profissional realiza as suas tarefas, como identificação, anamnese, exame físico e outros, o paciente concomitantemente as vai "consumindo". Ao término da produção, o consumo também acaba. Se foi tudo bem feito, ótimo; caso contrário, não há como devolver o produto/serviço. Isso reforça a importância de protocolos bem definidos para cada situação. É necessário que os processos sejam produtivos, eficazes e avaliados continuamente, para que possam ser corrigidos, aperfeiçoados e melhorados sempre.

- Participação do consumidor no processo: não há como prestar serviços de saúde sem a participação do consumidor no processo, e esse será um dos determinantes do resultado. Assim sendo, durante a produção, a participação do cliente fundamenta e apoia a decisão para a sua continuidade e o seu sucesso. O tipo de participação determina a utilização ou não de certa estratégia, ou aproximação e aferição da chance de sucesso com essa ou aquela abordagem, com essa ou aquela conduta.

- Perecibilidade: os serviços de saúde são perecíveis, não podem ser inventariados, nem estocados. Assim, a capacidade instalada de sua prestação de serviços é do tipo que não possibilita estocar seus produtos para consumo posterior. A agenda tem condição de atender determinado número de pacientes, por isso os períodos que não forem utilizados não são recuperáveis, estarão perdidos para sempre. Logo, as sazonalidades ou outras causas de irregularidade de demanda são fatores inimigos do negócio. O conceito de capacidade ociosa programada, tão útil aos produtores de bens, precisa ser muito bem empregado para que não gere apenas custo e pouca ou nenhuma vantagem competitiva. Quem conseguir ser produtivo no intervalo entre uma consulta e outra ou no horário do paciente que desmarcou será mais competitivo.

- Heterogeneidade *versus* garantia de qualidade: quanto mais heterogêneos forem os clientes e suas especificidades, mais desafiadora será a garantia da qualidade, já que o estabelecimento de padrões e processos também será mais amplo e complexo.

Ferramentas mercadológicas para o nutricionista

Apesar de as ferramentas mercadológicas existirem há muito tempo, poucos nutricionistas fazem uso delas como uma forma de gerar vantagens competitivas para a diferenciação perante seus concorrentes. Valer-se de recursos para superar seus concorrentes, como uma nova maneira de abordar o cliente, criar novos produtos e serviços e melhorar a qualidade no atendimento, por exemplo, são medidas que não requerem muito investimento, mas que fazem toda a diferença e podem ser usadas para atrair novos clientes, reter clientes antigos e, por consequência, aumentar o faturamento da empresa.

Para detalhar e refletir sobre os 7Ps de marketing em serviços prestados por nutricionistas, é importante considerar:

- Quanto ao produto/serviço:
  » As reais necessidades do cliente são conhecidas? O produto oferecido atende a essas necessidades?
  » Em que momento e de que forma o nutricionista pesquisa, estuda e entende a complexidade das necessidades de seus clientes? Será que os nutricionistas são preparados para ter esse interesse e essa humildade?
  » Que instrumento pode ser usado para obter um *feedback* dos clientes para saber se suas necessidades e desejos foram atingidos?
  » No caso de já existir esse instrumento de *feedback*, ele é constantemente avaliado e revisto?
  Com base nas respostas a esses questionamentos torna-se possível desenhar um produto/serviço mais adequado para atender as necessidades concretas de clientes.

- Quanto ao ponto:
  - » Os produtos/serviços são oferecidos nos locais mais adequados para a clientela?
  - » Facilidade de acesso e conveniências como estacionamento estão disponíveis?

  É importante instalar-se em local ou locais adequados, de modo a tornar o produto mais acessível para o seu público-alvo. Muitos profissionais de saúde cumprem sua agenda em lugares diferentes (clínicas, *spas,* parques e academias) a cada dia, deslocando-se para encontrar seus clientes. Avaliar esses locais antes do início do negócio, mas também durante os períodos de crise, é essencial.

- Quanto ao preço:

  À medida que a renda do brasileiro permanece estagnada ou em declínio, o preço se torna um determinante importante para a escolha do comprador do bem ou serviço. É relevante, portanto, perguntar:
  - » O preço está claramente definido?
  - » O preço está bem posicionado em relação à concorrência e à possibilidade de pagamento dos clientes?
  - » O preço está baseado no custo ou no valor do serviço?

  De acordo com Italiani,[5] o preço baseado no valor é aquele em que se comparam preço e qualidade, em que os clientes-alvo fornecem a informação espontânea ou induzida sobre a sua percepção do que lhes traz valor. De posse dessa informação, a empresa estabelece o seu preço, adequando seus custos, e entrega ao cliente um produto mais competitivo quando comparado aos seus concorrentes.

  Valor é a satisfação das exigências do consumidor ao menor custo possível de aquisição, propriedade e uso.

- Quanto à promoção:

  Trata-se da comunicação das vantagens de qualidade e custo do produto. A decisão pode ser por publicidade, propaganda, mas existem muitas outras alternativas.
  - » A comunicação entre a empresa e a sua clientela demonstra eficiência e efetividade?
  - » Quais são os instrumentos de promoção mais adequados ao seu produto e à sua clientela?
  - » O que há de novidade em termos de promoção que poderia ser implementado?

- Quanto às pessoas:
Todo funcionário de uma empresa que lida diretamente com os clientes é reconhecido por eles como a própria empresa. Assim, deve estar preparado para passar aos clientes a imagem que a empresa deseja ter. Cabe responder, assim, às seguintes perguntas:
  » As pessoas com as quais os clientes se encontram desde a primeira ligação telefônica à empresa são capazes e corteses? Foram bem treinadas e sabem reagir adequadamente aos principais questionamentos dos clientes?
  » A cobrança financeira e a abordagem são feitas de forma a não constranger os clientes?
- Quanto aos processos:
Os processos são um conjunto de atividades sequenciais que recebem entradas, agregam valor e transformam-se em resultados para a empresa.
  » Os principais processos necessários ao funcionamento da empresa foram definidos, testados e aprovados?
  » O protocolo para a realização de cada processo está sendo reformulado na medida em que se sente necessidade?
  » Estudam-se com frequência os processos envolvidos e o melhor fluxo?
- Quanto à prova física:
Deve haver a percepção de que há investimento em estrutura, em equipamento e em bem-estar. Especialmente em serviços, o cenário contribui para a percepção de qualidade, de valor.
  » O ambiente é agradável, acolhedor, devidamente limpo e organizado?
  » A distribuição dos espaços está na melhor configuração possível, de forma a otimizar os processos?
  » O ambiente está adequado ao número de pessoas que o frequentam?
  » Os equipamentos disponíveis são compatíveis com os avanços da tecnologia?

O planejamento e o desenvolvimento de estratégias de marketing reservam muitos desafios e oportunidades. Cabe ao nutricionista avaliar e definir o mix de marketing que mais convém ao seu negócio.

Tipos de marketing que podem apoiar os serviços de nutricionistas

Marketing de relacionamento

O marketing de relacionamento tem como objetivo estabelecer relacionamentos duradouros mutuamente satisfatórios entre as partes interessadas (no caso, nutricionista e paciente/cliente), a fim de ganhar e reter a sua preferência e negócios em longo prazo.

Gordon afirma que por marketing de relacionamento entende-se que o cliente ajuda a empresa a fornecer o pacote de benefícios que ele valoriza. Assim, o bom relacionamento com o cliente permite identificar quais características do serviço são mais valorizadas e também aquelas que o cliente considera não agregar valor, o que propicia melhora da qualidade do produto/serviço oferecido. Trata-se de reconhecer o papel fundamental que os clientes individuais têm, não apenas como compradores, mas na definição do valor que desejam.[6]

Nos consultórios, por exemplo, costuma-se estabelecer uma relação de intimidade profunda, especial e confidencial que se processa durante a consulta e que é preservada pelo segredo profissional. O que ocorre para que se constitua uma relação de confiança com a clientela é uma troca, uma reciprocidade que pressupõe o respeito às particularidades.

Além de ver em cada pessoa um cliente, é importante ver em cada cliente uma pessoa. Deve-se considerar ainda que, apesar de existir apenas um paciente, na maioria das vezes ele vai ao consultório acompanhado de um parente, um amigo ou mesmo um cuidador, que também traz necessidades e expectativas diferentes e específicas, as quais também precisam ser consideradas e atendidas.

Marketing de conteúdo

Marketing de conteúdo é uma maneira de se engajar com seu público-alvo e aumentar a sua rede de clientes e potenciais clientes por meio da criação de conteúdo relevante e valioso, atraindo, envolvendo e gerando valor para as pessoas de modo a criar uma percepção positiva da sua marca e, assim, efetuar mais vendas.

O conteúdo é utilizado para promover uma marca e deve oferecer algo contextualizado, interessante e realmente útil aos clientes. Com o marketing de conteúdo também é possível conhecer melhor os clientes para que o processo de fidelização seja realizado.

Marketing digital

É o conjunto de ações estratégicas aplicadas nos meios digitais (internet e tecnologias móveis) para conquistar e fidelizar clientes, elevando a participação da empresa no mercado. Dentre elas, destaca-se o uso de:

- E-mail marketing: é um e-mail que se recebe após realizar o cadastro em um determinado site. Pode ser no formato de newsletter ou artigos periódicos, entre outros. A principal dica neste caso é a construção de seu público com o próprio esforço, pois a compra de lista de terceiros nem sempre é indicada.
- *Blog*: é uma palavra que resulta da simplificação do termo *weblog*. Este, por sua vez, é resultante da junção de *web* – cujo significado é rede (da internet), e *log*, termo utilizado para designar o registro de atividade ou desempenho regular de algo. Numa tradução livre, podemos definir blog como um "diário on-line". Trata-se de uma das ferramentas de comunicação mais populares da internet e pode auxiliar na educação dos pacientes, além de funcionar como divulgadora de conteúdo.
- *e-book*: trata-se de um livro em suporte eletrônico, para distribuição via internet, podendo ser concebido especificamente para a clientela, conforme os temas de interesse ou as especialidades atendidas pelo profissional.
- SEO: significa *search engine optimization* ou otimização de ferramentas de busca e está diretamente relacionada ao Yahoo, Bing (da Microsoft) e principalmente ao Google, que é o maior e mais acessado site de buscas da internet. Estar bem posicionado de forma orgânica (não patrocinada) nas buscas do Google é condição importante para receber contatos com frequência e fazer negócios. Segundo estimativas da empresa, 70% dos usuários que realizam buscas pelo Google clicam apenas nos três primeiros links e o restante se concentra nos demais resultados da primeira página, sendo ínfimo o número de usuários que segue a sua busca da segunda página em diante.

Marketing social

No Brasil, o entendimento de marketing social vem sendo reduzido à mera divulgação das ações sociais de uma organização, visando agregar valor à marca e à imagem da empresa. No entanto, sua prática pode consistir numa transformação social.

Por meio da utilização de instrumentos do marketing, a sociedade transforma um estado não ideal de comportamento em um estado ideal, desde que tenha uma meta final de produção de transformações e impactos sociais, o que pode ser bastante relevante na atuação e na missão do nutricionista.

Marketing sustentável

Uma estratégia de marketing sustentável significa fazer com que a empresa que gera lucros passe, ao mesmo tempo, a causar menor impacto negativo na sociedade em que atua. É fundamental que a empresa seja reconhecida por seus clientes e colaboradores por passar efetivamente a mensagem do quanto é importante, para o mundo de hoje, ser sustentável: promover ações que protejam as futuras gerações.

Quando o tema é alimentação, existem inúmeras oportunidades para isso: menor desperdício, utilização integral de alimentos, maior aproveitamento de recursos naturais, descarte correto de resíduos etc.

Networking ou marketing de rede

Networking é outra palavra em inglês usada no dia a dia que indica a capacidade de estabelecer uma rede de contatos ou uma conexão com algo ou com alguém. Essa rede de contatos é um sistema de suporte no qual existe a partilha de serviços e a informação entre indivíduos ou grupos que têm um interesse em comum. Deve existir um sentido de reciprocidade – o benefício deve ser mútuo –, porque mesmo que uma pessoa ou corporação seja mais experiente, ela sempre pode aprender algo novo com outrem.

O objetivo aqui é desenvolver uma rede de profissionais que possa compartilhar informações e indicações entre si. Um exemplo são as parcerias com entidades e associações, grupos de estudo, além da troca de experiências com outros nutricionistas.

Marketing pessoal

Para a definição da sua missão como profissional, convém levar em consideração alguns elementos: sua história de vida, sua intenção, os fatores inerentes ao ambiente externo (oportunidades e ameaças), bem como ao ambiente interno (pontos fortes e fracos), sendo específico nas suas competências (conjunto de conhecimentos, habilidades e comportamentos) e nos recursos disponíveis, inclusive os financeiros.

Uma vez definidos, será hora de divulgá-los para que sejam conhecidos e reconhecidos. É importante adquirir autoridade para falar de algum assunto, para ser considerado competente em relação a uma especialidade.

Não há nenhum mal em criar uma marca pessoal, digna de ser lembrada. Pelo contrário: isso amplia o poder de influência e as chances de cumprir a missão de promover saúde e qualidade de vida para a sua audiência.

O MARKETING E A ÉTICA

As ferramentas e estratégias mercadológicas podem e devem ser utilizadas sem ferir os princípios éticos da profissão, como uma maneira de influenciar o cliente não só no momento da escolha entre um ou outro serviço, mas também para apoiá-lo na mudança e na adequação de seu comportamento alimentar.

Ao longo dos últimos 30 anos, o nutricionista conquistou o reconhecimento da população e de outros profissionais. No entanto, a sociedade atual passa por várias mudanças: a variedade de produtos e serviços disponíveis, as novas descobertas da ciência, o crescimento das redes sociais, as mudanças no comportamento do consumidor em todos os ciclos de vida e a legislação correndo atrás para fazer frente a tantas novidades e demandas.

Para responder aos anseios da sociedade é imprescindível definir, organizar e sistematizar as estratégias de marketing que melhor se adequarem ao negócio para obter resultados mais eficazes. O modelo que é importante hoje pode ser irrelevante amanhã, por isso há necessidade de avaliação constante dos resultados.

Investir em qualificação permanente, sem se desviar dos valores éticos e de responsabilidade social, faz-se determinante para o sucesso do profissional.

REFERÊNCIAS BIBLIOGRÁFICAS

1. Kotler P. Administração de marketing: análise, planejamento, implementação e controle. São Paulo: Atlas; 2009.

2. Drucker PF. Revised edition of management: tasks, responsabilities and practices. Nova York: Harper Collins; 2008.
3. Carâp LJ. Marketing estratégico em saúde. In: Pedro Ribeiro Barbosa (org.). Curso de Especialização em Autogestão em Saúde. Rio de Janeiro: Fiocruz; 2001.
4. Fitzsimmons JA, Fitzsimmons MJ. Administração de serviços: operações, estratégia e tecnologia da informação. São Paulo: Bookman; 2014.
5. Italiani F. Marketing farmacêutico. Rio de Janeiro: Qualitymark; 2006.
6. Gordon I. Marketing de relacionamento: estratégias, técnicas. São Paulo: Futura;1999.

CAPÍTULO 3

A comunicação na nutrição

Lia Mara Lemos Giro

INTRODUÇÃO

A comunicação na área da nutrição pode ser definida como o processo pelo qual o conhecimento técnico que o nutricionista possui é convertido em informação adequada ao público-alvo de maneira a promover uma melhor interpretação dos resultados obtidos nas pesquisas científicas.

Todo nutricionista é um comunicador. Sempre que se cria uma campanha de promoção da alimentação saudável, faz aconselhamentos dietéticos, escreve artigos, desenvolve informativos nutricionais, participa de palestras, debates, dá entrevistas para os meios de comunicação, enfim, ao transmitirmos conhecimento seja para qual finalidade for, estamos nos comunicando.

Baseado nessa afirmação, todo nutricionista precisa conhecer as ferramentas básicas de comunicação para aumentar a capacidade e as competências para atingir seus objetivos de atuação perante à população.

Pode se dizer, então, que uma boa comunicação é uma ponte entre a ciência e o indivíduo, tendo o nutricionista como o elo principal desse processo.

A comunicação na área da nutrição, de modo geral, tem se tornado uma ferramenta de promoção à saúde, pois tem a capacidade de:

40 Nutrição: Visão Atual e do Futuro

- Aumentar o conhecimento e a consciência dos temas que envolvem os alimentos e suas funções no organismo.
- Influenciar percepções, crenças e atitudes.
- Refutar mitos e concepções que estão em desacordo com a ciência.
- Ajudar a tomar consciência e mostrar os benefícios da mudança comportamental.
- Influenciar na motivação, na adaptação dos novos modelos de comportamento.
- Reforçar as atitudes positivas nas mudanças.
- Promover a adesão e o engajamento no tratamento nutricional.
- Fortalecer todas as etapas, desde o primeiro contato com o cliente até a etapa a que se deseja chegar.
- Contribuir na compreensão das informações transmitidas, fortalecendo todos os conceitos por meio de uma comunicação contínua.
- "Alimentar" o tratamento indicado por meio de informações adicionais, receitas, interação com o cliente/paciente entre um contato e outro.
- Conquistar e manter o vínculo é o maior desafio em um tratamento nutricional. A boa comunicação pode ser o grande diferencial nesse processo.

As ferramentas de comunicação que serão utilizadas para essas finalidades poderão variar desde materiais educativos, como réplicas de alimentos, pirâmides, informativos impressos, até recursos audiovisuais, como vídeos, imagens, publicações científicas que serão explicadas adequadamente no contato com o público-alvo.

O nutricionista cada vez mais conquista seu espaço nas mídias de televisão, rádio, mídia impressa e mídias digitais, ocupando a função de um comunicador. Esse grande avanço precisa cada vez mais ser valorizado e cuidadosamente ocupado pelo nutricionista, que é por competência técnica o profissional mais adequado e habilitado a falar sobre nutrição e tudo o que envolve a função dos alimentos no organismo humano. No entanto, o certificado de conclusão do curso de nutrição não garante que o nutricionista esteja apto para exercer esse papel de comunicador para o grande público. É preciso conhecer um pouco sobre os veículos de comunicação que estará utilizando, além, claro, estar bem embasado no assunto a ser pautado. Cada veículo possui características próprias, público e linguagem diferenciados, o que exige uma postura específica mantendo sempre a base científica como sustentação da entrevista.

Para isso, este capítulo aborda os veículos de comunicação mais utilizados pelo nutricionista para que cada vez mais os conceitos científicos sobre alimentos, alimentação e nutrição possam chegar à população da forma mais eficiente e responsável, com o único objetivo de promover a saúde de todos que a procuram.

O que é mídia?

Mídia é o conjunto dos diversos meios de comunicação que têm a finalidade de transmitir informações variadas.

O universo midiático abrange uma série de diferentes plataformas que atuam como meios para disseminar as informações, como os jornais, as revistas, a televisão, o rádio e a internet.

As mídias são divididas em duas principais categorias: a mídia analógica, ou tradicional, e a mídia eletrônica, ou digital.

As principais diferenças entre ambas as mídias são a possibilidade de interação entre o comunicador e o público, a rapidez da notícia e a atualização em tempo real, que são características muito mais presentes na mídia digital do que na tradicional, embora, com o avanço tecnológico, a televisão e o rádio tenham mudado a forma de comunicar e começado a buscar as notícias em tempo real e uma maior interação com a população, sempre que possível.

O NUTRICIONISTA NOS VEÍCULOS DE COMUNICAÇÃO TRADICIONAIS

Os meios de comunicação tradicionais, como a televisão, o rádio, os jornais e as revistas, podem estar com seus dias contados? A evolução da tecnologia poderá ou não ameaçar a vida útil desses meios de comunicação? Em um ritmo no qual as sociedades atuais vivem a constante evolução e a disseminação das novas tecnologias, o tempo que as pessoas despendem na internet ainda não supera o antigo hábito de assistir à televisão, por exemplo.

De acordo com o maior levantamento sobre os hábitos de informação dos brasileiros, a "Pesquisa Brasileira de Mídia 2016",[1] a televisão

42 Nutrição: Visão Atual e do Futuro

segue como o meio de comunicação predominante, seguida pela internet e, depois, pelos jornais, que ainda são considerados o veículo mais confiável pela maioria da população. Se considerarmos a quantidade de jornais gratuitos entregues todos os dias nas ruas e nas estações de metrô, esta pode ser uma boa forma de comunicação para uma grande parcela da população.

Ainda sobre essa pesquisa, ao contrário do que se imagina, de acordo com os entrevistados, 95% afirmaram ver TV, dos quais 73% têm o hábito de assistir a ela diariamente. Em média, os brasileiros passam 4 h 31 por dia expostos ao televisor, de segunda a sexta-feira, e 4 h 14 nos finais de semana, números superiores aos encontrados na PBM 2015, que eram 3 h 29 e 3 h 32, respectivamente.

O nutricionista, responsável por transmitir informações técnicas na televisão, precisa ficar atento ao perfil do público que promove a maior audiência no horário da entrevista, para utilizar os termos adequados e as nomenclaturas claras e fáceis de serem entendidas por aqueles que os ouvem. Por exemplo, essa mesma pesquisa revelou que o tempo de exposição à televisão sofre influência do gênero, da idade e da escolaridade. De segunda a sexta-feira, as mulheres passam mais horas em frente à TV do que os homens. Os brasileiros de 16 a 25 anos assistem cerca de uma hora a menos de televisão por dia da semana do que os mais velhos, acima dos 65 anos. O televisor fica mais tempo ligado na casa das pessoas com até os anos iniciais do ensino fundamental do que no lar das pessoas com ensino superior. Não é raro presenciarmos profissionais de diversas áreas da saúde utilizando jargões técnicos em suas entrevistas, o que torna a compreensão da mensagem muito mais difícil e desinteressante.

Fatores a serem considerados ao se comunicar nos veículos tradicionais

1. Postura profissional: antes de tudo, o nutricionista deve se conscientizar de que ele estará se comunicando por meio de um veículo da mídia, representando uma classe de profissionais que atua com base em evidências científicas, isto é, não se comunica opinião pessoal a não ser que esta seja solicitada pelo entrevistador. Como um profissional da saúde, o nutricionista traduz o que a pesquisa apresenta como evidência. Essa postura lhe garantirá um respaldo para qual-

quer tipo de opinião contrária que possa polemizar a fala ou o texto divulgado, além de transmitir informações seguras à população.

Com relação à apresentação pessoal, quando se tratar de mídia televisiva, devem prevalecer trajes profissionais e, caso o profissional esteja próximo de alimentos na matéria, suas unhas devem estar curtas, sem esmalte escuro, e os cabelos devem estar presos.

2. Linguagem: uma das teorias da comunicação é elaborar métodos para a transferência da informação, isto é, para todo tipo de comunicação programada faz-se necessário um roteiro sobre o tema a ser abordado, para que não se perca a essência do que se quer informar. A linguagem que se propõe é a linguagem formal, que facilite o diálogo entre o jornalista, o nutricionista e outros profissionais que participam da entrevista e o público em geral. Para qualquer mídia tradicional, rádio, televisão, revistas ou jornais, o jornalista tanto pode fornecer o tema e a pauta completa como apenas definir o tema e o nutricionista elaborar toda a pauta considerando o tempo disponível para a entrevista. O jornalista também poderá solicitar ao nutricionista uma sugestão de pautas de interesse do público daquele determinado veículo, que possa trazer informações inéditas. Para cada situação, há uma responsabilidade diferente que o nutricionista comunicador deve assumir.

Quando se fala em linguagem, deve-se considerar o conjunto de fatores que a compõem, que são uma combinação de palavras, formas e comportamentos. Em outras palavras, o que o público absorve da comunicação não são somente as palavras ou expressões, mas sim o jogo de linguagem completo de que o comunicador se utiliza para transmitir sua mensagem. Na prática, deve-se avaliar a linguagem que predomina no veículo de comunicação, o texto da matéria, a postura formal ou descontraída dos organizadores e dos entrevistadores, para alinhar-se a eles.

3. Ética. Para se certificar do posicionamento ético do nutricionista nos meios de comunicação, contamos com o apoio e o respaldo técnico dos Conselhos – Federal, Regional e de Nutricionistas –, que, de acordo com o parecer nº 05/2014, baseado no Código de Ética, estabelece:[2]

   » O nutricionista deverá identificar-se com seu nome, número de inscrição e título profissional para divulgação de aspectos técnicos dos produtos ou serviços, orientação do seu uso e indicação de possíveis efeitos à saúde, sem mencionar ou vincular marcas comerciais ou nome de empresas (artigo 5º, inciso III; Artigo 22, inciso III).

» O conteúdo divulgado/anunciado pelo nutricionista deve embasar-se em evidências científicas, atender à legislação sanitária, expressar conceitos de consenso da categoria e apresentar comprovados benefícios à saúde (artigo 7º, incisos IX e X).

» O nutricionista tem o dever de preservar o decoro profissional e responsabilizar-se pelas informações prestadas, não devendo utilizar a mídia como forma de autopromoção ou sensacionalismo (artigo 5º, inciso VI; artigos 21 e 22, inciso I).

» A publicidade de produtos ou empresas, quando veiculada na mídia, não deve conter o nome e/ou o título do nutricionista (artigo 22, inciso III).

» Relativamente à publicidade, é dever do nutricionista, por ocasião de entrevistas, comunicações, publicações de artigos e informações ao público sobre alimentação, nutrição e saúde, preservar o decoro profissional, basear suas informações em conteúdo referendado em pesquisas realizadas com rigor técnico-científico, e assumir inteira responsabilidade pelas informações prestadas (artigo 21).

4. Parceria entre nutricionistas e jornalistas. A mensagem a ser divulgada será um conjunto do trabalho entre os profissionais envolvidos, cada qual com a sua *expertise*. O produto de todos os profissionais juntos é a construção da informação vista por diferentes ópticas, mas que se complementam na maioria das vezes, tendo o público como consumidor final dessa informação. Eventuais divergências entre as duas áreas podem ocorrer, por exemplo, quando os jornalistas precisam transmitir a notícia em tempo mínimo e o tema requer um maior detalhamento para facilitar o entendimento do público leigo. A mídia é movida pela notícia; a ciência precisa transmitir seus avanços e descobertas. É importante que os dois lados saibam selecionar, interpretar, resumir e traduzir a informação.

A interpretação diferente das informações técnicas por parte dos jornalistas ou o curto espaço de tempo que eles têm para desenvolver o tema pode ocasionar erros na edição da matéria. Desse modo, o ideal é que o nutricionista se certifique de que o jornalista entendeu claramente a mensagem que se quis passar, repetindo e confirmando as ideias, pois as entrevistas feitas nos veículos de comunicação não são revisadas pelo entrevistado.

Características e implicações da imprensa escrita e da imprensa falada

Imprensa escrita

Não é necessário dizer que, para se produzir um conteúdo escrito, é importante obedecer às regras gramaticais, evitando erros de sintaxe, de pontuação, de ortografia; procurar a clareza, evitando palavras e frases obscuras ou de duplo sentido; e tentar agradar o leitor, empregando expressões elegantes e fugindo de um estilo muito técnico. Escrever bem é acima de tudo saber provocar no leitor uma reação ou uma resposta. Se a resposta corresponder ao que se espera que o leitor compreenda, o resultado da escrita foi positivo. Ele não precisa necessariamente concordar com a sua ideia, mas precisa ter entendido sua mensagem. Escrever bem é comunicar bem, tornar comum uma ideia com clareza para que possa vir a resposta correspondente ao conteúdo produzido. Também é necessário persuadir o leitor, que precisa ser convencido, atraído para a ideia escrita. Um nutricionista tem essa função persuasiva que promove mudanças comportamentais, no caso aqui especificamente, com conteúdo fundamentado na ciência publicado na imprensa escrita. Um segredo para o sucesso é incorporar ao texto técnico uma pitada de simpatia, leveza sem perder o tom da seriedade da matéria, mas acrescentando expressões que possam aproximar o nutricionista do leitor.

Resumindo, podemos dizer que a escrita eficaz está apoiada no tripé: tornar o pensamento comum; produzir uma resposta e persuadir o leitor.

Quando escrevemos um conteúdo técnico, devemos nos preocupar com duas perguntas-chave: 1) será que ele vai entender?; 2) será que ele vai fazer exatamente o que estou sugerindo? Para isso, criar um processo que avalie o *feedback* do leitor é muito importante. Procure sempre criar um sistema de avaliação dos efeitos que a mensagem causou no leitor e, sempre que possível, interaja com o seu público por meio de respostas aos comentários, de complemento das informações em uma próxima matéria, e até mesmo pela utilização de erratas. Segundo Izidoro Blikstein, "não basta ter uma boa ideia, tem que ter uma boa mensagem".[3]

Jornais

Escrever um artigo no jornal ou ser responsável por uma coluna semanal, por exemplo, exige do nutricionista um bom conhecimento da escrita e responsabilidade na escolha dos temas, pois a imprensa escrita não traz a velocidade da informação que a mídia digital permite. Falar sobre uma intoxicação alimentar que ocorreu em uma escola, por exemplo, só será válido se o fato servir de introdução para a transcrição do tema "Cuidados e prevenções que se deve ter para evitar a contaminação alimentar em ambientes escolares", uma vez que a notícia em si não terá mais impacto quando chegar aos olhos do leitor.

Uma mensagem impressa tem de transmitir além de conhecimentos, ser carregada de emoção, tem de persuadir o leitor a se envolver com o texto, ser interessante, inovadora, gerar confiança e esclarecimento. Uma técnica muito utilizada no meio jornalístico é escrever no estilo "pirâmide invertida", isto é, no primeiro parágrafo o leitor já sabe do que se trata o texto e as demais informações vão completando a mensagem nos parágrafos seguintes.

Um artigo ou uma coluna não podem ser longos, as pessoas querem ir direto ao ponto. Saiba resumir as informações relevantes e que agregam valor para o leitor. Forneça soluções, dicas, receitas que sejam inerentes ao texto, pois matérias que apresentam apenas problemas e críticas são inúteis para os leitores. Valorize o texto com informações que justifiquem ser escritas por um nutricionista, por ser o profissional mais habilitado para escrever sobre assuntos relacionados à alimentação.

Sempre mencione as fontes utilizadas para a construção do artigo, convide outros profissionais para debater o tema, pois diferentes pontos de vista sempre enriquecem e inovam a discussão.

Revistas não científicas

Escrever um artigo para uma revista significa escrever para um público com interesses específicos. Por isso, conhecer detalhadamente o perfil do leitor é fundamental para despertar o interesse com o tema. As revistas têm públicos com interesses diferentes. Uma dica é ler vários artigos da mesma revista para criar uma abordagem específica, uma linguagem adequada, identificar temas de interesse. Esse tipo de veículo tem vida útil maior, pois uma revista pode ficar semanas em uma recepção de um consultório por exemplo, e ainda assim apresentar matérias atuais.

Consiga a atenção do leitor com um título inovador e ao mesmo tempo atraente, seguido de um primeiro parágrafo bem persuasivo, para que o público se interesse pelo seu artigo no meio de tantos outros dentro da própria revista. É desafiador manter a integridade da informação científica dentro de uma variação de modelos de escrita, mas é possível.

Os designs das revistas favorecem muito a publicação de matérias sobre alimentação, com possibilidades infinitas de imagens que envolvem o leitor antes mesmo da leitura do título do artigo. Elas permitem levar o público a sonhar, a despertar desejos e sabores e assim, maiores conhecimentos. Cabe ao nutricionista utilizar essas ferramentas visuais para conduzir o público a uma mudança comportamental que induza a novos hábitos alimentares.

Uma dica que vale para todos os meios de comunicação, e, aqui, no caso, os meios tradicionais, é conduzir o público a se envolver com uma história que possa fazer parte da vida dele para que ele tenha interesse pelo assunto a ser abordado antes mesmo de a matéria ir ao ar ou ser publicada. Isso se faz por meio de "chamadas" antecipadas. Uma boa tática é despertar a curiosidade do espectador com perguntas sobre sua rotina ou mostrando que ele vai encontrar a solução para um problema (mesmo que ele não tenha um problema). Um exemplo seria: "Veja cinco formas de criar uma boa relação com a comida", ou: "você sabia que algumas combinações de alimentos podem melhorar a ação dos nutrientes no nosso organismo?". Essas "chamadas" podem ser das mais variadas; em algumas mídias, o público pode fazer perguntas antecipadas e ajudar a construir a matéria, tornando muito mais rica a comunicação.

Outro fato importante é o papel do nutricionista em motivar o espectador a adquirir hábitos saudáveis. E o desafio é, por meio do veículo de comunicação, estabelecer uma conexão verdadeira, de confiança, com seus ouvintes/leitores, pois só assim haverá uma porta aberta para motivá-los a adquirir hábitos alimentares saudáveis.

Imprensa falada

Antes de tudo, é importante dizer que na imprensa falada se pode utilizar a comunicação verbal (expressão oral) e a comunicação não verbal (tudo aquilo que não seja falado, como os sinais, as vestimentas, os gestos, os ruídos, a expressão corporal, a postura). Em uma comunicação feita pelo rádio, a comunicação verbal predomina, enquanto na mídia televisiva os dois tipos de comunicação são utilizados, o que requer um preparo e uma concentração maior na transmissão da mensagem, pois uma comunicação não verbal distorcida, fora do contexto, pode anular a comunicação verbal, o que prejudica o envio da mensagem correta ao público.

Imaginemos situações nas quais o nutricionista se movimente de um lado para o outro, gesticule muito com as mãos, fale muito baixo ou muito alto, mexa a cabeça ou passe as mãos no cabelo muitas vezes, fique o tempo todo sério ou sorria ao falar de uma intoxicação alimentar grave, por exemplo. Enfim, deve-se ter cuidado com situações inadequadas, uma vez que as expressões corporais devem estar alinhadas com o conteúdo da mensagem.

Algumas situações de estresse, cansaço, atraso na chegada da gravação da entrevista, nervosismo por se apresentar em público e timidez podem atrapalhar o bom desempenho do nutricionista na transmissão da mensagem. Para amenizar esses fatores, a primeira providência a fazer é se preparar muito bem antes de se apresentar à uma imprensa falada, seja no rádio ou na televisão, principalmente se o programa for ao vivo, que não permita uma edição posterior da matéria. O tema a ser abordado deve ter sido muito bem estudado, e um bom roteiro por escrito deve ser preparado para que não haja atropelos e esquecimentos do essencial a ser dito. Chegar com um bom tempo de antecedência ao estúdio, realizar técnicas de relaxamento, respiração, hidratar a garganta e fazer alguns exercícios com a voz, sempre que possível, são aconselháveis.

Rádio

Como um meio de comunicação, o rádio apresenta algumas características diferenciais de expressão, de transmissão de mensagens em relação aos outros meios, pois conta com um único suporte, o som. Daí a necessidade de comunicar um conteúdo específico que só pode ser absorvido e compreendido por forma auditiva. O discurso técnico radiofônico deve fazer uso da melhor forma de expressão e clareza da mensagem para manter a atenção da audiência e conseguir sua adesão.

A velocidade com que se transmite a mensagem diante do microfone e a duração produzirão um efeito que provocará diferentes sensações nos ouvintes diante dos estímulos sonoros. Uma narração extremamente lenta poderá provocar uma sensação de angústia; um silêncio prolongado provocará uma inquietação no receptor e, da mesma forma, uma narrativa corrida com muitas informações levará a um desinteresse e a uma possível troca de estação. Desse modo, a vocalização, a entonação, o ritmo e a atitude do uso da voz determinarão a melhor compreensão do receptor. Por meio da voz, o comunicador transmite não só o conteúdo propriamente dito, mas sua personalidade, seu posicionamento, seu conhecimento e sua experiência no tema discutido.

Televisão

Participar de um programa de televisão, seja em uma breve entrevista ao telejornal ou em um programa de entretenimento, significa uma oportunidade preciosa para a exposição do profissional. Saber aproveitar bem o momento é essencial, por isso, para que o nervosismo e a inexperiência não atrapalhem sua imagem, preste atenção em algumas dicas:

1. Estude a pauta, o tema que gera a entrevista. Os telejornais costumam cobrir pautas factuais, ou seja, vinculadas a um fato atual ou que esteja em alta. Já os programas de variedades abrem espaço para pautas "frias", relativas a temas com tendências, comportamento ou quadro de entrevistas em que o profissional é convidado a expor um assunto em detalhes. Portanto, ao aceitar ser entrevistado por uma equipe de televisão, procure conhecer a pauta, verifique se está apto a descrevê-la, pois muitas vezes é melhor recusar um convite e indicar um colega com mais experiência no tema do que se expor sem as habilidades necessárias. Ao aceitar a participação, estude o tema, atualize-se e pense antecipadamente nas respostas que dará para as possíveis perguntas que serão feitas.
2. Fale pouco, de maneira clara e com eficiência: falar de forma eficiente significa ser capaz de passar uma mensagem de modo objetivo e relevante. O treino antes da participação pode ser um bom exercício para uma boa entrevista. Não dê respostas evasivas, que podem passar mensagens negativas, como supor que o entrevistado não está seguro com o tema. Para garantir uma maior segurança nas respostas, além de estudar previamente a pauta, é aconselhável, antes do início do programa, conversar informalmente com o jornalista e pedir uma antecipação das perguntas.

Tenha cuidado ao fazer comentários pessoais, para não emitir opiniões de cunho preconceituoso ou fazer piadinhas. Se for questionado sobre um tema polêmico, esteja bem seguro de sua resposta e das possíveis consequências dela, daí a necessidade de que todo conteúdo seja respaldado cientificamente. Caso contrário, é melhor dizer que não se sente à vontade para comentar o assunto.

3. Você não terá muito tempo: por isso, vá direto ao ponto. Seja objetivo em suas respostas. Focar no que realmente interessa é o segredo. Para isso, preste muita atenção na pergunta que está sendo feita. Algumas vezes, o roteiro pode sofrer variações ou podem surgir distrações no ambiente que tirem a concentração do entrevistado.

4. Controle suas emoções: evite polêmicas. Se considerar uma pergunta ou comentário ofensivo, grosseiro ou indiscreto, mantenha o equilíbrio e a calma para encontrar a melhor resposta, que virá com firmeza e inteligência.

5. Sua imagem vale muito: a imagem pessoal e profissional é construída ao longo do tempo. Pense nos motivos profissionais pelos quais seu nome foi lembrado para participar de uma entrevista e valorize a oportunidade. Não pense como uma experiência glamorosa, mas sim na oportunidade profissional que se apresenta. Porém, a não ser que seja questionado, não fale sobre a sua experiência pessoal, não promova seu trabalho, o que será uma consequência natural da boa atuação em atender às expectativas da emissora de televisão e do público.

CASOS DE SUCESSO

Para ilustrar ações de nutricionistas que se utilizam das mídias tradicionais como veículos de comunicação e informação de qualidade, apresentamos alguns exemplos que podem servir de inspiração a outros profissionais.

Bianca Chimenti Naves

A nutricionista Bianca Chimenti Naves (CRN3 13593) relata a seguir sua experiência com as mídias tradicionais.

Meu primeiro contato com uma das mídias de maior impacto no número de pessoas, a televisão, foi em 2006, quando eu trabalhava no ambulatório do Serviço de Nutrição do Instituto de Cardiologia do Hospital das Clínicas (InCor – HCFMUSP), e minha chefe na época, a nutricionista Adriana Ávila, não poderia comparecer a um programa transmitido ao vivo e me indicou para substituí-la nesse compromisso. Foi na TV Gazeta, no programa Mulheres da apresentadora Kátia Fonseca. Foi nessa ocasião que tive a oportunidade de conhecer minha futura sócia, a dra. Rosa Rahmi Garcia, médica endocrinologista que dividiu a pauta comigo sobre prevenção e tratamento do *diabetes mellitus*. A partir desse contato e de uma grande afinidade entre nossas metodologias de trabalho e assistência à saúde, começamos um projeto juntas e nos tornamos sócias e parceiras de uma clínica especializada em medicina e nutrição. Esse projeto durou sete anos, de 2007 a 2014, e nesse período acabei pedindo demissão do meu trabalho no ambulatório do Serviço de Nutrição do InCor para me dedicar exclusivamente à clínica. Mantive comigo alguns contatos de jornalistas da área da saúde, como a Regina Célia Pereira, muito parceira e atuante na produção de matérias de nutrição, que sempre contou com o respaldo técnico de profissionais especializados para as suas pautas na Revista Saúde, da Editora Abril.

Posso afirmar que os contatos principais de jornalistas da área da saúde surgiram nessa época em que eu trabalhava no InCor e durante um período prévio em que realizei projetos paralelos com o dr. Mauro Fisberg, pediatra, nutrólogo, grande formador de opinião e com vasta experiência em assessoria técnica e comunicação social.

Há 10 anos, os principais veículos de transmissão de informações eram a televisão, o rádio, os jornais e as revistas. Por indicação da assessoria de imprensa do Incor e até mesmo pelo dr. Mauro, as oportunidades de entrevista surgiram, e o tema nutrição e saúde foi ganhando um espaço importante, relevante e se tornando popular. Essa demanda começou pela importância da nutrição na saúde e na prevenção e tratamento de doenças crônicas, e pelo aumento de dados científicos que embasavam tais teorias. A função da participação do nutricionista nesses canais de comunicação sempre foi transmitir, de forma didática, a teoria científica para a vida prática da população em geral.

Em 2014, surgiu a oportunidade de eu participar como nutricionista de uma seleção e formação de uma equipe multidisciplinar, com médico endocrinologista, psicólogo e educador físico para a atuação em um *reality show* de emagrecimento saudável transmitido por um programa vespertino na TV Record. Esse convite surgiu pela indicação de uma paciente que era diretora da Endemol Brasil, produtora responsável pelo formato desse *reality*.

Essa foi uma grande oportunidade, já que o programa era transmitido diariamente, tinha uma audiência muito boa e se estendeu ao longo dos dois anos seguintes, com cinco temporadas distintas. A repercussão foi muito significativa, já que a equipe era muito competente tecnicamente e, ao mesmo tempo, tinha apoio e auxílio da produção do programa para criar conteúdos didáticos e promover disseminação de todo conteúdo nutricional, médico, psicológico e de atividade física.

A grande realização profissional em participar desse *reality show* foi justamente poder desempenhar um papel importante, até mesmo de saúde pública, já que estávamos atingindo milhares de famílias brasileiras, levando conceitos e informações adequadas de emagrecimento saudável. Além disso, sempre tive a liberdade de desempenhar o mesmo papel dentro e fora da televisão, o que tornou legítima a minha atuação como nutricionista formadora de opinião.

Sophie Deram

A nutricionista francesa naturalizada no Brasil Sophie Deram (CRN3 21065) relata sua experiência:

Ao longo de minha carreira na nutrição e principalmente nos últimos anos, tive oportunidade de participar de diversos meios de comunicação. Além de ter meu livro publicado, tenho feito participações recorrentes na televisão, no rádio, em revistas, jornais e blogs. Sou uma pessoa bem resolvida com a mídia e seus profissionais, mas nem sempre foi assim.

Minha primeira aparição na mídia foi por volta de 2009, numa revista sobre meu trabalho de doutorado (sobre a busca na nutrigenética do porquê de algumas pessoas engordarem ou emagrecerem e outras não). A entrevista foi pelo telefone, bem rápida e sucinta. Antes da publicação do texto, eu perguntei se podia vê-lo e a repórter me disse que não. Eu insisti, ela cedeu, e quando li sua matéria, fiquei bastante decepcionada. O texto era bastante diferente daquilo que eu havia dito. Era sobre minha tese de doutorado, e a jornalista escreveu de maneira sensacionalista coisas que não estavam certas. Eu corrigi muitas coisas, mandei para ela, e ela publicou ainda uma terceira versão: melhor, mas não muito fiel. Nesse momento, eu havia chegado à conclusão de que não era possível passar minhas informações sobre coisas tão especializadas para jornalistas. Mantive essa opinião por muito tempo e comecei a recusar todos os convites seguintes de entrevistas e participações na mídia. Somando essa minha experiência com o meu sotaque, eu estava totalmente sem vontade de aparecer em matérias, programas e afins.

Essa minha opinião perdurou por muito tempo, até que em dezembro de 2013 eu fiz meu TED, momento no qual tive a oportunidade de falar sobre meu trabalho de maneira mais fácil e acessível aos leigos. A palestrante antes de mim era a jornalista da CBN Petria Chaves, que depois de fazer a própria palestra, assistiu à minha, e ficou bastante interessada. Ela me procurou dizendo que gostaria de me entrevistar no seu programa de rádio chamado Caminhos Alternativos, do qual participei em janeiro de 2014. Eu nem mesmo sabia o que era a CBN, uma rádio nacional. Fui muito tranquila e à vontade, pois agi como se fosse uma rádio pequena, regional. Quando o programa foi ao ar, recebi tantos e-mails que até me assustei. Pessoas de todo o país entraram em contato comigo, e assim realmente percebi o alcance que esse tipo de mídia poderia trazer ao meu trabalho. Vale a pena dizer que foi por meio dessa entrevista que meu editor me conheceu, e assim surgiu a proposta de escrever meu livro. Ele me disse 'você falou muito bem sobre temas complexos. Já pensou em colocar esse seu discurso num livro?'.

Minha terceira experiência na mídia veio por meio de uma jornalista da Gazeta de Vitória, do Espírito Santo, muito educada e gentil, que me mandou um e-mail exatamente no período em que eu ainda estava recusando todos os convites que recebia. Ela, no entanto, foi tão simpática ao entrar em contato comigo que aceitei participar de uma entrevista. Ficamos 45 minutos falando ao telefone, e fui tomada por um grande medo quando desliguei. Eu não tinha certeza do que ela iria escrever depois de ouvir tanto o que eu tinha a dizer, não sabia se mais uma vez eu veria um texto que não condizia com a realidade daquilo que eu havia falado. Para minha satisfação e surpresa, o texto publicado não somente foi absolutamente incrível e bem escrito, mas também viralizou na internet. Esse artigo fez com que novamente eu recebesse e-mails de pessoas do país inteiro que se diziam identificadas e impactadas por aquilo que eu dizia, me pedindo ajuda. Com essa repercussão, percebi que eu precisava achar um jeito de ajudar as pessoas que moram longe.

Passando por essas duas ótimas experiências, eu fiquei mais confiante e perdi aquele receio que surgira anos antes sobre o jornalista sempre mudar as mensagens que eu queria passar. A partir de então, comecei a aceitar muitos outros convites e, hoje, após já ter inúmeras participações em programas e entrevistas publicadas, apenas duas vezes eu fiquei decepcionada com o resultado. Essas minhas únicas decepções com os resultados aconteceram uma vez por conta de um jornalista ter escrito um texto bastante sensacionalista sobre minha opinião e uma outra vez por eu ter participado de um programa que colocou opiniões de outro profissional falando de estudos muito desatualizados, dando a ideia de que eu estava passando informações falsas. No geral, no final das contas, me surpreendi positivamente com a qualidade do trabalho de jornalistas que trabalharam comigo, realmente esforçados em escrever textos verdadeiros. Notei que, geralmente, quando um jornalista acaba escrevendo algo incorreto, é mais comum que o motivo seja sua falta de conhecimento sobre o assunto do que má índole ou vontade de dar um tom sensacionalista à matéria.

Sophie complementa:

É importante se apresentar com alguma especialidade, pois não podemos assumir que somos capazes de falar sobre tudo – afinal, nós não sabemos tudo. Há uma gama de assuntos que estudo há anos, e é sobre eles que eu aceito falar. Existem temas que eu estudei bastante, mas que eu não me sinto à vontade para falar sobre, por acreditar que eu deveria ter estudado ainda mais para isso, como é o caso de alimentação e câncer. É importante ter esse senso de realismo e de responsabilidade. O principal facilitador para os meios de comunicação entrarem em contato comigo é o fato de que, ao lançar meu livro, meu editor contratou na época uma assessoria de imprensa da editora por 3 meses. A partir daí, houve um efeito "bola de neve", de modo que hoje muitos veículos de comunicação já me conhecem e entram em contato diretamente comigo ou com minha editora. Quando um jornalista quer obter seu contato, ele consegue. Muitas vezes, indicações dos meios de comunicação ajudam para que um jornalista chegue até mim.

Lara Natacci

A nutricionista Lara Natacci, (CRN3 5738), uma das autoras deste livro, com experiência diversificada em comunicar a nutrição, relata que começou seu contato com a mídia em 1997 por meio de seu próprio site profissional que, na época, era uma novidade na área. O site continha informações gerais sobre nutrição, atraía em torno de mil visitas por dia e rendia mais de cinquenta e-mails diários com dúvidas das pessoas sobre os temas. Por ser algo inovador, foi divulgado em um programa de entrevistas de alta visibilidade na época, o que contribuiu para torná-lo ainda mais conhecido. A partir dessa experiência, em 1998 surgiu a ideia de publicar o primeiro livro dos cinco escritos pela nutricionista até agora, o *Diet Book – respostas às dúvidas mais comuns sobre alimentação e saúde*, com as informações mais solicitadas pelo público no site. Para divulgar o livro, a editora contratou uma assessoria de imprensa, o que a tornou requisitada a dar entrevistas em programas de televisão, rádios, revistas e jornais. Entre os anos 2001 e 2005 ficou fora do Brasil, especializou-se em transtornos alimentares e, ao retornar, outros jornalistas passaram a também convidá-la para entrevistas em vários meios de comunicação. Nessa época, a nutricionista lançou seu quinto livro, *Transtornos alimentares*, que já não mais precisou da contratação de assessoria, justamente por já ter construído sua imagem, reputação e se tornado referência na área ao longo dos dez anos desde o início do seu primeiro site.

Em 2012, lançou, em parceria com uma agência de comunicação em saúde e com uma renomada instituição de saúde nacional, o Programa Meu Prato Saudável, um programa de educação alimentar que ensina as pessoas a montarem suas refeições diárias de maneira simples e prática, com uma linguagem bem acessível e de forma lúdica. Esse programa tinha sua própria assessoria de divulgação, o que contribuiu ainda mais para que Lara ampliasse e fortalecesse sua imagem como nutricionista da mídia.

Esse bom exemplo de construção de uma boa reputação a fez ser indicada por uma colega de profissão para uma participação ao vivo em um programa de televisão de saúde de grande visibilidade em 2012. Foram várias participações com temas diversos e outros profissionais da área da saúde até ser convidada para ser nutricionista em dois *realities shows* no próprio programa, sendo o segundo focado em *coaching* em emagrecimento, sua outra especialização. O programa tinha um planejamento para durar doze semanas, mas em razão do grande sucesso, outras filmagens externas foram produzidas e novas apresentações no programa foram realizadas para mostrar os resultados positivos do *reality show* de *coaching* em emagrecimento. Como consequência desse bom trabalho, novos convites para participar com outros temas de nutrição foram surgindo no mesmo programa, entrevistas em outras mídias, além de palestras, cursos e atendimentos na própria clínica.

Lara Natacci atribui o reconhecimento ao seu trabalho divulgado por meio das mídias ao fato de ela se manter atualizada com os estudos, fazendo mestrado, doutorado e outras especializações, e por isso, tendo sempre posicionamento fiel às pesquisas científicas. Antes de qualquer entrevista ou participação em programas de televisão, pesquisa muito sobre o tema, se atualiza sobre as pesquisas mais recentes para se sentir muito bem preparada e reduzir o estresse normal da situação. Outro fator importante é sempre falar a linguagem do público, evitar termos técnicos e transmitir informações sérias, mas de maneira simples e clara. Finalmente, criar um vínculo com o telespectador, no caso da televisão, desenvolver empatia para que ele se identifique com o profissional e passe a confiar nele e se motivar com as informações que ele transmite.

Por outro lado, a nutricionista também ressalta que, quando se começa a ter uma maior visibilidade, as críticas também aumentam. Já desde o início da construção do site, em 1997, grupos de discussão de nutricionistas na internet se sentiram incomodados com o trabalho inovador e já de grande impacto. E continuou sempre que a entrevista tratou de temas polêmicos ou que foram contra a opinião de alguns profissionais que não concordavam com o posicionamento exposto. Ainda segundo ela, o importante é estar sempre embasada nas pesquisas e gerenciar as críticas como algo que pertence às mídias, lembrando que a razão se respalda na ciência sempre. Muitas vezes o tempo da entrevista é curto para dar todas as informações necessárias, e para complementar o conteúdo, a nutricionista publica em suas redes sociais postagens que complementam sua participação, quando necessário.

E por último, Lara aconselha a aceitar somente participações nas mídias sobre temas que fazem parte da especialização e da experiência do nutricionista. É melhor negar uma entrevista do que correr o risco de passar informações incorretas e sofrer as consequências dessa situação.

MÍDIAS DIGITAIS

O avanço da tecnologia da informação, no marco da passagem da comunicação em massa, as chamadas mídias tradicionais, para as mídias de comunicação em rede, as mídias digitais, permite observar uma globalização da comunicação com maior interatividade, rapidez e atualização das notícias. E por que o nutricionista deve estar nas mídias digitais é algo que não se discute mais nos dias atuais e que se justifica na necessidade de o profissional ser uma referência ao público leigo como uma autoridade em sua especialidade. Não bastam os colegas, os acadêmicos, um grupo pequeno de clientes/pacientes validar essa importância; a internet ajuda a população a encontrar os melhores profissionais por meio de suas publicações. Eles se identificam com textos que respondem suas dúvidas, além de saberem que o nutricionista se atualiza e se engaja com a sociedade por meio do seu trabalho diário, que o torna referência segura. Esse é um espaço que pertence ao nutricionista, para que a população possa receber a melhor qualidade de informação possível.

Mídias sociais, redes sociais ou mídias digitais? Qual a diferença?

Mídias sociais

Segundo o livro *A bíblia do marketing digital*, "as mídias sociais são sites na internet que permitem a criação e o compartilhamento de informações e conteúdos pelas pessoas e para as pessoas, nas quais o consumidor é ao mesmo tempo produtor e consumidor da informação. Elas recebem esse nome porque são sociais, ou seja, são livres e abertas à colaboração e interação de todos, e porque são mídias, ou seja, meios de transmissão de informações e conteúdo".[4] Em outras palavras, são as ferramentas on-line que as pessoas usam para compartilhar conteúdo, perfis, opiniões, visões, experiências, perspectivas e mídia em si, facilitando, assim, conversas on-line e interação entre grupos de pessoas. As mídias permitem que as redes fiquem on-line.

Redes sociais

O Centro de Estudos sobre as Tecnologias da Informação e da Comunicação (Cetic.br) define que as redes sociais são comunidades virtuais em que os usuários criam perfis para interagir e compartilhar informações.[5] As redes sociais reúnem pessoas com interesses afins, como pessoas que se interessam por informações sobre dietas, receitas, lazer, esportes, amizades, grupos de família etc. São, portanto, pontos de conexão entre pessoas. Alguns exemplos de rede social:

- Redes sociais de relacionamento: Facebook, Twitter, WhatsApp, Instagram.
- Rede social profissional: LinkedIn.
- Redes sociais comunitárias ou grupos fechados: grupos específicos como de bairro ou de temas como "dietas da moda".
- Rede social de compartilhamento de vídeo: YouTube.
- Rede social de compartilhamento de música: Last.fm.
- Rede social de compartilhamento de fotos: Flickr.

Mídias digitais

São meios de comunicação eletrônicos, baseados em tecnologia digital, transmitidos por plataformas digitais tecnológicas. Exemplo de mídias digitais: portais (G1, UOL, Terra), celular, TV digital, sites de veículos (Estadão, Folha, Exame), que se utilizam do meio que é a internet.

Com essas descrições pode-se dizer de forma resumida que as redes sociais estão dentro das mídias sociais, que se utilizam dos recursos digitais existentes nas mídias digitais. Tudo está, portanto, sob o controle das mídias digitais.

As plataformas de mídia social têm possibilitado que indivíduos produzam, compartilhem e distribuam seu conteúdo, facilmente, pela internet, interagindo com outros indivíduos. Atualmente, qualquer pessoa pode ter seu próprio jornal (blog), rádio (podcast) ou canal de TV (YouTube) e construir uma audiência. As redes sociais permitem que as pessoas espalhem a informação de forma mais rápida, o que exige um cuidado ainda maior na produção e disseminação do conteúdo. Nesse novo ambiente social, consumidores tornaram-se ativos produtores, influenciando seus pares, criticando produtos/serviços, desenvolvendo suas próprias soluções etc. O nutricionista precisa ficar atento, pois, uma vez feita a publicação, não será mais possível ter controle da dimensão que ela vai atingir.

O uso da Internet pelo consumidor

O Cetic.br realiza periodicamente diversas pesquisas com a finalidade de identificar estatísticas e indicadores sobre a disponibilidade e o uso da internet no Brasil. Essas informações podem ser importantes quando o nutricionista precisar conhecer mais profundamente seu público-alvo on-line.

Os dados do último mapeamento realizado em 2014 e publicado entre 2015 e 2016 mostram a proporção de usuários de internet por dispositivo mais utilizado para acesso individual, considerando que as pessoas acessam por vários dispositivos. A pesquisa mostrou um aumento do acesso à internet pelo celular de 76% para 89% no período de um ano e uma queda no acesso pelo computador de mesa de 54% para 40%, de computador portátil de 46% para 39% e dos tablets de 22% para 19% no mesmo período. Essas informações reforçam a atenção ao tipo de site a ser criado, pois a página deve ser aberta nas telas dos dispositivos móveis. Além disso, os conteúdos publicados nas mídias digitais devem ser objetivos e curtos, para fácil e rápida leitura, o que veremos com mais detalhes adiante.

Um dado interessante que a pesquisa mostrou é que 69% dos entrevistados acessam as mídias digitais e 17% criam ou atualizam blogs, e uma significativa parcela de 83% dos usuários utilizam ferramentas de busca como o Google. Entre as atividades de busca de informações realizadas pelos usuários de internet, a mais citada é a procura de informações sobre produtos ou serviços (63%), seguida da busca de informações relacionadas à saúde (38%). Esses dados comprovam a necessidade de o nutricionista ocupar cada vez mais esse espaço de comunicação com qualidade de informação, pois ainda se veem poucos profissionais da área falando sobre alimentação e muitos leigos formadores de opinião produzindo conteúdo sem fundamento científico, o que poderia provocar riscos à população.

O nutricionista nas mídias digitais

As mensagens sobre alimentação, dieta para todos os tipos de necessidade, nutrientes contidos nos alimentos e suas funções têm se tornado bastante complexas nas últimas décadas, mudando de simples diretrizes até evidências científicas que as embasam e justificam a disseminação delas. Porém, hoje os consumidores estão mais confusos com tanto acesso à informação existente. Isso se dá não apenas em razão da complexidade das mensagens, mas também pelo fato de existir uma grande variedade de grupos de profissionais com opiniões diversas e uma limitação nas mídias tradicionais em entregar a mensagem de forma detalhada, o que leva o público a buscar mais informações na internet. Como já citado, a busca por informações na área da saúde via internet vem crescendo a cada ano, mas infelizmente o controle da qualidade dessas informações é pequeno perante as inúmeras postagens feitas diariamente. O ovo, por exemplo, pode ser o "vilão" e o "mocinho" no mesmo dia. Para uma pessoa leiga, o melhor seria ler sobre os benefícios do alimento se ingerido de forma equilibrada e o inverso caso haja um excesso de consumo, com um detalhamento específico sobre esse foco. Afinal, esse é o papel do nutricionista que o difere do leigo; ambos produzem conteúdo nas mesmas mídias, mas a forma sensacionalista muitas vezes utilizada pelo leigo para conquistar seguidores pode provocar mais curtidas e engajamentos. Porém, o nutricionista tem uma reputação e uma responsabilidade a zelar e por isso o conteúdo deve ser com um cunho científico, mas pode e deve utilizar recursos de comunicação para tornar sua mensagem atrativa e interessante aos olhos da sociedade.

Segundo a American Dietetic Association (ADA), "a má informação em alimentação e nutrição pode trazer efeitos prejudiciais à saúde dos consumidores e da economia em geral".[6] Quando se fala que um alimento "faz mal à saúde", não se pensa nos efeitos que essa informação provocará para os produtores desse alimento nem nos prejuízos nutricionais que um indivíduo pode ter quando deixa de consumi-lo por causa desse tipo de informação. O nutricionista também deve ser um elo entre a indústria e a população promovendo orientações como, por exemplo, ensinar a ler os rótulos dos alimentos e explicar as diferenças entre alimentos "diet" e "light", para que o consumidor aprenda a fazer melhores escolhas. Cabe ao nutricionista saber identificar, valorizar e disseminar a boa informação sem ser partidário de um determinado produto, mas sim oferecer opções de consumo à população.

Ainda segundo a ADA, o consumidor tem acesso ilimitado às informações difundidas nas mídias digitais, o que, muitas vezes, torna-o um "pretenso expert" em alimentação e nutrição e livre para decidir qual o melhor caminho a seguir na mudança de seus hábitos alimentares, assumindo para si essa responsabilidade. "Infelizmente, essa prática cria oportunidades para indivíduos não capacitados espalharem todo tipo de informação equivocada, e ao mesmo tempo de provocar possíveis danos à saúde."

Uma comunicação efetiva de um nutricionista precisa necessariamente ter consistência científica. Uma forma de obter essa consistência é a busca por fontes seguras que estejam vinculadas à pesquisa, utilizar clareza na maneira de se comunicar "traduzindo" na prática para o leitor a teoria, o que favorece o estímulo à mudança de hábitos alimentares, bem como o reconhecimento de tais benefícios à saúde, com um tom positivo e incentivador. Ao fazer uma comunicação, o profissional deve deixar claro que orientações nutricionais que indicam quantidades de nutrientes fora dos padrões estabelecidos pelos órgãos responsáveis são aquelas feitas individualmente, e não de forma indiscriminada, pois, ao se publicar uma informação, não se tem controle do alcance que ela terá, isto é, o leitor não poderá ser conduzido a uma prática nutricional restritiva induzido por informações divulgadas nas mídias.

O CRN3 criou um documento com a preocupação de orientar os profissionais que se utilizam das mídias digitais. Abaixo está a transcrição desse documento no que se refere aos cuidados que os profissionais devem atentar para que tal prática seja adequada nesse aspecto.

O nutricionista e as redes sociais (CRN3)

Para utilizar a rede social com fins profissionais, é indispensável informar, conforme a terceira edição do Conselho Regional de Nutrição (CRN3), o nome, a profissão, o número de inscrição no CRN e respectiva jurisdição. Também poderá informar a área na qual tem experiência e título de especialista, desde que chancelado pela Asbran e reconhecido pelo Sistema CFN/CRN (Resolução CFN nº 416/08).

IMAGEM PESSOAL: Selecione cuidadosamente sua foto do perfil, avaliando traje, postura e cenário. Sua imagem representa a categoria profissional. ATENÇÃO COM FOTOS INAPROPRIADAS: Caso seja marcado em fotos inapropriadas, retire a marcação. Por mais que não tenha controle sobre o que os outros postam, existe a possibilidade da veiculação de conteúdos não pertinentes. CURTIR OU COMPARTILHAR: Ao curtir ou compartilhar qualquer conteúdo, você se torna tão responsável por sua divulgação quanto quem publicou inicialmente. Portanto, avalie criticamente essas ações. EVITE DIVULGAÇÃO SENSACIONALISTA: O tom espalhafatoso ou exacerbado, que passa ao público a ideia de algo excepcional, deve ser evitado, mesmo que o conteúdo tenha fundamento e referência. QUALIDADE DA INFORMAÇÃO: As informações publicadas devem ser sustentadas pelos princípios da Ciência da Nutrição e reconhecidas pela comunidade científica. Avalie, periodicamente, a necessidade de atualizar o conteúdo técnico-científico, sempre indicando as referências bibliográficas consultadas. LINGUAGEM DO TEXTO: O conteúdo da informação sobre Nutrição deve ser exato, de fácil entendimento, expresso de forma clara, objetiva e didática. CONSULTA NUTRICIONAL: O Código de Ética do Nutricionista veda ao profissional realizar, por qualquer meio que configure atendimento não presencial, a avaliação, o diagnóstico nutricional e a respectiva prescrição dietética do indivíduo sob sua responsabilidade. No entanto, o contato por meio eletrônico poderá ser utilizado para esclarecer dúvidas, dar orientações gerais e resolver questões burocráticas. RELACIONAMENTO COM O PACIENTE/CLIENTE: O tratamento cortês deve permear o relacionamento com o paciente/cliente, sem avançar na vida privada ou em outras situações que podem exceder os limites profissionais. IMAGEM DE PACIENTES E TERCEIROS: A publicação de depoimentos de pacientes/clientes, ou mesmo imagens do 'antes' e 'depois', não é recomendada.[7]

Ainda segundo as diretrizes do CRN3, no site do conselho pode-se encontrar mais detalhadamente "A atuação do nutricionista em mídias".

Qual a melhor mídia digital para o nutricionista?
Não existe melhor mídia digital para o nutricionista, pois cada uma tem suas características e um público mais atuante. Portanto, para saber qual a melhor mídia digital a ser utilizada pelo nutricionista para divulgar suas informações profissionais nos casos em que não seja uma solicitação para uma entrevista ou uma matéria, mas uma produção pessoal, é

necessário entender os objetivos do público a ser atingido. Busque as mídias mais utilizadas, por exemplo, Facebook, Twitter, Instagram, YouTube, Snapchat, LinkedIn (se for escrever artigos mais profissionais), e-mail marketing (utilizado como uma estratégia para se manter o vínculo com seu cliente/paciente), blog (para conquistar um público que acompanhe o processo de alimentação saudável ou a introdução de alimentos para o bebê etc.)

O site é indicado para que todos possam encontrá-lo, ter conhecimento do trabalho realizado, qual sua especialidade, entre outras informações pertinentes. Ali poderão ser encontrados links que remetam a blogs, páginas do Facebook, canais do YouTube ou artigos de própria autoria ou links de outras páginas. Ele não é uma mídia social, pois não permite interação social, mas é uma mídia digital ligada às redes sociais. O site funciona como um cartão de visitas.

Ao escolher qual mídia digital utilizará para suas publicações, leve em consideração a manutenção dessas mídias. Não adianta postar uma vez e deixar a página esquecida. Existe a necessidade de uma frequência, seja ela qual for. Não precisa ser diária se não for um blog, pode ser duas vezes na semana, ou uma vez, mas tem de haver uma programação e manter a página "alimentada". Faz parte do perfil das redes sociais, da credibilidade, do dinamismo, por isso é melhor começar aos poucos e conseguir manter a qualidade e a periodicidade da comunicação.

Não é conveniente misturar páginas profissionais com páginas pessoais, por isso é aconselhável criar grupos dentro do Facebook, por exemplo, ou páginas diferenciadas para uma mesma pessoa, na qual uma se destina ao trabalho e a outra à sua vida pessoal, para a postagem de assuntos particulares que não condizem com os temas da nutrição. Tome cuidado com sua imagem, mesmo em uma publicação em sua página pessoal! Você é a mesma pessoa, onde quer que esteja.

Produção de conteúdo nas mídias digitais

O conteúdo deve ser a preocupação principal do nutricionista que utiliza as mídias digitais com o objetivo de informar com qualidade e embasamento científico. Conseguir seguidores, *likes* e clientes para o seu negócio será uma consequência do seu objetivo principal e do seu trabalho consistente. Para isso, no entanto, é importante criar um relacionamento duradouro com o seu público-alvo, no qual ele participe e aproveite suas informações e as leve para sua vida pessoal e de seus familiares. Para que o nutricionista possa ser uma referência de boa informação ao público, seja qual for a área em que atue, existe a necessidade de estar na mídia, como referência de qualidade na especialidade. Dessa forma, sugerimos algumas dicas para aumentar o engajamento com o seu público.

1. Conheça seu público. Essencial para o sucesso de qualquer estratégia. Definir para quem vai o conteúdo garantirá que suas mensagens tenham muito mais chance de tocá-lo e, assim, provocar uma ação benéfica de mudança de comportamento alimentar. O melhor é sempre que possível restringir a publicação a um grupo que necessite de informações específicas. Como exemplo, por mais interessante que seja seu conteúdo sobre alimentação na gestação, você perderá muitos interessados se simplesmente colocá-lo em sua página do Facebook. Você pode entrar em grupos de gestantes que anseiam informações de qualidade sobre este tema já existentes no Facebook. Segmentar o público e escrever de forma mais direcionada é o melhor caminho.

2. Fale a língua do seu público. Tão essencial quanto conhecer seu público-alvo, compreender a forma como ele se comunica é importantíssimo para que sua mensagem seja recebida da maneira que você deseja.

Cada grupo de pessoas tem um estilo diferente de se comunicar. Por exemplo, sua comunicação se difere dependendo da faixa etária, da profissão, da classe social, algumas vezes do gênero e de outras características apresentadas pelo público que se deseja atingir. Cada grupo de pessoas entende e se identifica com um tipo de linguagem diferente. Compreenda quem é seu público, a maneira como ele se comunica e como ele deve ser abordado.

3. Coloque-se no lugar do seu público. Na hora de postar qualquer conteúdo, coloque-se no lugar da sua audiência e pergunte a você mesmo ao ler o post: "O que eu ganho com este conteúdo? Este conteúdo é útil para mim? Estou seguro de que as informações nele colocadas são de qualidade? Ele foi produzido com fundamento científico e ao mesmo tempo tem uma análise profissional que agregue ao leitor conhecimentos importantes?".

Compartilhar postagens com uma análise, um comentário que complemente o conteúdo já existente é fundamental. Essa será a diferença entre uma postagem de um nutricionista e a de um leigo. Como exemplo prático, complemente uma informação com receitas fáceis, dicas de melhor aproveitamento do alimento no cozimento, faça comparações entre alimentos, faça sua análise crítica, se for o caso, e dê suas justificativas, compare com outros estudos existentes, enfim, produza textos com formação técnica de nutricionista e que imprime seu diferencial à sua matéria. É claro que nem todo post precisa ter essa complexidade, na prática diária isso não acontece. O que se coloca aqui é para postagens nas quais o conteúdo descrito poderá trazer discordâncias de orientações nutricionais reconhecidas pelos posicionamentos vigentes na profissão, como dietas restritivas ou milagrosas, ou o surgimento de um "superalimento". Para isso, existe o bom senso e a *expertise* do profissional, além do código de ética, que está à disposição para orientar a todos sobre esses limites.

A nutrição apresenta como paradigma a riqueza de conteúdo em qualidade, de estudos, de práticas que auxiliem a população no que se refere à alimentação saudável, bem como a presença de profissionais competentes com estratégias inovadoras, de parcerias com outros profissionais da equipe multidisciplinar que necessitam de uma integração sinérgica para que a informação chegue de forma correta, clara e objetiva a toda a comunidade. Esse é o real valor da comunicação em nutrição.

4. Mantenha uma comunicação aberta com seus seguidores. Crie um bom relacionamento com o seu público. Faça perguntas, peça opinião e escute tudo que o ele tem a falar para você ou de você. Permitir que exista essa interação entre você e os seguidores auxilia na criação de um bom relacionamento com sua audiência, além de possibilitar que você obtenha novas ideias sobre conteúdos que poderão ser úteis.

Ao postar algum conteúdo no Instagram, no Facebook, no LinkedIn, no YouTube ou em outra rede social, peça a opinião de seu público. Incite uma discussão. Além de o seu público se sentir incluído, ele estará mais disposto a interagir com você. No entanto, nunca deixe de responder a qualquer comentário, sempre de forma gentil e profissional. Não só os elogios devem merecer sua atenção; especialmente as críticas devem ser lidas e respondidas, pois tudo faz parte do movimento que as mídias digitais promovem. Saiba lidar com elas também.

5. Crie conteúdo sob medida para cada plataforma. Essa dica vai para quem quer postar o mesmo conteúdo, da mesma maneira, em todas as redes sociais. Copiar e colar um texto ou imagem em diferentes lugares pode não ser uma ideia tão boa.

Cada rede social tem um formato de conteúdo que engaja mais. Postar conteúdos únicos e exclusivos para cada mídia garante que seu conteúdo seja entregue da maneira mais adequada para seu público.

Utilize imagens, vídeos e quaisquer outros formatos que façam sentido nas redes sociais onde o seu público está.

Uma dica muito importante é que o conteúdo não seja longo. Muitos usuários de internet acessam as redes sociais pelos dispositivos móveis, muitas vezes os celulares, e, por causa da tela pequena, a mensagem deve ser curta, com um link para quem quiser acessar e obter a informação mais completa, se tiver interesse. Muitas vezes pode-se aproveitar o mesmo conteúdo para audiências diferentes em diversas redes sociais, apenas promovendo o mesmo post com títulos diferentes, imagens apropriadas ao público desejado para aumentar o entendimento, as visualizações e o engajamento do leitor.

6. Invista em formatos diferentes. Variar o formato do conteúdo que você produz é uma ótima maneira de chamar a atenção e ganhar relevância. Quanto mais você diversificar sua mensagem, menos as pessoas vão se entediar e mais elas vão se engajar com você. Não precisa ser nada muito elaborado, basta reservar um tempinho para se familiarizar com tais recursos. Inclua imagens, ilustrações ou até vídeos nas mensagens de texto. Sempre faça tudo com bom senso e com a responsabilidade de transmitir um conteúdo profissional.

Monitoramento das mídias digitais

Por que é importante monitorar as mídias digitais?

As redes sociais são um ambiente democrático, no qual qualquer pessoa tem o poder de elogiar, criticar e dar sugestões. Mesmo parecendo um ambiente hostil para alguns profissionais, a realidade é que tal questão permite a possibilidade de se beneficiar das opiniões dos leitores. Uma crítica pode ser uma boa oportunidade de estabelecer um relacionamento com o seu público. É por meio das redes sociais que se identifica o que a população deseja saber, quais as dúvidas mais frequentes, e a partir daí é possível criar posts informativos e direcionados a grupos segmentados com maior aproveitamento da informação.

Outro fator importante ao monitorar suas publicações com frequência é prevenir uma crise da imagem profissional, que pode prejudicar a reputação construída com anos de trabalho. Muitas vezes um mal-entendido ou uma palavra mal interpretada pode ser resolvido com uma rápida resposta ao leitor. Jamais apague seu post por motivos de crítica, pois uma vez publicada a informação, ela poderá ser ratificada, esclarecida, mas não excluída: esta é uma regra do jornalismo criterioso e uma prática ética do bom profissional. Assumir o equívoco ou esclarecer as ideias descritas, antes que o problema seja amplamente divulgado, é a melhor saída.

E, finalmente, ao monitorar, sempre responda ao comentário do seu leitor, mesmo que seja com um simples agradecimento. Como já foi dito, as mídias sociais se diferenciam pela interação entre as pessoas conectadas, o que mostra que você se interessa pelo seu leitor.

Reputação

Tão importante quanto ter habilidades técnicas é gozar de credibilidade: é a famosa reputação. Uma boa reputação profissional é construída ao longo da carreira, à medida que se é notado pelos acertos, pelo seu comportamento e postura profissional, pelas inovações, pela diferença que faz no ambiente ao qual pertence e principalmente tendo como pilar a ética. No entanto, talvez mais difícil do que construí-la seja mantê-la.

Cuidar da reputação deve ser uma preocupação constante. Em um ambiente difundido como o da internet, os cuidados devem ser redobrados, por isso tanto se falou nesse capítulo sobre ética, embasamento científico na produção de textos, gentileza e bom relacionamento com o público. É importante assumir os erros e publicar erratas ou complementos de posts quando necessário. "Não basta ser competente, é preciso parecer competente", frase que se assemelha ao discurso de Júlio Cesar no ano 62 a.C. e que atualmente continua muito adequada.

A imagem que se constrói na mídia como um todo é o reflexo da sua boa comunicação. Lembre-se de que tudo é comunicação: seu conhecimento, educação, jogo de cintura, como você age em situações diversas, o trato com o seu público, os colegas de trabalho, imprensa, tudo soma para criar sua imagem. Fazendo uma analogia com a própria profissão, a reputação é o "fermento da receita", já que sem ele o bolo não cresce.

O professor Mario Rosa, da Universidade de São Paulo, defende que "reputações não se sustentam em circunstâncias abstratas. São defendidas, expostas, destacam-se ou se extinguem sob impactos de contextos sociais e históricos específicos".[18] Com o avanço da exposição do nutricionista nas mídias como um todo, mas principalmente no mundo digital, que o obriga a atuar sob novas premissas, faz-se necessária uma vigilância permanente e atualizada no que cada meio exige.

Caso de sucesso

Antes de citar um caso de sucesso na mídia digital, cabe uma rápida explicação sobre um exemplo multimídia já utilizado para divulgar informações nutricionais, o conceito de portal.

Para ser chamado de portal, uma página na internet precisa reunir certas características. Segundo o jornalista Oseas Singh Jr., diretor do programa *5 minutos de nutrição com Roberta Cassani*, um portal reúne uma série de sites sob uma mesma bandeira. O G1, no caso, é da Rede Globo. Embora seja comum a palavra portal ser empregada como sinônimo de site, devemos usar o termo portal para projetos maiores, que abrigam diversos outros sites, blogs, chats etc. Os portais tentam atrair a atenção do internauta ao apresentar, na página inicial, chamadas para conteúdos díspares de várias áreas e de várias origens. Esse formato ajuda a criar "comunidades" de leitores digitais reunidos em torno de um determinado tema, interessados no detalhamento da categoria de conteúdo em questão. Essas "comunidades" ajudam a construir o perfil dos leitores e a partir daí busca-se criar temas atrativos pertinentes a esse público.

O programa *5 minutos de nutrição com Roberta Cassani*, que une a nutrição à gastronomia, é pioneiro no formato feito para um portal, sendo exibido para algumas cidades do interior do estado de São Paulo. Um dos fatores positivos se deve ao formato multimídia, isto é, ele é exibido pela televisão e torna-se dinâmico pela interação feita on-line via portal, onde os leitores podem fazer perguntas para a nutricionista até uma semana após a exibição do programa.

Com maior detalhamento, relata como surgiu a ideia de criar o programa e suas repercussões, resultados relevantes apresentados e nos apresenta dicas de como aproveitar esta mídia digital a favor do nutricionista e da população em si.

"A ideia do programa no G1 surgiu a partir de uma conversa com o jornalista Oseas Singh Jr., o qual buscava um formato inovador de comunicação utilizando vídeos, área de grande experiência do jornalista. A partir da criação do programa *5 minutos de nutrição*, havia a necessidade de patrocínios, foi aí que surgiu um empresário que já anunciava no G1 e acreditou na ideia do projeto como patrocinador", conta a nutricionista Roberta Cassani.

"A escolha do formato foi baseada no desejo de unir nutrição e gastronomia, com uma nutricionista e um chef. Por já terem uma grande sintonia entre as três partes envolvidas, jornalista, nutricionista e chef, por causa de trabalhos realizados juntos anteriormente, a confiança, o comprometimento e a sintonia entre todos foram pontos fundamentais para o sucesso do projeto", complementa a nutricionista.[8]

No programa, Roberta fala sobre toda a parte científica da nutrição e o chef Maurizio Magistrini realiza uma receita relacionada à pauta em questão. Por exemplo: intolerância à lactose com informações técnicas e práticas e uma receita sem lactose mostrando as dicas de preparo e detalhes de como é feita. Além da exibição do programa no G1, a receita e a composição nutricional ficam disponíveis no blog do G1.

O primeiro programa foi ao ar em dezembro de 2015 e, aos poucos, por meio das sugestões de pautas vindas da audiência, dos resultados das métricas acompanhadas pelo jornalista e das análises obtidas pelos profissionais envolvidos, o programa construiu uma identidade única e de referência na área, com reconhecimento do público e de diversos profissionais.

Roberta Cassani atribui esse sucesso a um trabalho feito com embasamento científico, critério e ética. "Desde o início houve uma assessoria jornalística planejada, e uma sintonia e cumplicidade com os demais participantes do programa. Além disso, o programa tem como meta a prestação de um serviço público de qualidade à população, com o objetivo genuíno de educar, orientar e atualizar a comunidade, diminuindo conflitos gerados por informações inadequadas e, acima de tudo, mostrar que alimentação saudável é possível, pode e deve ser um direito de todo cidadão."

Assim como os exemplos de "casos de sucesso" descritos anteriormente, muitos outros nutricionistas poderiam também ser citados, pois cresce a cada dia a participação destes profissionais em todas as mídias. Este é o maior objetivo deste capítulo, encorajar mais e mais nutricionistas a ocupar o espaço de comunicador em nutrição, tornando-os verdadeiros influenciadores em alimentação e nutrição habilitados e com referência na área.

Em suma, as mídias digitais são caminhos fundamentais para se dissipar os verdadeiros valores da nutrição. Temos ótimos exemplos que conquistaram com merecimento esse espaço, mas precisamos de muito mais informação de qualidade. É dever do nutricionista levar à população, seja a um indivíduo ou a uma grande massa de pessoas, o rico conhecimento científico já publicado, transcrevendo de forma clara e simples para os diversos públicos que anseiam por melhor qualidade de vida e saúde por meio da boa alimentação.

CONSIDERAÇÕES FINAIS

As mídias tradicionais passam por grandes transformações, tendo de se adaptar à modernidade tecnológica para permanecerem vivas. Porém, para uma grande parcela da população, como vimos no início deste capítulo com os resultados da pesquisa PBM2016, que aponta a televisão como o meio de comunicação com maior audiência, essas mídias mantêm a preferência de um público fiel para consumo de informação.

A junção entre as mídias tradicionais e as mídias digitais com um jornalismo on-line que trabalha 24 horas atualizando as notícias em tempo real tem ajudado a manter o vínculo com o leitor e a preferência de uma parcela significativa da população. Quem ganha com essas mudanças na comunicação é o consumidor final e os profissionais que se apoderam destes meios para transmitir uma boa mensagem, sempre com empatia, conhecendo o público, suas necessidades e se colocando na posição de ouvinte, de leitor sempre que possível.

A arte de se comunicar está implícita na arte de ser compreendido, então, consequentemente, aquele que se faz compreender transforma-se em vetor de informação.

A tecnologia nos obrigou a evoluir, a sair do lugar comum, a promover mais relacionamentos mesmo que virtualmente, a disseminar conhecimentos a um público maior, a se expor para quem nunca se viu, a compartilhar opiniões, a ter acesso a qualquer tipo de informação e a se comunicar de forma ampla e irrestrita. Basta saber usá-la da forma correta para desfrutar de todos os benefícios que o mundo digital pode oferecer.

MATERIAL COMPLEMENTAR

1. Recomendação: o nutricionista na mídia. Conselho Federal de Nutricionistas (CFN). Disponível em http://www.cfn.org.br/index.php/recomendacao-o-nutricionista-na-midia/.
2. Manual Os conselheiros e a imprensa de autoria do Conselho Federal de Nutricionistas (CFN). Disponível em: http://www.cfn.org.br/index.php/pecas-institucionais.

REFERÊNCIAS BIBLIOGRÁFICAS

1. Secretaria de Comunicação Social da Presidência da República. Pesquisa Brasileira de Mídia 2016 (PBM2016). Disponível em: http://www.secom.gov.br/atuacao/pesquisa/lista-de-pesquisas-quantitativas-e-qualitativas-de-contratos-atuais/pesquisa-brasileira-de-midia-pbm-2016.pdf/@@download/file/Pesquisa%20Brasileira%20de%20M%C3%ADdia%20-%20PBM%202016.pdf. Acesso em: 20 jul. 2017.
2. Código de Ética do Nutricionista. Conselho Regional de Nutricionista 3ª região (CRN3). Disponível em: http://www.crn3.org.br/CodigoEtica/CodigoEticaNutricionista. Acesso em: 12 maio 2017.
3. Blikstein I. Técnicas de comunicação escrita. São Paulo: Ática; 2011.
4. Torre C. A bíblia do marketing digital. São Paulo: Novatec; 2009.
5. Comitê Gestor da Internet no Brasil. Pesquisa sobre o uso das tecnologias da informação e da comunicação no Brasil: 2005-2009. Disponível em: http://www.cetic.br/media/docs/publicacoes/2/tic-edicao-especial-5anos.pdf. Acesso em: 12 maio 2017.
6. Academy of Nutrition and Dietetics. Disponível em: http://www.eatright.org. Acesso em: 20 jul. 2017.
7. Conselho Regional de Nutrição (CRN3). O nutricionista e as redes sociais. Disponível em: http://www.crn3.org.br/Areas/Admin/Content/upload/tiny-0607201611243.pdf. Acesso em: 12 maio 2017.
8. Singh, O. A informação que você consome. Publicado em 20/02/2017. Disponível em: http://g1.globo.com/sao-paulo/sorocaba-jundiai/blog/5-minutos-com-roberta-cassani/post/informacao-que-voce-consome.html. Acesso em: 14 mar. 2017.
9. Novellino MSF. A linguagem como meio de representação ou de comunicação da informação. Perspect em Ciênc Inf 1998;3(2):137-46.
10. Boas SV. Formação e informação científica. Jornalismo para Iniciados e Leigos. São Paulo: Summus; 2005.
11. Piccoloto L. Técnicas de impostação e comunicação oral. São Paulo: Loyola; 2002.
12. Ortiz MA, Marchamalo J. Técnicas de comunicação pelo rádio: a prática radiofônica. São Paulo: Loyola; 2005.

72 Nutrição: Visão Atual e do Futuro

13. Cardoso G. Da comunicação em massa à comunicação em rede: modelos comunicacionais e a sociedade de informação. In: Moraes D de (org.). Mutações do visível: da comunicação em massa à comunicação em rede. Rio de Janeiro: Pão e Rosas; 2010. p. 23-44.
14. Conselho Regional de Nutrição (CRN3). A atuação do nutricionista em mídias. Disponível em: http://www.crn3.org.br/Duvidas/AtuacaoProfissional. Acesso em: 12 maio 2017.
15. Correa ES. Comunicação digital: uma questão de estratégia e de relacionamento com o público. Organicom 2005;2(3). Disponível em: http://aperipe.agenciaacerte.com/uploads/press/file/1/42-323-1-PB.pdf. Acesso em: 15 maio 2017.
16. Ferrari P. Jornalismo digital. São Paulo: Contexto; 2003.
17. David SM. Marketing e comunicação na era digital. São Paulo: Évora; 2013.
18. Paulo N. Tudo é comunicação. São Paulo: Lazuli; 2006.
19. Rosa M. A reputação sob a lógica do tempo real. Organicom 2007:4(7). Disponível em: http://www.eca.usp.br/departam/crp/cursos/posgrad/gestcorp/organicom/re_vista7/58a69.pdf. Acesso em: 18 maio 2017.

CAPÍTULO 4

A comunicação e os riscos nutricionais

Marle Alvarenga

INTRODUÇÃO

Ao contrário do que pensamos, os nutricionistas são comunicadores. Comunicamos sobre alimentação e temas relacionados à saúde aos nossos pacientes, clientes, funcionários, parceiros e, cada vez mais, à mídia e à população como um todo. No entanto, nossa formação não contempla classicamente orientações sobre comunicação efetiva e responsável.

No contexto do escopo deste livro, uma visão atual sobre a nutrição prescinde pensar este papel de comunicador – e suas responsabilidades. Nesse sentido, o presente capítulo poderia estar incluído na parte desafios, pois se trata de um deles na atuação em nutrição da atualidade. Da mesma forma, este capítulo poderia se inserir no atendimento em nutrição clínica, um local onde, por excelência, nos comunicamos com nossos pacientes – e para o qual se exige habilidades diferenciadas (novamente não ensinadas na graduação em Nutrição). Por fim, comunicação pode se configurar inclusive como uma "nova área de atuação".

De qualquer forma, o objetivo deste capítulo é discutir a comunicação responsável em nutrição com foco em possíveis consequências negativas – mesmo inadvertidamente – quando a nutrição não é pensada de maneira holística, em seus aspectos biopsicosssocioculturais, e quando não avaliamos nossa conduta e fala tendo em vista os *princípios da beneficência e não maleficência*.

O NUTRICIONISTA E A COMUNICAÇÃO

A comunicação em saúde é definida como a "arte e técnica de informar, influenciar e motivar indivíduos, instituições e audiências sobre importantes questões em saúde";[1] desta forma, nutricionistas são também comunicadores em seus diferentes cenários de atuação. É preciso considerar ainda que não comunicamos apenas com nossa fala, mas também com o espaço físico e materiais que oferecemos, nas entrevistas e nas mídias sociais, com nossa postura e em como nos portamos em nosso círculo social.

Ainda, não comunicamos apenas durante a consulta (no cenário clínico), mas antes (com nossa "propaganda") e depois dela: nas comunicações subsequentes, sejam informes, escritos, modelos alimentares, e-mails, mensagens pelo celular etc.[2]

A COMUNICAÇÃO RESPONSÁVEL, EFETIVA E TERAPÊUTICA

Após compreender que agimos como comunicadores, é preciso, uma vez que o treinamento em comunicação não faz parte dos currículos tradicionais de graduação em saúde, questionar-se: "eu sei comunicar adequadamente o que quero?".

A comunicação responsável deve – considerando-se a definição de comunicação em saúde – informar corretamente (baseando-se em ciência), influenciar ações positivas em saúde e estimular a motivação individual para práticas saudáveis. A comunicação responsável deve ainda ser positiva (é mais efetiva se enfoca formas para ser mais saudável do que o que evitar); e inclusiva, validando não só os aspectos biológicos da saúde, mas também o prazer de comer e o equilíbrio.[2]

Para ser efetiva, a comunicação tem de ser positiva, simples (com menos tecnicidade) e, obviamente, ter transparência e ética. Também é fundamental conhecer o público-alvo (sua cultura, linguagem etc.) e sempre considerar as diferentes compreensões que as pessoas podem ter das mensagens dadas (especialmente se o público é diverso – como acontece quando se dá uma entrevista de grande alcance). Desenvolver habilidades de comunicação é desejável e pode ampliar o sucesso da comunicação.[3]

Na área clínica e de saúde pública, mais especificamente no atendimento de indivíduos ou grupos, a comunicação deve ser não apenas responsável e efetiva, mas também terapêutica, definida como "a competência do profissional de saúde em usar o conhecimento sobre comunicação humana para ajudar o outro a descobrir e utilizar sua capacidade e potencial para solucionar conflitos, reconhecer as limitações pessoais, ajustar-se ao que não pode ser mudado e a enfrentar os desafios à autorrealização, procurando aprender a viver da forma mais saudável possível, tendo como meta encontrar um sentido para viver com autonomia"[4].

Para tal, exigem-se habilidades não só de comunicação, mas também interpessoais – aquelas usadas por uma pessoa para interagir adequadamente com outras –, e fortalecidas pela comunicação não verbal, pois a linguagem verbal (falada ou escrita) só resultará em uma relação interpessoal congruente se for contextualizada e expressa de maneira clara e consciente.[3,5] Portanto, postura corporal, tom de voz, maneira de olhar, ouvir e perguntar fazem diferença para criar um espírito de colaboração e um vínculo.[3]

A comunicação e seus riscos

Ao serem considerados o papel comunicador do nutricionista e as habilidades necessárias para isso, pode-se concluir que, dependendo do conteúdo, formato, veículo, habilidades e, inclusive, aspectos não verbais, a comunicação pode ser positiva ou negativa. Deve-se, portanto, atentar-se para a possibilidade de uma comunicação inadequada envolver riscos.

É importante prestar atenção ao fato de que nunca se falou tanto em alimentação e nutrição – e as pessoas podem até estar mais "bem informadas" – mas não estão necessariamente mais saudáveis e tampouco possuem uma relação mais adequada com a comida (os índices de doenças crônicas, obesidade e transtornos alimentares ilustram esta realidade). "Todos" hoje sabem que é preciso comer mais frutas, legumes e verduras e menos açúcar e gorduras; informação, no entanto, não é igual a mudança de comportamento. Muitas vezes, mesmo desejando melhorar a saúde, as pessoas não conseguem ou não sabem como fazê-lo. Além disso, as pessoas recebem atualmente um número de informações tão grande – e muitas vezes numa velocidade assustadora, e de maneira tão contraditória – que ficam ainda mais confusas, inseguras e ansiosas.[2]

76 Nutrição: Visão Atual e do Futuro

Assim, dependendo do conteúdo e estilo, na verdade pode-se causar desinformação: uma ciência errônea, incompleta ou enganosa, sem fundamento científico – que pode ser prejudicial para a saúde e o bem-estar geral do consumidor.[2] Segundo Duyff[6] e Wansink,[7] isso acontece quando a comunicação envolve modismos alimentares; dados exagerados de que alimentos ou nutrientes podem curar doenças, atribuição de benefícios específicos ou promoção de perda rápida de peso; divulgação de produto que não funciona ou ainda não teve benefícios comprovados para melhorar a saúde, bem-estar ou aparência; e alegações mal direcionadas, que levam as pessoas a interpretar de forma errada um produto, considerando-o melhor do que é.

Na vigência das mídias sociais em suas diferentes formas, vivemos o fenômeno de "pseudoespecialistas" em alimentação e boa forma, dando todo tipo de dica, sugestão e opinião. Cabe a nós, como profissionais de saúde e formadores de opinião, combater a desinformação, os modismos e as notícias alarmantes ou fantasiosas sobre alimentação e comida.

Devemos nos guiar em nossa atuação, incluindo a de comunicadores, pelo princípio da beneficência – que estabelece que se deve fazer bem aos outros, independente de desejá-lo ou não. Associado à beneficência, tem-se de considerar ainda o princípio da não maleficência – ou a obrigação de não causar dano intencional.[8] Dessa forma, ao comunicar algo, por exemplo nas mídias de massa, é preciso se questionar: "Esta informação ajuda as pessoas? Ao comunicar isto, estarei causando bem?" Mas é preciso ir além e se perguntar: "Poderei causar algum dano a alguma pessoa com este tipo de comunicação?"

Os riscos nutricionais envolvidos na comunicação são desta ordem: não promover o bem e causar dano. Uma área clássica envolvida em riscos são os transtornos alimentares, quadros psiquiátricos de etiologia multidimensional, mas cujos gatilhos passam, entre outros, por dietas/prescrições/recomendações muitas vezes feitas por profissionais (mesmo inadvertidamente). Muitos pacientes iniciam seus quadros "aprendendo" sobre métodos restritivos e compensatórios descritos em reportagens sobre transtornos alimentares, nas quais muitos profissionais "ensinam" o que são estes métodos. Da mesma forma, classificar o estado nutricional e dar recomendações de perda de peso são enormes gatilhos para o início desses quadros em pessoas suscetíveis.[9] Os profissionais estão atentos a este tipo de risco?

Na mesma linha, a abordagem da obesidade sofre os mesmos riscos – até porque há grande relação com transtornos alimentares: os quadros podem coexistir e migrar de um para o outro. Na vigência do aumento da obesidade, sobretudo em crianças e adolescentes, questiona-se que tipo de intervenção verdadeiramente causa efeito positivo. E alerta-se para o risco de dano, como no artigo de O'Dea[10] sobre prevenção de obesidade infantil, que traz em seu título parte do juramento hipocrático *"primeiro, não cause dano"*. Não seria tempo de inserirmos este princípio também no juramento do nutricionista?

Os resultados no tratamento da obesidade não têm sido satisfatórios, tampouco há melhora em outros parâmetros clínicos – mesmo com mais educação e informação.[11] Deve-se, então, repensar as estratégias de tratamento, incluindo-se aí como estamos comunicando a nutrição.

Há verdades absolutas nas ciências da saúde? Elas não dependem do para quem, quando, onde, em que contexto, dos porquês? A bioética propõe ainda que a prática clínica tenha como princípio a autonomia – entendendo que as pessoas são capazes de fazer suas escolhas e, portanto, devem ser tratadas com respeito sobre suas decisões. Nosso conceito de atuação ética deve, nesse sentido, ir além do que se pode ou não fazer na prática profissional. Segundo Patterson e Eisenberg,[12] a "prática ética é aquela que proporciona, com interesse e esforço conscientioso, um serviço de ajuda para o qual se foi preparado adequadamente".

Assim, há sentido em demonizar certos alimentos ou enaltecer outros como corretos? Alguém se beneficia das divisões entre bons e ruins, seguros ou perigosos, permitidos ou proibidos? Podemos – no sentido da ética ampliada, dos princípios da beneficência e da não maleficência – tachar o que é correto ou incorreto comer? Considerando toda complexidade do ser humano, é adequado fazer recomendações focando apenas na "funcionalidade biológica" dos alimentos?

Ademais, no "mundo moderno" e em seus inúmeros canais e maneiras de comunicação, seria uma forma de ajuda (e não causa de dano a ninguém), postar fotos de pratos pessoais como exemplos de alimentação correta? E quando se posta sobre exercícios físicos (ou o corpo), cumpre-se uma função responsável como comunicador em nutrição?

Seria esta uma prática conscienciosa? Ainda, fomos preparados como nutricionistas para oferecer dietas da moda? Soluções mágicas? Esculpir corpos? Nossa formação não é de "emagrecedores de plantão", nem "for-

78 Nutrição: Visão Atual e do Futuro

necedores de dietas"; somos especialistas em alimentação humana e nossa ajuda e interesse devem ir nesse sentido.

Além dos questionamentos pessoais, devemos estar atualizados sobre as diretrizes internacionais de comunicação responsável em saúde;[6,7] é importante que nossas entidades de classe e associações se ocupem de discussão ampliada sobre este tema; que as universidades e professores se preocupem em formar os futuros profissionais para uma melhor atuação no futuro.

Em nosso contexto atual, a Nutrição Comportamental defende que "mensagens consistentes, baseadas em evidências científicas que validem o prazer de comer e o equilíbrio são peças-chave para uma comunicação responsável, positiva e inclusiva na promoção de um comportamento saudável",[2] e tal posicionamento pode ser um ponto de partida para maiores reflexões, estudos e considerações sobre comunicação em nutrição.

Uma comunicação que minimize riscos e que seja eficaz é, portanto, aquela que ajuda as pessoas a terem comportamentos mais saudáveis com relação à alimentação, não de forma neurótica e perfeccionista, ou que gere culpa e confusão. Deve-se falar de saúde, alimentos e comida no contexto em que as pessoas vivem, com flexibilidade, sem julgamentos e com verdadeira responsabilidade e ética.

CONSIDERAÇÕES FINAIS

O nutricionista, como comunicador em saúde, deve considerar diretrizes para obter uma comunicação eficiente e responsável, atuando para promover o bem das pessoas e evitar danos ou riscos. A comunicação sobre alimentação saudável deve ser inclusiva, simples, positiva, sempre baseada em ciência e considerando os aspectos sociais, culturais e psicológicos, além dos biológicos.

REFERÊNCIAS BIBLIOGRÁFICAS

1. U.S. Department of Health and Human Services. Healthy People 2010: understanding and improving health. 2.ed. Washington: U.S. Government Printing Office; 2000.

2. Antonaccio CMA, Godoy C, Figueiredo M. Nutrição comportamental para uma comunicação responsável em saúde e nutrição. In: Alvarenga MS, Figueiredo M, Timerman F, Antonaccio CMA. Nutrição comportamental. Barueri: Manole; 2015.

3. Alvarenga MS, Vicente Jr C. Habilidades de comunicação no atendimento em nutrição. In: Alvarenga MS, Figueiredo M, Timerman F, Antonaccio CMA. Nutrição comportamental. Barueri: Manole; 2015.

4. Stefanelli MC, Carvalho ECDE. A comunicação nos diferentes contextos da enfermagem. Barueri: Manole; 2005.

5. Silva MJP. Comunicação tem remédio: a comunicação nas relações interpessoais em saúde. 10.ed. São Paulo: Loyola; 2014.

6. Duyff R. American Dietetic Association Complete Food and Nutrition Guide. 2.ed. Nova York: John Wiley; 2002.

7. Wansink B, American Dietetic Association. Position of the American Dietetic Association: food and nutrition misinformation. J Am Diet Assoc 2006;106:601-7.

8. Beauchamp TL, Childress JF. Principles of Biomedical Ethics. 4.ed. Nova York: OUP; 1994. p. 189.

9. Dunker KLL, Timerman F, Alvarenga M, Scagliusi FB, Philippi ST. Prevenção dos transtornos alimentares e postura do nutricionista. In: Alvarenga M, Scagliusi FB, Philippi ST. Nutrição e transtornos alimentares: avaliação e tratamento. Barueri: Manole; 2010. p. 497-51.

10. O'Dea JA. Prevention of child obesity: "First, do no harm". Health Educ Res 2005; 20:259-265.

11. Dunker KLL, Alvarenga MS, Romano ECB, Timerman F. Nutrição comportamental na prevenção conjunta de obesidade e comer transtornado. In: Alvarenga MS, Figueiredo M, Timerman F, Antonaccio CMA. Nutrição comportamental. Barueri: Manole; 2015.

12. Patterson LE, Eisenberg S. O processo de aconselhamento. 4.ed. São Paulo: Martins Fontes; 2013.

CAPÍTULO 5

Consultório – estruturação e gerenciamento

Mônica Beyruti

INTRODUÇÃO

Com a valorização da alimentação na saúde, no bem-estar, na longevidade e no desempenho físico das pessoas, o profissional de nutrição passou a ter uma grande importância enquanto comunicador e divulgador de saúde e estímulo para mudanças no estilo de vida.

A carreira de nutrição, crescendo expressivamente nas últimas décadas, apresenta cada vez mais oportunidades para profissionais que desejam empreender seu próprio negócio.

Dentre as diversas opções de negócio no ramo da nutrição, temos o consultório de nutrição. Esse modelo de negócio baseia-se na prestação de serviços diretamente aos consumidores finais (ou por meio de convênios com empresas, planos e seguradoras de saúde) que buscam o nutricionista para auxiliar em seus tratamentos de saúde. Nesse sentido, os serviços prestados por um consultório de nutrição vão desde o diagnóstico nutricional individual até a elaboração de planos alimentares, cardápios e dietas especiais, e também assessoria a empresas e entidades nas questões pertinentes à profissão.

Veja, a seguir, o passo a passo de como se montar um consultório.

PERFIL

Antes de montar um consultório de nutrição, você precisa avaliar se tem perfil empreendedor e se está preparado para conviver com oscilações de renda e outros fatores relacionados a essa atividade autônoma.

Vários aspectos podem interferir de forma positiva ou negativa na escolha de uma nova atividade. Existem alguns atributos natos considerados características essenciais para o nutricionista que quer se tornar um empreendedor. São algumas dessas qualidades: otimismo, segurança, motivação, disciplina, iniciativa e persistência.

Também existem as qualidades desejáveis, que não são imprescindíveis, mas podem ajudar muito, como a habilidade de se comunicar bem, liderança e simpatia.

Portanto, é muito importante que conheça bem suas competências e limitações, aperfeiçoando os pontos fortes a cada dia e tentando melhorar seus pontos fracos por meio de autodisciplina e autoconhecimento.

PLANEJAMENTO

Antes de arrumar seu consultório, é importante planejar, ou seja, ter uma visão antecipada das condições do mercado referentes ao seu plano de negócio, independentemente de estar abrindo ou ampliando o seu consultório de nutrição. Essa é, sem dúvida, a melhor maneira de amenizar os problemas e se preparar para possíveis imprevistos. É necessário identificar todas as ações fundamentais de modo a permitir que sejam executadas adequadamente e considerando aspectos como prazo, custos, qualidade, segurança, entre outros.

Portanto, pensar antes de agir é de suma importância para tomar atitudes corretas, interagir bem com o mercado, fortalecer as metas e facilitar o alcance dos objetivos.

LOCALIZAÇÃO

Para a escolha do ponto ideal, o nutricionista deverá definir o público-alvo da clínica, considerando a área geográfica, a origem e o perfil dos pacientes. Ao decidir a localidade, analise com cuidado o bairro, a situação de acesso por transporte público e privado, segurança, facilidade para estacionar, e sempre com foco no cliente. O imóvel deve oferecer infraestrutura adequada para a instalação da clínica e, se possível, proporcionar espaço para o seu crescimento, a fim de evitar que seja preciso mudar de endereço futuramente.

Além da opção de montar a clínica em um espaço exclusivo, existe também a possibilidade de locação de salas comerciais, consultórios compartilhados e salas em spas e academias (em caráter de parceria), a fim de reduzir custos iniciais. Conforme publicações e números da saúde do Departamento de Informática do Sistema Único de Saúde (Datasus) e do Instituto Brasileiro de Geografia e Estatísticas (IBGE), os gastos em saúde da população de classe baixa se concentram em medicamentos, e os das classes mais altas em serviços de saúde, principalmente em diagnósticos e terapias. Portanto, as clínicas mais especializadas devem procurar localização em bairros mais nobres, com estacionamentos amplos e facilidades de acesso para a população com maior condição financeira.

EXIGÊNCIAS LEGAIS E ESPECÍFICAS

Após definir a localização, é necessário adaptar a clínica para que atenda às exigências legais e sanitárias.

Para registrar uma empresa, a primeira providência é contratar um contador, profissional legalmente habilitado para elaborar os atos constitutivos da empresa. Esse especialista irá auxiliá-lo na escolha da forma jurídica mais adequada para o seu projeto, preencher os formulários exigidos pelos órgãos públicos de inscrição de pessoas jurídicas e também auxiliar na legalização da empresa junto aos órgãos responsáveis para as devidas inscrições e registros.

1. Consulta comercial: antes de realizar qualquer procedimento para abertura de uma empresa, deve-se fazer uma consulta prévia na prefeitura ou administração local. A consulta tem por objetivo verificar se no local escolhido para a abertura da empresa é permitido o funcionamento da atividade que se deseja empreender. Outro aspecto que precisa ser pesquisado é o endereço. Em algumas cidades, o en-

dereço registrado na prefeitura é diferente do endereço que todos conhecem. Neste caso, é necessário o endereço correto, de acordo com o da prefeitura, para registrar o contrato social, sob pena de ter de refazê-lo. Órgão responsável: Prefeitura Municipal, Secretaria Municipal de Urbanismo.

2. Busca de nome e marca: verificar se existe alguma empresa registrada com o nome pretendido e a marca que será utilizada. Órgãos responsáveis: Junta Comercial ou Cartório (no caso de Sociedade Simples) e Instituto Nacional de Propriedade Intelectual (INPI).

3. Arquivamento do Contrato Social/Declaração de Empresa Individual: este passo consiste no registro do contrato social. Verificam-se, também, os antecedentes dos sócios ou empresários na Receita Federal, por meio de pesquisas do CPF. Órgão responsável: Junta Comercial ou Cartório (no caso de Sociedade Simples).

4. Solicitação do CNPJ. Órgão responsável: Receita Federal.

5. Solicitação da Inscrição Estadual. Órgão responsável: Receita Estadual.

6. Alvará de funcionamento, ou de licença, e Registro na Secretaria Municipal de Fazenda. O alvará de licença é o documento que fornece o consentimento para a empresa desenvolver as atividades no local pretendido. Para obter o alvará de funcionamento na Vigilância Sanitária do Município, o profissional deverá solicitar o cadastramento do consultório, com o preenchimento de formulários específicos (por exemplo, o Anexo tipo I da Resolução nº 2/2006 da Secretaria Municipal da Saúde de São Paulo). A prefeitura ou administração municipal solicitará que a vigilância sanitária faça inspeção no local para averiguar se está em conformidade com a Resolução RDC nº 216/MS/ANVISA, de 16/09/2004. Órgão responsável: Prefeitura ou Administração Municipal, Secretaria Municipal da Fazenda.

7. Fazer inscrição no Cadastro Nacional de Estabelecimentos de Saúde (CNES). Para isso, o profissional deverá apresentar os seguintes documentos: a. Prova de inscrição do profissional no Conselho Regional como responsável técnico (RT); b. Cópia do registro da clínica no respectivo Conselho Regional (se for constituída pessoa jurídica); c. Cópia dos manuais de rotina e procedimentos (descrição detalhada do conjunto de procedimentos técnicos e atividades realizadas no estabelecimento, assim como das rotinas de esterilização, limpeza e higienização dos equipamentos e dos ambientes); d. Cópia dos contratos

de serviços terceirizados e de licença de funcionamento da contratada (empresa de limpeza, vigilância e esterilização etc.); e. Cópia do certificado de controle de pragas urbanas e da limpeza da caixa d'água; f. Cópia do auto de vistoria do Corpo de Bombeiros; g. Cópia de controle de manutenção preventiva e corretiva dos equipamentos.

8. Solicitar enquadramento na Entidade Sindical Patronal. Com isso, a empresa ficará obrigada a recolher anualmente a Contribuição Sindical Patronal.

9. Fazer cadastramento pela Caixa Econômica Federal no sistema "Conectividade Social – INSS/FGTS".

10. Regularizar o estabelecimento no Corpo de Bombeiros Militar.

11. Conselho Federal de Nutricionistas: registro e responsabilidade técnica de profissional responsável regularmente inscrito no conselho da profissão. Registro da Clínica no Conselho de acordo com as normas. Conforme a Lei nº 6.839/1980 – que dispõe sobre o registro de empresas nas entidades fiscalizadoras do exercício de profissões –, o registro de empresas e a anotação dos profissionais legalmente habilitados, delas encarregados, serão obrigatórios nas entidades competentes para a fiscalização do exercício das diversas profissões, em razão da atividade básica ou em relação àquela pela qual prestem serviços a terceiros. Além disso, a Lei nº 6.583/1978, o Decreto nº 84.444/1980 e a Resolução CFN nº 378/2005, alterada pela Resolução CFN nº 544/2014, estabelecem às empresas, cuja atividade fim esteja ligada à alimentação e nutrição, obrigação de registro no Conselho Regional de Nutricionistas (CRN) da região onde atuem.

12. Código de Defesa do Consumidor. Além de todos esses procedimentos, é muito importante lembrar que essa atividade exige o conhecimento do Código de Defesa do Consumidor, de acordo com a Lei nº. 8.078/1990.

ESTRUTURA FÍSICA

O espaço físico de um consultório deve ser estruturado de maneira que passe uma imagem de credibilidade e confiança para o cliente. É importante também que os ambientes sejam: visualmente agradáveis, preferencialmente de cores claras, satisfatórios do ponto de vista ergonômico, limpos e funcionais para o desenvolvimento das atividades. Este será um dos seus cartões de visita e a primeira impressão que seus clientes terão do seu atendimento.

De modo geral, a estrutura física básica deve possuir:

- área de recepção e espera dos clientes.
- sanitários (com pelo menos um para portadores de necessidades especiais).
- sala(s) de exames e de consulta.

Caso seja um imóvel maior, ainda é possível ter:

- copa de apoio.
- sala administrativa com depósito para suprimentos.

ESTRUTURA PESSOAL

A gestão de recursos humanos é matéria crítica em qualquer empreendimento e merece atenção especial em negócios relacionados à saúde. Algumas questões como: a gravidade de erros ou imprecisões; a interdependência e alto grau de especialização das atividades; e o papel do cliente no processo de trabalho, tornam ainda mais crítica a importância da correta seleção, retenção, avaliação e desenvolvimento dos profissionais ligados ao negócio.

A quantificação dos profissionais para uma clínica de nutrição dependerá de alguns fatores, como número de pacientes, tipo de serviços prestados e tamanho da clínica. Para seu funcionamento, a clínica pode necessitar de pessoas para os seguintes postos de trabalho:

- Administrador: responsável pela administração geral do negócio;
- Nutricionista: responsável especialista no objeto que será ofertado pela clínica, com a função de atendimento aos pacientes;
- Secretária/Recepcionista: auxiliar no atendimento, recepção e serviços administrativos gerais.

Na maioria dos casos, o nutricionista que está iniciando sua carreira em consultório irá assumir mais de uma função, ou seja, será o administrador do próprio negócio e inicialmente precisará apenas de uma secretária para auxiliar no atendimento a pacientes.

Considerações

A secretária é o cartão de visitas de um consultório médico. É exatamente por esta razão que percebemos o quão importante é o seu trabalho dentro da clínica.

Sua importância está no fato de que a experiência de atendimento do paciente começa no momento em que ele liga para marcar sua primeira consulta. Nesse momento, sua secretária pode ser atenciosa, receptiva e simpática, ou pode ser grossa, mal-educada e não tratar o paciente da forma como ele espera, passando uma imagem negativa do consultório ao cliente.

Além de um paciente insatisfeito, o risco ao profissional de saúde é ainda maior, pois a maneira como o paciente é recebido pode colocar a perder toda a sua reputação.

Dessa forma, é de suma importância que o profissional de saúde fique atento ao atendimento de suas secretárias e que se preocupem em treiná-las. Ao oferecer treinamentos, a ideia é buscar desenvolver habilidades fundamentais para que realizem um bom trabalho, tais como:

- Boa escrita, fala e comunicação: para atendimento de alta qualidade, é primordial que o profissional saiba se comunicar de forma clara e correta com seus pacientes.
- Aptidão com tecnologia: é cada vez mais comum o uso de sistemas informatizados para agendamento e gestão da clínica, portanto é importante que o profissional tenha certa facilidade com informática.
- Paciência e respeito: o dia a dia das clínicas geralmente é muito dinâmico e, com o alto fluxo de pacientes, é normal que surjam alguns problemas. Sendo assim, é importante contratar um profissional calmo e que saiba lidar bem com conflitos, de forma cordial.
- Organização: recepcionistas normalmente possuem um alto volume de trabalho – agendamento de consultas, acompanhamento de pacientes, gestão da agenda do nutricionista, além de dar total supor-

te ao profissional de saúde; portanto, é de grande necessidade que este profissional seja extremamente organizado.

É importante que as recepcionistas sejam avaliadas por seu trabalho.

Uma das maneiras mais rápidas e simples de avaliação do trabalho das recepcionistas é perguntar aos seus pacientes no momento da consulta como foram atendidos e se possuem alguma queixa ou sugestão para melhoria.

Outra possibilidade é pedir para que seus pacientes mais próximos façam ligações para a clínica e relatem como foi o atendimento das secretárias ao telefone.

Pode-se também optar por uma pesquisa de satisfação com o cliente pós-consulta.

ORGANIZAÇÃO DO PROCESSO PRODUTIVO

Dependendo da especialidade da clínica de nutrição, o processo produtivo vai variar sensivelmente; contudo, os procedimentos podem ser mais ou menos regulamentados e padronizados.

As atividades básicas que devem ocorrer são:

1. Agendamentos – primeiro contato entre paciente e clínica a fim de agendar dia e horário da consulta. Essa atividade é realizada pela pessoa encarregada dos serviços de recepção. Deve-se ter o controle sistemático da agenda.
2. Recepção – primeiro ponto de contato com o paciente nas dependências da clínica.
   Nesse contato são verificados os detalhes do agendamento da consulta, registros anteriores, cadastro de pacientes, condições de pagamento, validade de seguros-saúde etc. Após o contato e procedimentos, o paciente é encaminhado para a consulta.
3. Consulta – quando for a primeira visita, o profissional de saúde deve diagnosticar o problema por meio de questionamentos e procedimentos específicos e propor soluções e tratamentos. Em consultas de acompanhamento, o profissional vai verificar a evolução do caso para assegurar que o tratamento está sendo efetivo.

Registro da consulta em prontuário

A consulta deverá ser devidamente documentada no Prontuário de Nutrição, que é um documento onde ficarão registrados fatos, acontecimentos e situações referentes à saúde e alimentação do cliente, além de toda a assistência nutricional a ele prestada. O prontuário é documento sigiloso e pode ainda ser utilizado como prova para instruir processos ético-disciplinares no Conselho Regional de Fiscalização Profissional ou em processos judiciais, visando identificar a adequação ou irregularidades na atuação do nutricionista ou na instituição onde ocorreu o atendimento. O registro em prontuário deve contemplar: a identificação do cliente; anamnese alimentar; avaliação antropométrica; exames complementares solicitados e seus resultados; diagnóstico nutricional; e a prescrição da terapia nutricional indicada.

Nas consultas subsequentes, deverão ser feitos os registros datados da evolução, as alterações na conduta nutricional (se houver) e a especificação da alta do cliente.

O Prontuário de Nutrição, por ser um documento formal e de alcance jurídico, deve ser preenchido à caneta, de maneira impessoal, sem termos populares ou que denotem orientações informais, além de ter uma linguagem que permita o entendimento por outros membros da equipe multidisciplinar que atende ao paciente e que terá acesso às condutas adotadas, avaliações e resultados terapêuticos;

Por se tratar de um documento que poderá ser usado em situações futuras, a guarda do prontuário deve obedecer aos seguintes critérios: quando por escrito, deve ser armazenado por um período de vinte anos, e quando o registro for realizado por meio eletrônico, a guarda deve ser definitiva e ininterrupta.

Diagnóstico nutricional

Para estabelecer o diagnóstico nutricional, devemos utilizar todos os dados coletados, visto que estes correspondem à conclusão do nutricionista quanto à avaliação antropométrica, clínica e alimentar.

O diagnóstico consta de:

a. Diagnóstico antropométrico.

b. Diagnóstico da adequação do consumo alimentar.

Considerando a antropometria como um dos métodos mais utilizados para a avaliação nutricional por ser de baixo custo e um bom preditor das condições de saúde e nutrição dos pacientes, é importante observar a qualidade e a manutenção dos instrumentos utilizados no consultório, tais como: balanças, estadiômetro (régua antropométrica), compasso de dobras (plicômetro), fita métrica inextensível e material técnico complementar facultativo (bioimpedância).

Orientação nutricional

A orientação sobre a conduta nutricional do paciente deve contemplar o diagnóstico nutricional realizado e obedecer a duas etapas subsequentes.

A primeira etapa da orientação nutricional deve ser verbal com o objetivo de interagir com o cliente, de forma a estabelecer um vínculo, para garantir a compreensão e sua adesão à terapêutica prescrita. Já a segunda etapa consiste na elaboração por escrito daquilo que foi orientado e combinado durante a orientação verbal e que, portanto, contempla as necessidades nutricionais do cliente e as sugestões e adaptações aos aspectos subjetivos que influenciam o hábito alimentar, para garantir melhor adesão ao tratamento.

O receituário deve ser personalizado e estar assinado, datado e carimbado com indicação do número do respectivo Conselho Regional, seguido do número de inscrição.

GERENCIAMENTO E AUTOMAÇÃO

O nível de automação em uma clínica de nutrição não é tão expressivo, pois, em essência, os serviços de saúde têm como componente a interação humana entre paciente e profissional de saúde, o que é insubstituível e não pode ser automatizado.

Dessa forma, a automação deve se restringir aos processos de apoio, setores administrativos e a alguns exames complexos. O ideal é que o empreendedor invista na automação de algumas atividades visando dinamizar o atendimento e as gestões administrativa e financeira do negócio.

Existem algumas opções que podem incluir, além do *software* de gestão, *softwares* aplicados à formulação de dietas.

Caso o empreendedor não queira investir de imediato em sistemas de gestão, será necessário que os controles sejam executados provisoriamente em planilhas eletrônicas construídas segundo as necessidades do empreendedor e as exigências do negócio.

Manter um fluxo de caixa atualizado

Um dos maiores erros dos profissionais de saúde é não fazer o controle efetivo das suas contas.

O profissional não consegue saber realmente se sua clínica está sendo ou não rentável, isto é, dando lucro ou gerando ao menos o suficiente para pagar os custos de sua operação.

Para solucionar este problema, existe uma ferramenta muito simples, porém muito eficaz, para administração financeira: o fluxo de caixa.

O fluxo de caixa é o registro de todas as transações financeiras, ou seja, contas a pagar e receber do consultório por um determinado período de tempo.

A partir do fluxo de caixa, feito por meio de um sistema de gestão ou de uma planilha em Excel, você estará apto para analisar separadamente suas contas, sendo então capaz de identificar quais são os maiores custos do consultório, além de outros relatórios financeiros. Outro importante recurso que o fluxo de caixa permite é realizar a previsão da saúde financeira da clínica.

Por meio da projeção dos gastos e recebimentos no futuro, o profissional de saúde torna-se capaz de investigar datas em que o caixa poderá estar negativo e preparar-se para tal – adiantando algumas contas ou até mesmo poupando para tal dia.

CANAIS DE DISTRIBUIÇÃO E MARKETING

As clínicas de nutrição normalmente operam com venda direta, em seus próprios estabelecimentos, aguardando a requisição de um cliente para fazer a venda final dos serviços. Em alguns casos, os convênios médicos se prestam como canais de acesso ao mercado ao divulgarem as clínicas credenciadas e suas especialidades de atendimento. Existe também a modalidade de atendimento domiciliar.

Cada canal apresenta implicações estratégicas para o empreendimento, que devem ser consideradas para viabilização do negócio.

Para atingir o mercado de forma direta, a clínica precisará investir no desenvolvimento de sua marca para criar uma imagem que atraia clientes dispostos a pagar pelos serviços prestados. Alcançar esse mercado de maior poder aquisitivo irá exigir, além do investimento em marketing, tempo e a construção da credibilidade profissional.

Para os que atuam por meio de intermediários, atendendo planos de saúde coletiva, a estratégia pode garantir maior volume de atendimentos. No entanto, a presença do intermediário reduz os preços de venda e margens de ganho para a clínica.

Outros canais alternativos também podem ser explorados, como no caso de parcerias com empresas ligadas ao fitness (academias, spas) e trabalho em clínicas multidisciplinares. A atuação em estabelecimentos parceiros possibilita a indicação de pacientes para realização de exames ou consultas especializadas na clínica, e também representam um dos principais canais para a comercialização dos serviços.

Seja qual for a estratégia de distribuição adotada, o nutricionista deve atentar-se para assegurar que o cliente receba o serviço de forma adequada e com qualidade.

Por meio do atendimento em consultório, é possível mudar a vida das pessoas, melhorar hábitos, proporcionar saúde, bem-estar e satisfação. O nutricionista que trabalha em consultório deve, para este fim, desenvolver a empatia, se atualizar sempre e trabalhar a comunicação responsável com seu cliente para que ele evolua positivamente e mantenha a sua motivação.

REFERÊNCIAS BIBLIOGRÁFICAS

1. Serviço Brasileiro de Apoio às Micro e Pequenas Empresas (Sebrae). Ideais de negócios. Como montar uma clínica de saúde. Disponível em: www.sebrae.com.br. Acesso em: 24 jul. 2017.

2. Conselho Regional de Nutricionistas. Atuação profissional. Disponível em: http://crn3.org.br/faq/atuacao-profissional. Acesso em: 24 jul. 2017.
3. Iclinic. Guia definitivo de como montar seu consultório. Disponível em: http://www.iclinic.com.br. Acesso em: 24 jul. 2017.
4. Peixoto, Adriana Lopes. Como montar seu consultório de nutrição. Viçosa: A.S. Sistemas; 2012.

CAPÍTULO 6

Personal diet e atendimento domiciliar

Rosana Raele

INTRODUÇÃO

É consenso entre os profissionais da saúde que o estilo de vida atual é o fator causal de obesidade e predisposição a doenças metabólicas e cardiovasculares, sendo necessário um profissional nutricionista capacitado para associar todos os conhecimentos teóricos para uma alimentação balanceada com a realidade atual. Diante desse cenário tem emergido a assistência domiciliar, representando diversas modalidades de atenção à saúde desenvolvida em domicílio.

Do crescente processo de divisão/especialização do trabalho do nutricionista no Brasil, verificado nas últimas décadas, na área de nutrição clínica – que antes concentrava a maior densidade de nutricionistas –, observam-se subáreas de atuação por patologias, grupos etários ou outras especializações, tais como a atuação do nutricionista em oncologia, nefrologia, cardiologia, diabete, transtornos alimentares, obesidade, pediatria, geriatria, consultórios e clínicas, hospitalização domiciliar, além de *personal diet*.

Este capítulo foi elaborado para o profissional nutricionista compreender a atividade do *personal diet* como um modelo de atendimento nutricional, ampliando a sua maneira de atuar no mercado de trabalho.

Definição de *personal diet*

O termo *personal diet* originou-se do conceito criado para *personal trainer*. A atuação desse profissional vai muito além do atendimento tradicional em consultório, exatamente por transcender esse espaço e iniciar o atendimento no local em que o cliente/paciente necessita.

Segundo o Conselho Federal de Nutrição, a atividade de *personal diet* é reconhecida pela Resolução nº 383/2006, sendo definida como atendimento do profissional nutricionista em domicílio e, segundo o Conselho Regional de Nutrição, a atividade de *personal diet* corresponde a uma modalidade de atendimento personalizado que envolve atividades relativas a alimentação e nutrição, sendo recomendada a busca contínua pelo aprimoramento profissional específico em prol da otimização do atendimento nutricional.[4]

Organizando-se para ser um *personal diet*

Tendo em mente que o profissional irá até o domicílio do cliente/paciente, é preciso imaginar o consultório transformando-se em algo "itinerante".

Materiais como impressos personalizados, cartões de visita, balança, fita métrica, adipômetro, calculadora, carimbo profissional, além de seu avental e, caso queira, recursos audiovisuais, pastas ilustrativas e laptop são importantes. Não é necessário possuir equipamentos caros, mas, sim, organizar-se. Isso é fundamental, pois transmitirá ao seu cliente/paciente uma grande segurança no atendimento, com a presença de formulários, prontuários evolutivos, pastas e orientações gerais que serão utilizados no momento da consulta.

A consulta do *personal diet*

Normalmente, o contato com o profissional pode ser feito por indicação médica, recomendação de outros pacientes, site e mídias sociais, porém, tratando-se de atendimento em domicílio, há um ponto importante a ser levado em conta referente ao contato via redes sociais e segurança de seu atendimento, que é observar o perfil de clientela que atenderá e a região de atuação para logística dos deslocamentos. A pontualidade do profissional é muito valiosa, por isso, ao planejar os atendimentos do dia em sua agenda, observe a distância entre os pacientes.

O serviço prestado pelo nutricionista *personal diet* pode abranger diversos módulos de atendimento, mas inicialmente envolve informações como:

- Motivo da intervenção nutricional.
- Avaliação nutricional do paciente.
- Avaliação do consumo alimentar.
- Verificação de exames laboratoriais recentes.
- Fornecimento do laudo nutricional.
- Orientação alimentar individualizada.

Cabe ressaltar que tanto a avaliação nutricional quanto a avaliação do consumo alimentar seguirão protocolos dependendo da escolha do profissional.

A avaliação nutricional dependerá do protocolo a ser seguido e da população a ser atendida. Por exemplo, pode-se desenvolver protocolo de atendimento de crianças até idosos, de atletas, assim como de patologias específicas.

A realização de um bom inquérito alimentar é de suma importância, o qual será feito conforme a escolha do profissional, podendo ser recordatório de 24 horas, questionário de frequência alimentar ou até mesmo o registro alimentar de três ou sete dias.

Ainda referindo-se à avaliação nutricional, a avaliação antropométrica de peso, altura, circunferência da cintura, além da análise da composição corporal por bioimpedância é de grande valia para tornar a consulta nutricional completa.

A consulta nutricional do *personal diet* é uma consulta mais complexa, pois além de informações colhidas durante a entrevista, entra o diferencial da presença do profissional no ambiente do cliente/paciente.

Diante de todos os dados necessários para traçar o perfil do cliente/paciente atendido, a conduta nutricional será direcionada. Neste caso, mesmo que o profissional leve sempre algumas orientações prontas para agilizar a consulta, a individualização é de suma importância.

O envolvimento neste modelo de atendimento com os clientes/pacientes é muito interessante, pois além do paciente, muitas vezes pode atingir quem o auxilia, como a cozinheira, a ajudante, a secretária, a copeira, enfim, sendo realmente um grande diferencial que amplia o sucesso no resultado da intervenção. Alguns exemplos:

- Presença da cozinheira durante a consulta: participação com envolvimento da cozinheira na orientação alimentar, bem como instruções para a realização das compras necessárias.
- Paciente atendido no próprio ambiente de trabalho: participação do garçom ou da copeira, recebendo orientações no momento da consulta com dicas de lanches intermediários, para auxiliar no seu fornecimento durante o trabalho do paciente.

Atenção: Cuidado com consultas muito longas, pois tornam-se cansativas para o paciente e para o profissional, e muitas vezes não são produtivas. Em geral, o atendimento deve durar de 90 minutos a 2 horas, no máximo.

O profissional nutricionista deve estar habilitado para realizar suas atividades envolvendo sua área de atendimento, e os serviços e/ou pacotes oferecidos devem ser elaborados pelo próprio profissional, não havendo uma regra para o atendimento, mas sim, um protocolo que ele pode acompanhar desde a avaliação nutricional a ser seguida até a própria orientação alimentar elaborada.

A consulta nutricional normalmente envolve uma primeira avaliação, e em seguida, é realizado o acompanhamento nutricional. Este é o momento a ser individualizado, pois dependerá de cada caso, bem como o modelo de atendimento a ser oferecido.

MODELOS DE ATENDIMENTO

Além da própria consulta nutricional e das consultas de acompanhamento, o profissional pode oferecer diversos serviços dependendo de cada caso.

Orientação alimentar familiar

Este tipo de atendimento pode envolver cada membro da família individualmente durante a avaliação nutricional e avaliação do consumo alimentar, porém, na prescrição alimentar, o âmbito familiar deve ser respeitado ao máximo para promover sempre a refeição em família.

Treinamento da cozinheira

O treinamento da cozinheira pode ser uma "conversa nutricional" que inclua o fornecimento de apostila com orientações básicas de nutrição, de higiene, dicas práticas de temperos, como cozinhar com menos gordura e aumentar fibras, dicas de organização em geladeira e armários, compreensão da leitura de rótulos e compra dos alimentos. Enfim, utilizar sua criatividade neste momento para montagem do material a ser oferecido é de grande valia. O fornecimento de um certificado de treinamento é muito importante para o funcionário de seu cliente/paciente sentir-se envolvido no processo. Lembre-se que eles são grandes aliados do nutricionista.

Ainda neste modelo de atendimento, pode também ocorrer a prática do desenvolvimento de receitas em conjunto com a cozinheira conforme a necessidade de cada cliente/paciente, bem como sua *expertise* na área.

Fornecimento de cardápios

Observada a necessidade de cada cliente/paciente, a montagem de cardápio pode ser um serviço oferecido, obedecendo alguns cuidados básicos como variedade e combinação de ingredientes, praticidade das receitas e equilíbrio nutricional.

Acompanhamento em compras

Muitas vezes a tarefa de ir à feira ou ao supermercado não é tão simples assim, ainda mais quando o cliente/paciente se depara com a presença de novos alimentos em sua lista de compras. O acompanhamento do profissional neste momento também é de grande valia, sendo um grande diferencial de atendimento.

ESTRATÉGIAS DE MARKETING

O acolhimento, a individualização, o acompanhamento próximo, somados a flexibilidade de agenda, fidelidade com seu cliente/paciente, presença de ideias inovadoras e comunicação são ingredientes muito importantes para naturalmente funcionarem como um bom marketing na atividade de *personal diet*.

Pensando em dar um início a este perfil de atendimento nutricional, uma das estratégias de marketing pode ser visitas a médicos, academias, clínicas de promoção de qualidade de vida, com uma carta de apresentação contendo todos os serviços prestados.

Ter em mente uma meta de clientes a serem atingidos também é importante, bem como realizar ações de mercado, como *newsletter*, com a divulgação de seu serviço, e até mesmo a contratação de uma assessoria de imprensa que possa fazer a parte de divulgação na mídia.

DICAS DE *PERSONAL DIET*

O objetivo neste capítulo foi o de fornecer algumas orientações simples e práticas deste modelo de atendimento diferenciado do profissional nutricionista. Seguem aqui algumas dicas simples e práticas envolvendo este perfil de atendimento.

Ao agendar seu cliente/paciente:

- Pergunte quem o indicou e qual o motivo da intervenção nutricional. Dessa forma já poderá ir mais preparado para o tipo de orientação a ser fornecida.
- No momento do fornecimento do endereço, caso o cliente/paciente resida em prédio/condomínio, pergunte se há estacionamento para visitantes. Dessa maneira você se programa para entrar com o carro

direto na garagem ou procurar lugar na rua para estacionar e, assim, dimensionar o seu tempo, para este fator não ser um obstáculo que o faça atrasar a consulta nutricional.

- Se for atender seu cliente/paciente no local de trabalho dele, seja discreto. A secretária ou recepcionista muitas vezes pergunta qual sua empresa. Fale que é particular. Muitas vezes o cliente/paciente não quer que saibam que está passando com nutricionista. A recepção da empresa de seu cliente/paciente não será o seu marketing. O seu cliente/paciente o fará para você naturalmente se gostar do atendimento.
- Faça uma boa logística referente aos endereços em que deverá comparecer no seu dia de trabalho como *personal diet*. Evite ao máximo atrasar seus atendimentos. Lembre-se, você está indo ao ambiente do cliente/paciente e muitas vezes ele possui compromissos depois.
- Seja organizado no momento da consulta. Evite espalhar seu material sobre o sofá, sobre a mesa, onde estiver. Faça um bom planejamento de seu material para saber como retirar de sua pasta, mochila, demonstrando muita segurança no seu trabalho.
- No momento de pesar seu paciente, observe bem o piso onde a balança estará. Preferencialmente é melhor que esteja em pisos frios, mas atenção se for tapetes e tacos, para deixar a balança o mais equilibrada possível.
- Muitos clientes/pacientes possuem animais de estimação em sua casa e não ter medo de animais de estimação hoje em dia é um grande requisito para ser *personal diet*.

Tornar-se um *personal diet*

A atividade de *personal diet* dentro do grande leque de atendimentos do profissional nutricionista é muito satisfatório. Hoje em dia, é uma atividade em expansão, com a presença de diversas especializações de atendimento, como *personal diet baby* (voltado à alimentação infantil), *personal diet chef* (além do nutricionista, um chefe de cozinha), *personal diet wellness* (voltado para atletas), as quais podem tranquilamente adaptar-se a suas orientações nutricionais, ampliando muito a atuação do profissional, bem como a própria adesão e o comprometimento do cliente/paciente.

REFERÊNCIAS BIBLIOGRÁFICAS

1. Almeida EC. Personal Diet: o caminho para o sucesso profissional. 1.ed. São Paulo: Metha; 2013.
2. Dal Bosco SM. Personal Dieter: da gestação ao envelhecimento. 1.ed. São Paulo: Atheneu; 2015.
3. Vasconcelos FAG, Calado CLA. Profissão nutricionista: 70 anos de história no Brasil. Rev Nutr Campinas 2011 Jul-Ago;24(4):605-617.
4. Resolução Conselho Federal de Nutrição. Disponível em: http:www.cfn.org.br/novo site/pdf/res/2006/res383.pdf. Acesso em: 18 out. 2016.

CAPÍTULO 7

Estratégias educativas, *coaching* e comportamento

Luciana Lancha

INTRODUÇÃO

Há tempos a procura pela redução da gordura corporal faz a população mundial buscar atalhos para a pandemia da obesidade, que exerce efeito devastador na saúde pública. Responsável direta ou indiretamente por mais da metade das mortes em todo o planeta e por elevar o custo social de assistência à saúde, nós ainda estamos perdendo esta batalha.

Os estudos mostram que não é possível mudar um hábito, e talvez esse seja o grande desafio. A melhor forma de encontrar novos resultados é desenvolvendo e fortalecendo novos hábitos que substituam o indesejado. Para isso é preciso que o próprio indivíduo encontre seus motivos, suas razões e sua forma de fazer isso. No entanto, a maneira como nossos profissionais de saúde aprendem a atuar, resolvendo problemas mais agudos de forma intervencionista, não favorece o surgimento desses novos hábitos nos pacientes. É possível tratar o diabete tipo 2 simplesmente alterando a dieta e aumentando o exercício. Nesse caso, os médicos não conduziriam o tratamento somente com a prescrição de um hipoglicemiante oral para tratar a doença, mas sim incentivariam seus pacientes a cuidarem de si, desenvolvendo novos hábitos para a melhora da saúde, baseados em suas capacidades e circunstâncias.[1] Este conceito tem por base a literatura do *coaching*, segundo a qual na relação entre um *coach* (profissional de saúde) e um *coachee* (cliente), é este último quem conduz seu próprio processo de mudança.

Quando profissionais de saúde praticam e vivem por meio da medicina de estilo de vida, eles transferem a responsabilidade do profissional de saúde ao paciente. Ele não diz ao paciente o que fazer, e sim busca junto com este uma alternativa; o profissional de saúde negocia a prescrição com seu paciente. Há uma importante citação de Margareth Moore, da Wellcoaches, que explica com clareza essa mudança: "a forma como os médicos se comportam normalmente é como se lutassem com os seus pacientes, mas quando eles entram no relacionamento de *coaching* e estilo de vida, eles dançam com seus pacientes".

A necessidade de perder peso é bem compreendida; no entanto, o processo é difícil, e uma estimativa revela que menos de uma em cada 100 pessoas tem sucesso em conseguir manter a perda de peso.[2] Ironicamente, Fields et al.[3] demostraram em quase 17.000 crianças com idades entre 9 e 14 anos que "fazer" dieta restritiva foi um preditor significativo de ganho de peso. Além disso, o risco de compulsão alimentar também cresce com o aumento da frequência de se submeter a dietas restritivas. Os autores concluíram que "a longo prazo, fazer dieta para controlar o peso não é eficaz, pode realmente promover o ganho de peso."

Então, o que fazer? Como ajudar nosso cliente a encontrar uma maneira sustentável de se alimentar, capaz de promover perda seguida de manutenção do novo peso corporal? No artigo "Improving nutritional habits with no diet prescription: details of a nutritional coaching process", os autores Lancha et al.[4] descrevem técnicas de *coaching* nutricional capazes de promover mudanças na alimentação e no estilo de vida do cliente sem prescrição de dieta. Há uma importante diferença entre simplesmente adotar um comportamento e manter um comportamento.

POR QUE MUDAMOS, OU POR QUE NÃO MUDAMOS?

Vivemos hoje o paradoxo da saúde, no qual nunca se gastou tanto com propagandas, desenvolvimento de novos produtos, novas dietas, novas fórmulas, ao passo que a população mundial nunca esteve tão acima do peso.

As pessoas têm cada vez menos tempo para cuidar da sua alimentação e praticar atividade física e, além disso, como dizia Einstein: "é mais fácil quebrar um átomo do que mudar um hábito".

Os profissionais de saúde normalmente aprendem e acreditam que as pessoas mudam por uma teoria chamada de 3Fs, segundo o autor Alan Deutschman: fatos, *fear* (medo) e força. Em geral, listam-se todas as consequências para a saúde de estar com sobrepeso, todas as estatísticas de risco. Pensam que as pessoas são racionais, que informação gera mudança, que conhecimento é poder e que o medo muda.

Mas será que as pessoas não sabem que excesso de gordura corporal faz mal à saúde? Claro que sabem. No livro *Mude ou morra*, de Alan Deutschman, o autor traz vários relatos de estudos que mostram que mesmo após um grave problema de saúde como um infarto, as pessoas mudam por pouco tempo. Cerca de dois anos após o evento, entre 80-90% dos pacientes voltaram aos hábitos antigos, não saudáveis. O autor então estabelece que nem o medo de morrer é capaz de promover mudanças duradouras e significativas.

A chave para a mudança está em um processo conhecido como 3Rs: relação, repetição e reestruturação.[5]

- Relação: ter um novo relacionamento emocional com alguém, ou algum grupo, que traga de volta a esperança de que a mudança é possível. Voltar a acreditar que há outra solução para os problemas. Criar um vínculo (*rapport*) é o primeiro e mais importante passo na construção desse novo caminho.
- Repetição: essa nova relação deve ajudar o cliente a aprender, praticar e adquirir ferramentas e habilidades para a mudança.
- Reestruturação: essa nova relação deve ajudar o cliente a aprender novas formas de pensar (*mindset*). É preciso reestruturar a forma como o indivíduo se relaciona e como vê a vida, a alimentação, controle de estresse etc.

Existe uma frase que diz: "o cliente não se importa com o quanto você sabe, até que ele saiba o quanto você se importa". E uma maneira de estabelecer esse vínculo é usando comunicação não violenta, definida por Marshall Rosenberg[6] como uma forma de comunicação eficaz e empática. Para tanto, é preciso fazer:

- Distinção entre observações e juízos de valor. Saber observar as atitudes e comportamentos sem julgamentos.
- Distinção entre sentimentos e opiniões. O fato de ter duas pessoas com opiniões diferentes não quer dizer que elas não gostam uma da outra.
- Distinção entre intenção e impacto. Muitas vezes nos ofendemos com a fala de alguém, o que não quer dizer que a intenção daquela pessoa foi nos ofender. Existe uma diferença entre a intenção das pessoas e o impacto que aquilo tem em nós.
- Distinção entre pedidos e exigências/ameaças.

Hoje em dia somos sempre muito questionados por nossos clientes que já chegam cheios de informações para as consultas. Se não tivermos cuidado, podemos encarar cada consulta como uma batalha, na qual vamos tentar convencê-los do que é certo e errado, do que eles devem ou não fazer. Só que as pessoas não resistem à mudança, elas resistem a serem mudadas. Não somos capazes de convencer ninguém a fazer o que não quer, ou o que não acredita, por muito tempo. O que atrapalha a comunicação muitas vezes é a necessidade que o profissional de saúde tem de ser *expert*, fazer julgamentos, assumir a responsabilidade do cliente e achar que tem a solução.

A diferença da abordagem do *expert* e do *coach* transforma completamente a relação entre o profissional de saúde e seu cliente.

Abordagem do *expert*

- Tem autoridade.
- É um educador.
- Define a agenda.
- Sente-se responsável pela saúde do cliente.
- Resolve problemas.
- Foca no que está errado.
- Tem as respostas.
- Interrompe desvios de tópico.

Abordagem do *coach*

- É um parceiro.

- É um facilitador de mudança.
- Vê a agenda do cliente.
- O cliente é responsável por sua saúde.
- Encoraja possibilidades.
- Foca no que está certo.
- Descobre as respostas em conjunto com o cliente.
- Aprende com as histórias do cliente.

TÉCNICAS DE COMUNICAÇÃO

Uma das formas para ter uma boa comunicação e ajudar nosso cliente no processo de mudança é usar a entrevista motivacional, colocando questões de forma que tragam reflexão do cliente.

Usar perguntas abertas (PA)

Fazer perguntas que levem o cliente a raciocinar em vez de responder sim ou não (pergunta fechada – PF). Dessa forma, o cliente conta uma história, pensa e coloca tudo junto. Ele se escuta, e isso estimula a participação ativa. Além disso, esse tipo de pergunta traz informações importantes e úteis para o profissional.

Exemplos
- PF: Você gosta de fazer exercício?
- PA: Me conta um pouco sobre sua experiência com atividade física.

Afirmações

Têm a finalidade de fortalecer a confiança do cliente, aumentar seu engajamento, dar *feedback*. O que deve ser valorizado é:

- Esforço e não resultado.
- Solução de problemas.
- Processos.

Reflexões

Têm o objetivo de fazer o cliente ouvir o que acabou de dizer. Podemos refletir o tom de voz do cliente, uma palavra, uma frase, uma emoção. Existem vários tipos de reflexão. Seguem alguns exemplos:

- Simples: parafrasear o cliente.
  - » Cliente: Eu não tenho tempo de me exercitar.
  - » Profissional: Você está dizendo que não tem tempo de se exercitar.
- Ampliada.
  - » Cliente: Eu não tenho tempo de me exercitar.
  - » Profissional: Você está dizendo que para você é impossível se exercitar.

Não tenha medo de errar; se sua frase não corresponder ao que o cliente quis dizer, ele irá corrigi-lo. No exemplo da reflexão ampliada, o cliente muitas vezes diz: "Não, eu não disse que era impossível". Perfeito, era essa brecha que você queria, pois nessa hora você pode dizer: "Desculpe, entendi errado, pode me explicar melhor?" E o cliente trará os desafios, mas mostrando que não é impossível, que dá para ele fazer algo.

Resumir

A finalidade de resumir a consulta ou sessão é para unir os fatos e conduzir uma ação ou dar conselho. Sempre é melhor começar com a frustração que trouxe o cliente, repetir as questões que o motivam, reconhecer as mudanças já feitas, repetir o objetivo do cliente e confirmar se esqueceu de algo. Quanto mais você conseguir usar as próprias palavras do cliente, melhor. Ele precisa se identificar com aquilo que está sendo dito.

Dessa forma fechamos o que é abreviado em inglês como Oars (*open-ended questions, affirmations, reflective listening and sumarize*), a interação básica pela entrevista motivacional.

Autoeficácia

Durante o acompanhamento de *coaching*, o profissional está ao lado do cliente na busca das soluções, no entanto, é fundamental que este ganhe confiança e aprenda a identificar seus obstáculos e caminhos para superá-los, pois apenas assim terá independência para sustentar um novo comportamento. Isso é adquirir autoeficácia, a capacidade de iniciar e sustentar um comportamento. Uma forma de trabalhar a autoeficácia é escalonar a confiança de 0 a 10. Isso quer dizer que, toda vez que for estipulada uma meta com o cliente, é preciso perguntar qual o grau de confiança que ele tem para cumprir essa meta, sendo 0 confiança muito baixa e 10 uma confiança alta. O objetivo aqui é traçar metas alcançáveis e também valorizar as forças e explorar como ele lidará com os obstáculos. Por isso, quando a nota for baixa, devemos ajudá-lo a modificar a meta para aumentar o grau de confiança e, quando a nota for acima de 7, por exemplo, perguntar por que não menos, para trazer os pontos fortes e positivos. Exemplo: se um cliente dá nota 8 para a meta de fazer exercício 3x na semana, perguntamos: "Por que não 5?" A ideia é que ele traga aqui as forças e características que ele tem que o motivam e o ajudam a alcançar a meta.

Metas *Smart*

É muito importante as metas serem *Smart*, realistas e baseadas em ações: quanto mais a pessoa acreditar que pode alcançar a meta, maior a chance que ela faça (tente); quanto mais ela fizer, maior a chance de sucesso; quanto mais sucesso, mais ela acredita que fará de novo. A meta tem de fazer sentido para o cliente, pois é ele quem vai executá-la. Então podemos perguntar: "O que você gostaria de colocar como meta para começar a melhorar sua alimentação?" Com a resposta do cliente, podemos moldar juntos uma meta que seja viável. É muito comum as pessoas resolverem começar uma dieta e um programa de exercícios e se imporem que a partir de segunda-feira não comem mais doce e que irão à academia todos os dias. Essas metas são muito duras de serem mantidas por muito tempo e facilmente trarão frustação. Nesse momento, é importante ajudar o cliente a pensar na sua rotina e programar uma ação viável e sustentável. Meta *Smart* quer dizer:

- *Specific* (específica)
- *Measurable* (mensurável)

- *Achievable* ou *Action* (alcançável e baseada em ação)
- *Relevant* (relevante)
- *Time lined* (tempo determinado)

Exemplo: ir à academia é uma meta *Smart*? Não, uma meta *Smart* seria ir à academia segundas e quintas, após o trabalho, por 30 min, para fazer esteira. Quanto mais ajudarmos o cliente a pensar na rotina, maior a chance que ele tenha sucesso na sua meta e, assim, fique mais motivado.

RECAÍDAS

As recaídas muitas vezes acontecem porque as pessoas colocam-se em projetos rigorosos sem flexibilidade e margem para saídas da rota. E ao não resistir e sair da rota, ficam os sentimentos de fracasso e culpa que levam ao pensamento: "Ah, agora que já saí mesmo, vou aproveitar e amanhã retomo". Esse tipo de pensamento age como grande sabotador, prejudicando a busca pelos objetivos e favorecendo comportamentos extremos e binários: estou de dieta (restritivo, com atividade física e sem exceções permitidas) ou estou completamente relaxado (como de tudo sem pensar, não faço nada de exercício e aproveito).

Ajudar nosso cliente a sair dos extremos e aprender a andar no meio no caminho é uma das únicas formas de criar hábitos sustentáveis. Quando programamos, por exemplo, ir a uma festa e consumir duas taças de vinho, lidamos melhor com a situação, do que ir à mesma festa pensando que não vamos poder beber nada e ao chegar lá, não resistimos. Daí essas taças de vinho trazem um sentimento negativo que faz com que, na maioria das vezes, o consumo continue por horas e até dias, até o momento que decidimos recomeçar.

Costumamos dizer que pensar em nadar do Brasil até a África não é muito estimulante, parece algo muito difícil. Mas se pensarmos que a cada quilômetro teremos uma ilha com comida, água, onde poderemos descansar, e então retomar o trajeto, essa jornada parece mais viável. Não deixe de programar as ilhas no caminho do seu cliente para ajudar a prevenir as recaídas.

CONSIDERAÇÕES FINAIS

Mudanças de comportamento relacionadas à saúde têm enorme potencial para reduzir mortalidade, morbidade e os custos dos cuidados de saúde, o que fornecem ampla motivação para o conceito de medicina de estilo de vida, ou seja, a prática baseada em evidências no sentido de ajudar os indivíduos e as famílias a adotar e manter comportamentos que podem melhorar a saúde e a qualidade de vida.

O processo de *coaching* busca cumprir metas determinadas pelo próprio cliente, encorajar autodescobertas e incorporar mecanismos para responsabilizá-lo por suas atitudes. Além disso, *coaching* visa ajudar na organização de rotinas e prioridades, ao mesmo tempo em que coloca o cliente no controle da sua saúde. Ao contrário de dietas nas formas convencionais, o que pode fazer as pessoas voltarem a engordar em longo prazo, o *coaching* nutricional ajuda a promover a melhoria e a manutenção da composição corporal e das mudanças de estilo de vida benéficas e necessárias a uma saúde melhor.

REFERÊNCIAS BIBLIOGRÁFICAS

1. O'Hara BJ, Phongsavan P, Gebel K, Banovic D, Buffett KM, Bauman AE. Longer term impact of the mass media campaign to promote the get healthy information and Coaching Service®: increasing the saliency of a new public health program. Health Promot Pract 2014;15:828-38.
2. Fields A, Charlton J, Rudsill C et al. Probability of an obese person attaining normal body weight: cohort study using electronic health records. Am J Public Health 2015; 105:e54-e59.
3. Field AE, Austin SB, Taylor CB, Malspeis S, Rosner B, Rockett HR et al. Relation between dieting and weight change among preadolescents and adolescents. Pediatrics 2003;112:900-6.
4. Lancha AH, Sforzo G A, Pereira-Lancha LO. Improving nutritional habits with no diet prescription details of a nutritional coaching process. Am J Lifestyle Med 2016; 12(2):160-65.
5. Deutschman A. Mude ou morra. Rio de Janeiro: Best Seller; 2007.
6. Rosenberg, MB. Comunicação não-violenta: técnicas para aprimorar relacionamentos pessoais e profissionais. São Paulo: Ágora; 2006.

CAPÍTULO 8

A criança e a família

Priscila Maximino
Mariana Del Bosco Rodrigues

INTRODUÇÃO

É na infância que se desenvolve grande parte das potencialidades. Os distúrbios que incidem nessa fase são responsáveis por graves consequências imediatas e tardias para indivíduos e comunidades.[1]

O aleitamento materno é a mais sábia estratégia natural de vínculo, afeto, proteção e nutrição para a criança e constitui a mais sensível, econômica e eficaz intervenção para a promoção da saúde. O Ministério da Saúde preconiza o aleitamento materno exclusivo até os 6 meses de vida, com manutenção até os 2 anos de vida ou mais.[1]

A partir do sexto mês, inicia-se a introdução alimentar, que tem a função de complementar a energia e outros nutrientes necessários para o crescimento saudável e o pleno desenvolvimento das crianças.[1]

O hábito alimentar é estabelecido nos primeiros anos e repercute nas práticas alimentares e no estado de saúde e de nutrição ao longo da vida. A disponibilidade de alimentos de alta densidade nutricional, a companhia durante as refeições, o local e o número de refeições diárias interferem nas escolhas alimentares da criança. A família, em todas as etapas da infância, tem papel fundamental na formação desses hábitos.[2]

PRÁTICAS ALIMENTARES INFANTIS

Desde o período intrauterino, o feto já está exposto a diferentes experiências de sabor com a interação com o líquido amniótico, que é influenciado e alterado também de acordo com a alimentação materna.

A partir do nascimento do bebê, a alimentação vai se modificando ao longo do crescimento, mas desde que nascem, os bebês organicamente saudáveis possuem a capacidade de autoalimentar-se, determinando quanto devem tomar de leite materno, a velocidade que sugam e quando parar de mamar. Desde essa fase, o comportamento alimentar está sendo aprendido de acordo com as sensações de fome e saciedade. Nesse momento, a família já deve ser orientada a respeitar esses sinais e conhecer como o bebê esboça sua forme.

Ao completar seis meses de vida, grande parte dos bebês já apresenta a capacidade de sentar-se, podendo, então, iniciar a introdução de novos alimentos. Desde esse momento nota-se a importância de incluir o bebê nas refeições em família, incentivando a interação entre os membros da casa, bem como a interação com os alimentos e com o ambiente, pois o comportamento alimentar será também um resultado do que a criança aprende imitando os adultos na convivência.

As práticas e preferências alimentares durante a infância encontram-se fortemente condicionadas pelo ambiente familiar, por se tratar do primeiro espaço de socialização, onde os comportamentos alimentares são aprendidos e incorporados. Tais comportamentos, saudáveis ou não, podem permanecer durante a adolescência e até a vida adulta, e a realização de refeições familiares tem sido, atualmente, reconhecida pela promoção de comportamentos alimentares saudáveis.

Estudos recentes mostram que a prática das refeições em família contribui para uma alimentação equilibrada e protege contra o desenvolvimento de hábitos alimentares inadequados entre crianças e adolescentes, estimulando maior disponibilidade e consumo de frutas, legumes e verduras (FLV), e menor oferta de doces e bebidas açucaradas.[3]

Apesar dos benefícios descritos pela literatura, dados americanos de análises populacionais mostram prevalência de apenas 49% de uma refeição diária em família.[4] A alteração da rotina contemporânea atual favorece hábitos que estão na contramão da alimentação em família, com refeições prontas e cada vez mais rápidas, além de pouquíssimas interações familiares durante as refeições.

Papel dos pais na alimentação infantil

Um conceito denominado *Division of Responsibility in Feeding* (sDOR), publicado em meados de 1986 pela nutricionista norte-americana Ellyn Satter, tem sido adotado, ao longo dos últimos anos, por sociedades de nutrição em seus manuais e guias alimentares. Como demonstrado na Figura 8.1, este conceito encoraja e empodera os pais a serem os líderes no processo de alimentação dos filhos, decidindo previamente o que a criança vai comer, onde e quando. Para que os pais sejam facilitadores da construção de hábitos alimentares saudáveis, há algumas práticas fundamentais para serem adotadas:

- Comprar, escolher e preparar a comida.
- Fornecer as refeições e lanches em horários regulares.
- Proporcionar um ambiente agradável, de preferência sem uso de distrações, telas, e sempre interagindo com alguém da família no momento das refeições.
- Ser o exemplo em relação aos alimentos consumidos no domicílio.
- Não oferecer alimentos de acordo com "gosta" ou "não gosta" imposto pela criança, principalmente às de menores idades.
- Não permitir beliscos de alimentos ou bebidas doces nos horários entre as refeições.

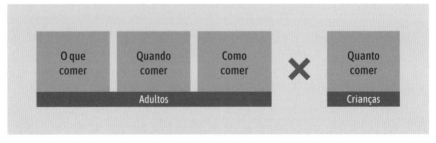

Figura 8.1. Divisão de responsabilidades para alimentação infantil. Fonte: elaborada por Priscila Maximino. Adaptada de Satter.[5]

Capítulo 8 A criança e a família   113

- Deixar as crianças crescerem de acordo com suas características genéticas sem pressionar para ganhar ou perder peso.

Além da orientação das práticas comportamentais adequadas em relação à alimentação das crianças, é de fundamental importância a adoção de hábitos alimentares saudáveis. De acordo com Weber et al.,[6] há um cenário desfavorável no Brasil em relação a estes hábitos desde os primeiros anos de vida, pois o número médio de passos para alimentação saudável seguidos pelas famílias pesquisadas foi de apenas 3,9 dos 10 passos recomendados pelo Ministério da Saúde para crianças brasileiras menores de dois anos:

- Passo 1: Dê somente leite materno até os 6 meses, sem oferecer água, chás ou qualquer outro alimento.
- Passo 2: A partir dos 6 meses, introduza de forma lenta e gradual outros alimentos, mantendo o leite materno até os 2 anos de idade ou mais.
- Passo 3: Após 6 meses, dar alimentos complementares (cereais, tubérculos, carnes, leguminosas, frutas e legumes) três vezes ao dia, se a criança estiver em aleitamento materno.
- Passo 4: A alimentação complementar deve ser oferecida de acordo com os horários de refeições da família, em intervalos regulares e de forma a respeitar o apetite de criança.
- Passo 5: A alimentação complementar deve ser espessa desde o início e deve ser oferecida de colher. Começar com consistência pastosa e, gradativamente, aumentar a consistência até chegar à alimentação da família.
- Passo 6: Ofereça à criança diferentes alimentos ao dia. Uma alimentação variada é uma alimentação colorida.
- Passo 7: Estimule o consumo diário de frutas, verduras e legumes nas refeições.
- Passo 8: Evite açúcar, café, enlatados, frituras, refrigerantes, balas, salgadinhos e outras guloseimas nos primeiros anos de vida. Use sal com moderação.
- Passo 9: Cuide da higiene no preparo e manuseio dos alimentos. Garanta o seu armazenamento e conservação adequados.

114 Nutrição: Visão Atual e do Futuro

- Passo 10: Estimule a criança doente e convalescente a se alimentar, oferecendo sua alimentação habitual e seus alimentos preferidos, respeitando a sua aceitação.

Esse cenário desfavorável indica a necessidade de ações de diferentes atores: governo, produtores, escola e família para aumentar a frequência de adesão aos 10 passos pelos escolares, visando prevenir alterações no estado nutricional, tanto dos estados de privação (magreza e desnutrição), quanto dos estados de excesso (sobrepeso e obesidade).[7]

TRANSIÇÃO EPIDEMIOLÓGICA NUTRICIONAL

A desnutrição nos primeiros anos de vida já foi um dos maiores problemas de saúde enfrentados por países em desenvolvimento. Deficit de crescimento na infância estão associados a maior mortalidade, excesso de doenças infecciosas, prejuízo para o desenvolvimento psicomotor, menor aproveitamento escolar e menor capacidade produtiva na idade adulta. A tendência secular da desnutrição na população brasileira vem declinando, embora ainda haja os bolsões de pobreza. Dados do *Democrafics Health Surveys* apontam que a prevalência de desnutrição diminuiu cerca 50%, entre 1996 e 2007, o que corresponderia a uma taxa média de declínio de 6,3% ao ano.[8]

A avaliação de crianças brasileiras incluídas na Pesquisa de Orçamento Familiar (POF) 2008-2009 do Instituto Brasileiro de Pesquisa e Estatística (IBGE) demonstra que, nas últimas quatro décadas, houve declínio intenso e contínuo nos indicadores de desnutrição infantil e aumento expressivo nos de sobrepeso e obesidade. Na década de 1970, a prevalência de deficit de altura, entre crianças de 5 a 9 anos era de 29,3% entre os meninos e de 26,7% entre as meninas. Atualmente, esses números caíram para 7,2% e 6,3%, respectivamente. Ao avaliar o histórico das curvas de peso das crianças e adolescente brasileiros nas décadas de 1970, 1990 e na atualidade, a POF destaca a trajetória de crescimento dos pesos medianos, agora tendo como um marco a característica de ter ultrapassado o valor de referência da Organização Mundial da Saúde (OMS). A prevalência de excesso de peso em meninos era moderada na década de 1970 (10,9%), aumentou para 15% em 1989 e chegou a 34,8% em 2008-2009. Padrão semelhante de aumento do excesso de peso é observado em meninas: 8,6%, 11,9% e 32,0%, respectivamente. A evolução da prevalência de obesidade nos dois sexos repete, com menor frequência, a tendência descrita para o excesso de peso. Em ambos os sexos, a frequência da obesidade é maior no sul, sudeste e centro-oeste, e, dentro de cada região, tende a ser maior nos centros urbanos que no meio rural. Meninas do sudeste urbano apresentam os maiores índices de obesidade entre as crianças e adolescentes do país, chegando a 20,6%.[9]

Nesse processo de transição nutricional, a prevalência da obesidade vem aumentando em todas as idades, em razão, principalmente, da piora na qualidade alimentar e da diminuição da atividade física. A obesidade é considerada a doença crônica mais presente na população infantil. É uma doença multifatorial que tem o balanço de energia como principal fator para o seu desenvolvimento. Algumas características como obesidade dos pais, sobrepeso ao nascer e baixo peso ao nascer têm impacto na sua gênese.[10]

A genética é determinante e parece ser mais importante do que as influências ambientais. O risco de obesidade quando nenhum dos pais é obeso é de 9%, enquanto quando um dos genitores é obeso, eleva-se a 50%, atingindo 80% quando ambos o são.[10] O ambiente tem grande interferência para proteção do ganho de peso em indivíduos geneticamente suscetíveis e o envolvimento familiar no processo de mudança traz melhores resultados no manejo da obesidade da criança e do adolescente.

O combate à obesidade na infância é fundamental porque é grande a probabilidade de uma criança obesa tornar-se um adulto obeso (sendo de 20 a 50% antes da puberdade e de 50 a 70% depois da puberdade).[10]

Muitos estudos mostram que a obesidade é um importante fator de risco para o desenvolvimento das principais doenças crônicas não transmissíveis e, assim como nos adultos, os fatores de risco na infância e adolescência estão diretamente relacionados ao peso e ao padrão de distribuição de gordura.[10]

As doenças cardiovasculares propriamente ditas só se manifestarão décadas mais tarde, mas estudos demonstram que a doença aterosclerótica pode iniciar-se precocemente em crianças e adolescentes obesos. A associação entre obesidade infantil e risco cardiovascular mantém-se na adolescência e aumenta na vida adulta, quando a obesidade persiste.[10]

A obesidade também pode trazer um impacto psicossocial, especialmente nas meninas. Crianças obesas têm maior risco de desenvolver distúrbio de comportamento alimentar na adolescência e no início da vida adulta.

ABORDAGEM DA OBESIDADE INFANTIL

As estratégias de tratamento da obesidade e do sobrepeso infantil são pouco documentadas em comparação aos trabalhos existentes sobre adultos. Apesar de não haver tratamento considerado padrão, pela inconclusividade derivada de problemas metodológicos frequentemente encontrados nos trabalhos disponíveis, as recomendações atuais para o manejo clínico do excesso de peso em crianças e adolescentes são baseadas no controle de ganho ponderal e no controle das morbidades associadas.[10]

É importante que o cuidado seja instituído assim que se faz o diagnóstico. De maneira geral, o tratamento visa à adequação do balanço energético (alimentação + atividade física), à melhora do hábito alimentar, à modificação comportamental e ao envolvimento familiar no processo de mudança. Resultados mais seguros e duradouros são observados quando o tratamento está em um contexto de modificação do estilo de vida. É essencial que o processo de reeducação alimentar no tratamento da criança obesa seja extensivo a toda a família. O profissional, o paciente e o cuidador devem ainda estar cientes de que é um processo de aprendizagem, que se dá a longo prazo, com o objetivo de incorporação de novos hábitos.[10]

COMER EM FAMÍLIA E OBESIDADE

Estudos sugerem que comer em família pode conferir uma proteção contra hábitos alimentares inadequados e também contra a obesidade. Em um programa de intervenção com incentivo para aumentar o número de refeições em família, as crianças apresentaram redução do excesso de peso ao final do acompanhamento, além das associações com a redução do sedentarismo e tempo gasto em frente às telas. Dentre as atividades propostas, as crianças relataram que cozinhar com a família, testar novas receitas e receber dicas de culinária foram as experiências mais divertidas.[11]

Dwier et al.,[12] em um artigo de revisão, descrevem algumas intervenções de incentivo do comer em família com o objetivo de promover hábitos saudáveis e prevenir a obesidade. As abordagens são diversas e incluem orientações no lar, em grupos comunitários, no ambiente de trabalho, nos consultórios médicos e até na internet. Por conta da falta de homogeneidade metodológica, é difícil avaliar os resultados de uma maneira integrada. E, de modo geral, embora haja experiências exitosas, os autores identificaram uma série de barreiras que podem atrapalhar o seguimento das orientações e que podem servir de base para pautar ações futuras. Dentre elas estão: falta de tempo dos pais, muitas atividades de trabalho, excesso de atividades da criança e questões relacionadas a estrutura familiar e a dados socioeconômicos.[12]

CONSIDERAÇÕES FINAIS

A alta prevalência de doenças relacionadas a inadequações alimentares na população infantil justifica a tomada de medidas de controle envolvendo todas as esferas da sociedade.

Na infância, o núcleo familiar tem fundamental importância para a formação dos hábitos alimentares, à medida que os pais compartilham as primeiras experiências alimentares da criança e, durante toda essa fase, são os provedores e os responsáveis pela organização da dinâmica alimentar da família.

A participação ativa dos pais no processo de formação do hábito alimentar tem se mostrado determinante para a aquisição de práticas saudáveis e para a prevenção de doenças crônicas como a obesidade.

Estratégias que estimulem os pais a realizarem mais frequentemente refeições em família devem considerar dificuldades inerentes à escassez de tempo. Cozinhar e envolver as crianças em alguma etapa da aquisição ou do preparo dos alimentos é uma recomendação simples e que pode trazer resultados mais satisfatórios.

REFERÊNCIAS BIBLIOGRÁFICAS

1. Ministério da Saúde. Cadernos de atenção básica. Saúde da criança: aleitamento materno e alimentação complementar. 2.ed. Brasília: MS; 2015.
2. Hammons AJ, Fiese BH. Is frequency of shared family meals related to the nutritional health of children and adolescents? Pedriatrics 2011;127(6):1565-74.
3. Harrison ME et al. Systematic review of the effects of family meal frequency on psychosocial outcomes in youth. Canadian Family Physician 2015;61(2):e96-e106.
4. Newman SL et al. Family meal frequency and association with household food availability in United States multi-person households: National Health and Nutrition Examination Survey 2007-2010. PloS One 2015:e0144330.
5. Satter, E. Secrets of feeding a healthy family: how to eat, how to raise good eaters, how to cook. Madison: Kelcy Press; 2008. p. 12-45.
6. Weber AP et al. Adesão aos "10 passos da alimentação saudável para crianças" e fatores associados em escolares. Rev Nutr 2015;28(3):289-304.
7. Ministério da Saúde. Secretaria de Atenção à Saúde. Departamento de Atenção Básica. Dez passos para uma alimentação saudável: guia alimentar para crianças menores de dois anos. 2.ed. Brasília: MS; 2013.
8. Monteiro CA, D'Aquino MHB, Konno SC, Silva ACF, Lima ALL, Conde WL. Causas do declínio da desnutrição infantil no Brasil. Rev Saúde Pública 2009;43(1);35-43.
9. Instituto Brasileiro de Geografia e Estatística (IBGE). Pesquisa de Orçamentos Familiares 2008-2009: antropometria e estado nutricional de crianças, adolescentes e adultos no Brasil. IBGE: Rio de Janeiro; 2010.
10. Associação Brasileira para o Estudo da Obesidade (Abeso). Diretrizes Brasileiras de Obesidade. 4.ed. São Paulo; 2016.
11. Flattum C et al. Home Plus: program design and implementation of a family-focused, community-based intervention to promote the frequency and healthfulness of family meals, reduce children's sedentary behavior, and prevent obesity. Int J Behav Nutr Phys Act 2015(12):1.
12. Dwier L, Oh A, Patrick H, Hennessy E. Promoting family meals: a review of existing interventions and opportunities for future research. Adolesc Health Med Ther 2015 (22)6:115-31.

CAPÍTULO 9

Fitoterapia, estética e alimentos com propriedades funcionais

Vanderlí Fátima Marchiori

FITOTERAPIA

Fitoterapia é a ciência que usa as plantas medicinais em suas mais variadas formas para o tratamento de doenças ou condições de desequilíbrio corporais. As plantas possuem fitoquímicos, que são substâncias biologicamente ativas e que têm propriedades específicas para melhorar o metabolismo celular.

As plantas medicinais são usadas desde a Antiguidade com grande eficácia, mas durante um longo período foram descartadas por serem consideradas primitivas e pouco eficientes. Existem registros de uso de plantas com finalidade terapêutica desde o Egito Antigo. Atualmente, pode-se observar que a maioria dos medicamentos tem sua síntese baseada em princípios ativos de plantas. É possível contar com o tratamento e até mesmo a cura de algumas patologias descartando efeitos colaterais e minimizando ou isentando as agressões a outros órgãos.

Há várias maneiras de utilizar plantas. São mais comumente usadas sob a forma de chás, extratos (também chamados de tinturas), temperos, óleos e extratos secos que podem ser encapsulados. É importante ressaltar que cada planta tem uma finalidade específica e que, apesar de terem algumas propriedades há muito tempo conhecidas, é sempre bom checar outras características, as quais podem até prejudicar o paciente, uma vez que os princípios ativos apresentam toxicidade variável (em geral baixíssima quando consumida na forma de chás ou sucos). As plantas potencializam os resultados de um bom plano de educação alimentar, gerando maior credibilidade e diminuindo o tempo de tratamento. Sempre que possível, é interessante sugerir especiarias e temperos específicos para a utilização diária. A intuição do paciente deve ser levada em conta, pois, em geral, cada um busca o aroma ou sabor que lhe falta. Um bom exemplo é o de pessoas com tendências depressivas que relatam gostar do uso de cravo e canela em caldas e frutas. Essas duas plantas são responsáveis pela diminuição da depressão e aumento da autoestima. Na realidade, as plantas têm amplo espectro de ação dependendo sempre da forma e da dosagem utilizada para determinação dos efeitos físicos. As formas mais comuns no Brasil são chás, tinturas, xaropes, óleos, sucos e encapsulados.

Chás

Os chás podem ser preparados de várias maneiras. Cada uma apresenta resultados diferentes quando se avalia a concentração de substâncias biologicamente ativas, que são a essência dos chás terapêuticos.

A decocção é a forma de preparo em que há maior concentração de princípios ativos, embora haja também alta concentração de taninos. Essa técnica prevê a fervura das plantas durante um período mínimo de 5 minutos e máximo de 10 minutos. Após essa fervura, deixa-se em infusão por mais 10 minutos. Em seguida, a preparação é coada e depois está pronta para consumo. A fervura de 5 minutos é indicada para plantas que se apresentam em flores (p. ex., camomila) ou folhas partidas (p. ex., planta-cidreira). Já o tempo superior é indicado para plantas em caule (p. ex., salsaparrilha), raiz (p. ex., gengibre) ou folhas inteiras (p. ex., espinheira-santa).

A infusão caracteriza-se pela adição de água fervente sobre a planta, deixando-se essa mistura coberta por 10 minutos antes da coagem e da ingestão. Essa é a maneira mais eficaz para a liberação de catequinas em plantas, em especial as catequinas do chá verde (*Camelia sinensis*).

A última técnica básica é a maceração, na qual a planta é colocada "de molho" em água fria e deixada em descanso por, no mínimo, 6 horas. O grande problema dessa técnica é que há um enorme risco de contaminação bacteriana, pois a maioria das plantas apresenta alto grau de contaminação em razão da forma de colheita e/ou armazenamento, frequentemente inadequados.

Qualquer que seja a técnica escolhida, há sempre um princípio básico. As plantas utilizadas devem ser de procedência conhecida e, se possível, ter todo seu processo supervisionado por um profissional capacitado, como um farmacêutico ou outro profissional da área da saúde que possa ser responsabilizado pela garantia da qualidade. Não é possível que plantas de origem desconhecida sejam utilizadas, mesmo porque a contaminação de plantas secas por fungos e bactérias patogênicas é bastante frequente, e quando isso ocorre, o resultado não é previsível. Na presença de fungos, o sabor apresenta-se alterado e é possível que haja irritação gastrintestinal após o consumo. Isso nem sempre acontece com a contaminação bacteriana.

Tinturas

As tinturas podem ser divididas em vegetais ou tinturas-mãe. As tinturas vegetais são preparadas em temperatura ambiente pela ação do álcool sobre as plantas. A tintura simples equivale a 1/5 do peso da planta seca, ou seja, do total do peso final da tintura, 20% correspondem ao peso inicial das plantas. As tinturas-mãe são preparações líquidas, nas quais há ação dissolvente do álcool em plantas frescas e/ou estabilizadas. A equivalência nesse caso é de 10% de plantas no total da tintura. As tinturas-mãe são as mais amplamente utilizadas, por serem as mais comercializadas e manipuladas com mais facilidade.

Xaropes

Os xaropes são preparações líquidas resultantes da decocção das plantas. Mais viscosos do que as tinturas, contêm um teor mínimo de 50% de sacarose. Esse alto teor inibe o crescimento de microrganismos na solução, pois a atividade de água apresenta-se extremamente reduzida. É um excelente recurso para tratamento pediátrico e infanto-juvenil, pois o sabor é bastante tolerado por essa faixa etária.

Óleos

Os óleos são um bom recurso para uso externo. Há também o azeite medicinal para uso interno. Em geral, a técnica aplicada para a obtenção do óleo é a maceração a frio. Essa técnica garante sua pureza. Quando é necessário o uso de calor para a extração do óleo, pode ser observado menor grau de pureza e/ou necessidade de filtragem dupla para eliminação de outros componentes extraídos em conjunto. Os óleos aromáticos são amplamente utilizados como forma de tratamento, seja em massagens, aplicações locais ou até mesmo diluídos em banhos de imersão. Qualquer uso externo pode ser classificado como aromaterapêutico.

Sucos vegetais

A principal característica dos sucos vegetais é o forte sabor, que, dependendo da planta, inviabiliza seu consumo dessa forma. Podem ser adicionados estabilizantes, conservantes e/ou aromatizantes, que modificam o sabor. Em geral, são popularmente conhecidos como "garrafadas", cuja comercialização é bastante intensa fora dos grandes centros urbanos.

Encapsulados

Por último, há os genericamente chamados de encapsulados, ou seja, extratos secos das plantas apresentados em cápsulas, comprimidos ou pastilhas. As concentrações divergem, mas são obrigatoriamente informadas na embalagem. Apesar de ser a forma mais prática, há dificuldades em sua administração. A mais importante é que, por haver quantidades fixas em cada cápsula, devem ser muito bem calculadas, levando-se criteriosamente em conta o peso, a condição clínica do paciente e a toxicidade da planta em questão. Outra dificuldade é a enorme variedade de laboratórios produtores e a falta de garantia de qualidade. Pouquíssimos são os que se asseguram da qualidade do processo produtivo e também da composição herbácea utilizada. Infelizmente, não é raro encontrarmos cápsulas com concentrações divergentes do rotulado e divulgado.

É extremamente prudente lembrar que os chás são a forma mais segura de consumo, pois a concentração pode ser calculada com mais acuidade. Além disso, há a indução ao consumo de maior volume de líquidos, o que é bastante benéfico. Chás com finalidade terapêutica devem ter consumo mínimo de sete dias, considerando-se uma ingestão média de 700 mL/dia. Isso não significa que os sinais e sintomas clínicos já não se modifiquem após o segundo dia de ingestão. O Conselho Federal de Nutricionistas assegura o direito de prescrição de plantas medicinais nas mais diversas formas, desde que haja a necessidade de complementação do plano alimentar e não sejam prescritas as plantas listadas pela Agência de Vigilância Sanitária (Anvisa). Além disso, regulamenta a prática da fitoterapia e alerta para a necessidade de conhecimento específico sobre essa ciência, inclusive determinando que haja a necessidade de capacitação formal a partir de 2018 para a prescrição. A lista atual de plantas classificadas pela Anvisa como de prescrição médica exclusiva são: *Actea racemosa* (Cimicifuga), *Hypericum perforatum* (hipérico), *Piper methysticum* (kava kava), *Echinacea purpurea* (equinácea), *Saw palmetto* (palmeira ana), *Gingko billoba* (ginco), *Plantago ovata* (*Psyllium*) e óleo essencial de *Mentha piperita* (hortelã-pimenta) para a síndrome do intestino irritável, *Valeriana officinalis* (valeriana), *Architostaphylus uva ursi* (uva ursi) e *Tanacethum partenium* (tanaceto).

NUTRIÇÃO E ESTÉTICA

Atualmente, as pessoas buscam cada vez mais um padrão de excelência corporal e isso inclui não só o gerenciamento de peso como textura da pele e a solução rápida de algumas intercorrências fisiológicas características de fases de vida, como a acne na adolescência e a celulite quando há uso de contraceptivos orais. A urgência na solução desses quesitos leva o público leigo à procura de terapêuticas milagrosas e/ou imediatistas. Por isso, reunir a ciência da fitoterapia e da nutrição ganha cada vez mais espaço. Na busca por soluções complementares, usar alimentos e plantas medicinais certamente é uma estratégia eficaz, segura e sem dúvida alguma de excelente aceitação. Em contrapartida, o entendimento sobre a melhor estratégia em cada caso particular é a garantia de sucesso tanto do profissional como do paciente. Isso engloba o entendimento ampliado de mudança de comportamento alimentar e de estilo de vida baseado em estudos aprofundados de mecanismos de ação e segurança de cada uma das estratégias usadas.

Hidrolipodistrofia (celulite)

A hidrolipodistrofia (HLD), mais conhecida como celulite, é uma afecção frequente, que atinge preferencialmente mulheres, e é causa de desconforto estético. Os termos utilizados para definir essas alterações do tecido subcutâneo são os mais diversos. É associada ao sexo feminino, dependente de fatores hormonais, nutricionais e vasculares. Pode ser definida como uma alteração patológica da hipoderme (lipodistrofia), com presença de edema (hidro) e com função venolinfática alterada. Adota-se o termo hidrolipodistrofia, que descreve em parte a fisiopatologia, onde ocorre alteração do tecido gorduroso em presença de edema intersticial. É clara a relação com sobrepeso e maus hábitos alimentares, porém observam-se pacientes portadoras de acentuada HLD com peso normal ou mesmo abaixo do normal. É um processo multifatorial cujo principal fator desencadeante é o aumento do tecido gorduroso, regional ou total. Hábitos alimentares inadequados, parada do crescimento, ação estrogênica, uso de contraceptivos, ação de receptores adrenérgicos e sedentarismo iniciam o processo de deposição de gordura principalmente nas regiões-alvo, do quadril e da coxa. Existe, então, um aumento do volume do tecido gorduroso e um processo de expansão volumétrica. Para um mesmo volume de gordura assimilada, indivíduos com menor número de unidades lipocítico-circulatórias (quantidade de lipócitos com seu tecido intersticial e vascularização) terão proporcionalmente maiores expansões. A mulher tem alterações histológicas que favorecem a projeção do tecido gorduroso para a derme, formando irregularidades na pele. A ação hormonal altera a parede venosa, que fica mais suscetível à compressão e consequente transudação. O aparecimento de edema aumenta mais a expansão de volume do tecido, com maior projeção de tecido gorduroso na derme e piora do quadro. A presença de transudato (que é um líquido presente em edemas inflamatórios com pouquíssima quantidade de proteínas em seu conteúdo) no interstício leva a alterações, com proliferação fibrosa e inflamação. A evolução do processo, com grande aumento do tecido lipídico em relação ao citoplasma, e a vascularização arterial levam a uma diminuição circulatória relativa e metabólica, com aparecimento de zonas de temperatura diminuída.

Como a gordura tem papel preponderante, o tratamento deve começar por orientação nutricional, na qual o estímulo a uma alimentação equilibrada e um estilo de vida saudável é priorizado. O aumento da gordura na unidade lipocítico-circulatória desencadeia o problema, dessa forma a correção do volume do tecido gorduroso torna-se necessária.

Considerando, conforme demonstrado nesse estudo, que pacientes com peso normal ou baixo, portadoras de HLD, também apresentam excesso de gordura corporal total, a educação alimentar deve ser praticada também por esses pacientes. Nesses casos, para manter ou mesmo ganhar peso é necessária a execução de exercícios físicos, que compensarão a perda de gordura com ganho de massa muscular. A dieta deve ser individualizada, adequada às necessidades, condições e preferências de cada paciente. Além disso, deve-se lembrar que cada célula do corpo necessita de uma fonte constante de oxigênio para converter o alimento digerido em energia. A queima do oxigênio, entretanto, tem seu preço: libera os radicais livres, moléculas instáveis que danificam as células sadias à medida que a queima vai ocorrendo pelo corpo. O corpo passa a ser mais vulnerável aos danos causados pelos radicais livres e a incidência de doenças degenerativas aumenta. Em outros termos, ocorre o envelhecimento. O envelhecimento celular só aumenta o volume de hidrolipidisclasia, que pode ser entendido como o desequilíbrio entre o número de células de gordura e o volume de água na composição corporal total.

Tratamento dietético

A ingestão de alimentos com propriedades (ou com nutrientes) antioxidantes ajuda a diminuir o efeito dos radicais livres e, aparentemente, retarda o processo do envelhecimento precoce. As frutas e verduras frescas, os peixes, as nozes, os legumes e diversos óleos vegetais são ricas fontes de antioxidantes. Quanto mais coloridas as frutas e verduras, mais garantida a oferta de polifenóis anti-inflamatórios, e assim o resultado é mais eficaz.

O consumo de alimentos que são fontes de ômega 3 como sardinhas, cavalas e sementes de linhaça ou de chia é fundamental, pois o equilíbrio desse nutriente garante a redução de formação de eicosanoides inflamatórios, e também apresenta efeito positivo na redução da resistência à insulina, que é um fator agravante do processo inflamatório já descrito.

A hidratação tem papel fundamental na manutenção da tez da pele. A ingestão de água pura em pequenos volumes e sempre fresca (quase gelada), segundo necessidade individual, é a melhor forma de se hidratar, pois dessa forma a absorção é mais rápida e, consequentemente, melhora a recuperação de perda e o aumento da vascularização periférica.

Tratamento com plantas medicinais

Para o tratamento da celulite, deve-se usar uma terapêutica altamente anti-inflamatória e que também melhore a circulação sanguínea e da linfa. A arnica (*Arnica montana*) é encontrada em flores cujo chá apresenta altos teores de terpenos. Essas substâncias diminuem a formação de exsudato e, portanto, parte de seu poder anti-inflamatório se explica. Além disso, são espasmolíticas, diminuindo sensivelmente as dores em geral, principalmente as decorrentes de pontos inflamatórios isolados. Sua atividade é potencializada na presença da hamamélis (*Hamamelis virginiana*).

As algas, em especial a clorela (*Chlorella pyrenoidosa*), também são adequadas por serem fonte de vários aminoácidos, vitaminas e minerais, com destaque para a vitamina C, B2, além do fósforo, potássio e cálcio. A clorela é extremamente importante na síntese do colágeno. Em sua composição, pode-se ainda destacar a presença de Chlorella Growth Factor (CGF), uma substância biologicamente ativa que, em conjunto com outras, estimula o trabalho do sistema imunológico. Sua apresentação mais comum é em comprimidos prensados, podendo também ser encontrada em pó. A dose recomendada é de 2 g/dia. O consumo de pó em geral é desaconselhado, pois o sabor forte o inibe. Indivíduos mais sensíveis podem apresentar diarreia e, se consumida meia hora antes das refeições principais, reduz o apetite, pois provoca a sensação de plenitude gástrica.

A castanha-da-índia (*Aesculus hippocastanum*), por sua vez, deve ser administrada durante todo o tratamento, com intervalos de consumo mensal e descanso quinzenal. Seu uso deve-se ao fato de que a circulação sanguínea é muito melhor na presença de aescina e aescigenina. Ela aumenta a resistência e o tônus das veias e favorece o retorno sanguíneo.

O alho (*Allium sattivum*) sempre é recomendado, principalmente quando consumido como tempero e cru. A alicina presente em sua composição é amplamente reconhecida como agente bactericida e fungicida. Além dela, há a quercetina, que também atua positivamente na diminuição dos processos inflamatórios. Há ainda uma gama de compostos sulfurados como: aliina, com ação hipotensora e hipoglicemiante; ajoeno (ajocisteína), que atua na prevenção de coágulos, além de ter papel anti-inflamatório, vasodilatador, hipotensor, antibiótico; alicina e tiosulfinatos, que são antibióticos, antifúngicos e antivirais; alil maercaptano e sulfeto dialil, com ação hipocolesterolemiante; s-alil-cisteína e compostos gamaglutâmicos, cujos papéis são hipocolesterolemiantes, antioxidantes, quimioprotetores frente ao câncer. Já os fitoquímicos não sulfurados podem ser: adenosina, cuja ação é vasodilatadora, hipotensora, miorrelaxante; escorodosa com ação cardioprotetora; fração proteica F-4, que é imunoestimulante; saponinas (gitonina F, eurobósido B) com ação hipotensora e antimicrobiana; escordinina, que, além de hipotensora, aumenta a utilização de B1 e é antibacteriana.

O dente de leão (*Taracaxum officinale*) é uma planta com grande poder desintoxicante, pois a taraxacina é um fitoquímico que melhora o funcionamento hepático e, além disso, é também rica em boro, assim como o repolho, a maçã e a salsa. Essa planta é reconhecida por melhorar o intestino sem provocar diarreia e também por aumentar muito a diurese. Pode-se usar também cavalinha e unha de gato. A cavalinha (*Equisetum arvense*) é a planta mais adequada para as mulheres que sentem muita retenção de líquidos e inchaço. A eficácia se dá por ser uma planta anti-inflamatória e altamente diurética, que favorece a saída da linfa com tudo que nosso corpo deseja expulsar. Já a unha de gato (*Uncaria tomentosa*) é utilizada por ser altamente anti-inflamatória. A cavalinha é indicada para astenia, convalescença, anemia, consolidação de fraturas, reumatismo, osteoporose, prevenção da arterosclerose, como diurético, sendo então utilizada nas afecções genitourinárias (cistite, ureterite, uretrite e urolitíase), gota, hipertensão arterial, edemas e sobrepeso acompanhado de retenção de líquidos. A abundância de sais de silício confere propriedades remineralizantes e contribui na manutenção do tecido conjuntivo, estimulando a biossíntese das fibras de colágeno e de elastina pelos fibroblastos, aumentando, dessa forma, a elasticidade dos tecidos. Isso explica seu uso em afecções ósseas como a osteoporose e a consolidação de fraturas, além de processos inflamatórios.

O silício promove numerosas funções no organismo humano. Entre elas, pode-se mencionar o efeito benéfico sobre a síntese do colágeno e seu papel na formação de tecido muscular e ósseo. Mantém também as paredes elásticas das artérias, exercendo uma comprovada ação antiateromatosa contra a deposição lipídica, portanto a cavalinha regulariza a elasticidade e a resistência dos vasos sanguíneos.

128 Nutrição: Visão Atual e do Futuro

Deve-se recordar que o silício contribui para a formação dos glicosaminoglicanos, elementos vitais para o metabolismo e o desenvolvimento dos ossos e cartilagens. Por outro lado, os sais de potássio, abundantes somados à ação da equisetonina, flavonoides e o ácido gálico proporcionam um sinergismo como diurético suave.

Acne

A acne é uma doença de predisposição genética cujas manifestações dependem da presença dos hormônios sexuais (andrógeno e estrógeno). Por essa razão, as lesões começam a surgir na puberdade, época em que esses hormônios começam a ser produzidos pelo organismo, atingindo a maioria dos jovens de ambos os sexos. A doença não atinge apenas adolescentes, podendo persistir na idade adulta e, até mesmo, surgir nessa fase, quadro mais frequente em mulheres. As manifestações da doença (cravos e espinhas) ocorrem em decorrência do aumento da secreção sebácea associada ao estreitamento e à obstrução da abertura do folículo pilossebáceo, dando origem aos comedões abertos (cravos pretos) e fechados (cravos brancos). Essas condições favorecem a proliferação de microrganismos que provocam a inflamação característica das espinhas, sendo o *Propionibacterium acnes* o agente infeccioso mais comumente envolvido.

Além dos fatores ligados às flutuações hormonais, existe outro fator importante que é a disbiose e o consequente aumento da permeabilidade intestinal. Essas alterações intestinais estão ligadas a vários fatores. Os mais comuns são o consumo alto de alimentos ricos em gorduras e açúcares simples; consumo de alimentos alergênicos, estresse fisiológico e emocional; baixa motilidade intestinal com consequente alteração de volume e frequência de evacuações; baixa mastigação, presença de parasitas intestinais e alteração de pH intestinal.

Tratamento dietético

O tratamento da acne sempre deverá ser iniciado pelo tratamento da parede intestinal. No período inicial, o consumo de alimentos industrializados deve ser bastante reduzido, bem como de alimentos com alto potencial alergênico, como os amendoins, leite de vaca e soja. O uso de alimentos e/ou suplementos probióticos também se faz necessário. Para serem eficazes, devem chegar ao sítio de ação em quantidade e integridade suficientes para a ação. A Associação Japonesa de Bebidas Lácteas Ácidas e Leites Fermentados estabeleceu a quantidade mínima de 10^7 bifidobactérias por grama ou mL. Alguns estudos, entretanto, comprovam que efeitos reais só ocorrem em quantidades iguais ou superiores a 10^{10} bífido bactérias por grama ou mL. Isso porque a microbiota de um indivíduo é constituída por 100 trilhões de bactérias ou 5 milhões de bactérias/cm^2, classificada em 100 ou mais diferentes espécies, e esses números representam 1 kg de microrganismos no intestino. Os probióticos são suplementos alimentares de micróbios vivos que beneficiam o animal hospedeiro por meio da melhora do balanço microbiano intestinal. O processo fisiológico no qual os probióticos afetam a flora intestinal é por meio do balanço microecológico intestinal. As espécies de microrganismos usados mais comumente são *Lactobacillus* e *Bifidobacterium*. Os principais efeitos nutricionais e terapêuticos dos probióticos se referem a vários órgãos e sistemas fisiológicos, como explicado a seguir. Um estudo comprovou significativa redução de atividade da betaglucoronidase, da nitrorreductase e azorredutase quando havia suplementação de *Lactobacillus gasseri* em conjunto com *Lactobacillus acidophillus*.

Já os prebióticos foram definidos por Roberfroid[1] como ingredientes alimentares não digeríveis que afetam beneficamente o hospedeiro por meio de estímulo seletivo de crescimento e/ou atividade de um número limitado de bactérias do cólon (crescimento de bactérias amigáveis e sinérgicas). O objetivo do consumo desse grupo de alimentos é que essa estratégia alimentar aumente a produção de ácidos graxos de cadeia curta, haja vista que seu papel intestinal impacta positivamente no metabolismo e na prevenção de doenças. Eles contribuem com a manutenção do pH fecal e, por meio da influência colônica, diminuem os riscos de câncer. Sua administração pode ser feita com alimentos simbióticos, como aqueles ricos em frutooligossacarídeos (FOS), como as frutas, ou pelo consumo de probióticos em forma de pó mais chá verde (*Camelia sinensis*) ou kefir, que é um fermentado de bactérias com leite e/ou açúcar. Eles preservam a integridade intestinal, mediando os efeitos da diarreia. Também é observado um incremento nas concentrações de riboflavina e niacina no iogurte, vitamina B12 no queijo cotage e piridoxina no queijo *cheddar*, após a fermentação.

A liberação de várias enzimas no lúmen intestinal promove um efeito sinergético na digestão, melhorando os sintomas de má absorção. A hidrólise enzimática provocada por esses microrganismos aumenta a biodisponibilidade de proteínas e gorduras e a produção de aminoácidos livres e de ácidos graxos de cadeia curta (ácidos láctico, propiônico e butírico). Essas últimas substâncias, ao serem absorvidas, contribuem para a proteção da mucosa contra alterações patológicas.

Kopp-Hoolihan[2] sugere vários mecanismos de ação dos probióticos:

- Antagoniza patógenos diretamente, por meio da produção de componentes bactericidas, como citoquinas e ácido butírico.
- Reduz o pH intestinal por meio da estimulação de ácido lático, produzindo microflora.
- Compete por locais de ligação e receptores ocupados por patógenos.
- Melhora a função imunológica e estimula as células imunomoduladoras.
- Compete com patógenos por nutrientes disponíveis e outros fatores de crescimento.
- Produz lactase, que auxilia a digestão da lactose.

Tratamento com plantas medicinais

O cardo mariano (*Sylibum marianum*) é uma planta rica em silimarina, que apresenta ação hepatoprotetora, e por isso auxilia na eliminação das toxinas e impurezas, reduzindo a inflamação da pele. As silibinas, que são o grupo que inclui a silimarina, melhoram a ação dos hepatócitos e aumentam a excreção de toxinas, pois aceleram a fase 3 de detoxificação celular. Além disso, também regeneram hepatócitos e por isso garantem um melhor metabolismo de gorduras consumidas e de metais tóxicos (como o alumínio) a serem excretados.

O *red clover*, ou trevo vermelho (*Trifolium pratense*) é uma planta que acelera a eficácia no tratamento que inclui as alterações hormonais que causam as lesões dermatológicas na acne, psoríase e eczemas. Além disso, apresenta expressivo poder antioxidante. A ação principal dessa planta é o equilíbrio de hormônios sexuais, pois ela é rica em fito-hormônios, que são fitoquímicos que agem nos receptores celulares como substitutos de hormônios sexuais, principalmente estrogênio. A ação de fito-hormônios garante que os excessos de estrona e a falta de estrogênio se equilibrem e as manifestações dermatológicas desapareçam gradativamente.

A própolis do *Baccharis dracunculifolia*, que é um tipo de carqueja, apresenta propriedades antissépticas e antimicrobianas de espectro Gram--negativo e positivo, especialmente sobre as bactérias causadoras da acne. Além dessas duas importantes atividades biológicas, a própolis do *Baccharis dracunculifolia* possui ainda intensa e comprovada atividade cicatrizante, anti-inflamatória e antioxidante, de boa absorção cutânea. Por sua ação bactericida, ela garante uma excelente eficácia no tratamento de acne.

Raiz de dente-de-leão (*Taraxacum officinalis*) é o tônico arquétipo do fígado, que ajuda esse órgão vital a desintoxicar e a depurar o sangue. Atua como delicado depurador do sangue para ajudar a curar a acne, coceiras ou pele sensível e outros problemas de pele. Regula os níveis de açúcar no sangue e impede as flutuações de taxa de açúcar induzidas por hormônios. É uma rica fonte de ferro, tornando-se, por isso, um aliado de inestimável valor para mulheres que têm fluxo menstrual muito forte. Sua ação de controle de insulina reduz a lipodistrofia e também o hirsutismo, característicos da síndrome do ovário policístico.

A equinácea (*Echinacea angustifolia*) é usada tradicionalmente como regulador (geralmente um remédio com efeitos desintoxicantes, depuradores e de eliminação) para tratar doenças ou distúrbios de pele, inclusive eczema, psoríase, dermatite alérgica, furúnculos e acne. Esse tipo de equinácea auxilia no controle de toxinas por eliminação via hepatobiliar.

A calêndula (*Calendula Officinalis L*) diminui a vermelhidão da pele. Rica em hiperosídeos, reduz o estresse causado por agressões de temperatura. Regenera a epiderme. É quente e doce e possui calmante. É vital no tratamento de acne. Além de beneficiar a pele, a calêndula também melhora a parede intestinal e a absorção de nutrientes.

A hamamelis (*Hamamelis virginiana*) é uma planta reconhecida por seu papel anti-inflamatório. Rica em azulenos e em lactonas, estimula a circulação periférica. Reduz a lipodistrofia. Atenua a acne. Adstringente e calmante, reduz manchas de pele com o uso tópico.

Queda de cabelo

As causas podem ser bastante variadas e vão desde a genética, com alterações hormonais relacionadas à testosterona, até a anemia e a falta de vitaminas específicas, grande parte do complexo B. Há ainda a queda de cabelo causada por traumas como doenças muito sérias ou tratamentos quimioterápicos. Durante a gestação, algumas mulheres também apresentam queda intensa de cabelos, que se intensifica durante a amamentação e melhora com a reposição de vitaminas e minerais. Nesse caso, o primeiro passo também é tratar a parede intestinal. O tratamento já descrito acima é adequado a esse problema também. Depois de tratado, o intestino deve garantir o consumo bastante variado de verduras, legumes e frutas. Um nutriente importantíssimo é o ferro. A ferritina sérica abaixo de 100 é um dos gatilhos para a queda de cabelos. O consumo adequado de proteínas animais, com preferência por carnes vermelhas magras e ovos, garante a suficiência desse mineral em geral. Há também o consumo via alimento fortificado, que é a farinha de trigo. Se necessária, a suplementação deve ser feita com produtos adequados e em quantidades individualizadas.

Tratamento para queda de cabelo com plantas medicinais

Em uso oral, uma das melhores plantas para tratar a queda de cabelo é a alfafa (*Medicago Sativa*), pois, como é riquíssima em clorofila, ela auxilia na oxigenação das células e também do bulbo capilar, reduzindo, assim, a queda dos fios. Outro excelente recurso é o uso de algas como a *Clorella pyrenoidosa* pela mesma razão.

A bardana (*Arctium lappa*) é uma planta reconhecida por sua atividade anti-inflamatória e desintoxicante.

O uso tópico da seiva da babosa (*Aloe vera*) fortalece o bulbo capilar e reduz expressivamente a queda dos fios.

O extrato da pimenta-de-caiena, ou pimenta dedo-de-moça (*Capsicum anuum*), é rico em capsaicina que, quando adicionada ao xampu, promove o fortalecimento do bulbo capilar e o crescimento de novos fios.

ALIMENTOS COM PROPRIEDADES FUNCIONAIS

É importante definirmos o que significa alimento com propriedades funcionais. Segundo a Anvisa, alimento funcional é aquele que, quando consumido com frequência, age de maneira eficaz na prevenção de doenças ou na melhora de funcionamento de nosso corpo. Um alimento funcional pode ser o alimento *in natura*, com adição, exclusão ou modificação de biodisponibilidade de algum componente. Para que ele seja considerado funcional, há a necessidade de comprovação científica de seus argumentos.

Os alimentos com propriedades funcionais em nada diferem das plantas medicinais, uma vez que os princípios ativos são sempre fitoquímicos com atividade específica e seletiva. Considere-se também o fato de que só haverá eficácia quando os alimentos forem consumidos corretamente e pelo tempo mínimo exigido para sua ação. Segundo Roberfroid,[1] o alimento funcional é o alimento natural, adicionado ou não de algum componente que, quando consumido com frequência, poderá minimizar os riscos de alguma doença e/ou melhorar a função de algum órgão. O uso de plantas medicinais obedece ao mesmo princípio, uma vez que, até mesmo os departamentos de saúde da Alemanha e do Canadá apresentam seus protocolos de tratamento de saúde sem fazer distinção entre alimentos e plantas.

A Anvisa reconhece alguns alimentos como portadores de propriedades funcionais. São eles:

- Probióticos.
- Prebióticos.
- Fibras.
- Ácido graxo – ômega 3.
- Fitoesteróis.
- Carotenoides.

A seguir, serão apresentados cada um deles e a alegação de suas propriedades funcionais.

Probióticos

São reconhecidas as cepas:

- *Lactobacillus acidophilus*.
- *Lactobacillus casei shirota*.
- *Lactobacillus casei* variedade *rhamnosus*.
- *Lactobacillus casei* variedade *defensis*.
- *Lactobacillus paracasei*.

- *Lactococcus lactis.*
- *Bifidobacterium bifidum.*
- *Bifidobacterium animallis* (incluindo a subespécie *B. lactis*).
- *Bifidobacterium longum.*
- *Enterococcus faecium.*

Alegação: contribuem para o equilíbrio da flora intestinal. Seu consumo deve estar associado a uma alimentação equilibrada e hábitos de vida saudáveis.

A quantidade mínima viável para os probióticos deve estar situada na faixa de 10^8 a 10^9 unidades formadoras de colônias (UFC) na recomendação diária do produto pronto para o consumo, conforme indicação do fabricante. Valores menores podem ser aceitos, desde que a empresa comprove sua eficácia.

Prebióticos

São ingredientes alimentares não digeríveis que sofrem a ação de bactérias específicas no cólon, propiciando o aumento dessas bactérias com efeitos benéficos para a saúde.

Frutooligossacarídeos (FOS)
Alegação: os FOS contribuem para o equilíbrio da flora intestinal. Seu consumo deve estar associado a uma alimentação equilibrada e a hábitos de vida saudáveis.

Inulina
Alegação: a inulina contribui para o equilíbrio da flora intestinal. Seu consumo deve estar associado a uma alimentação equilibrada e a hábitos de vida saudáveis.

Fibras alimentares

Alguns exemplos de fibras alimentares são a betaglucana, a dextrina resistente, a goma guar parcialmente hidrolisada, a lactulose, a polidextrose, a quitosana.

Alegação: as fibras alimentares auxiliam o funcionamento do intestino. Seu consumo deve estar associado a uma alimentação equilibrada e a hábitos de vida saudáveis.

Essa alegação pode ser utilizada desde que a porção do produto pronto para consumo forneça no mínimo 3 g de fibras se o alimento for sólido ou 1,5 g de fibras se o alimento for líquido.

Betaglucana
Alegação: a betaglucana (fibra alimentar) auxilia na redução da absorção de colesterol. Seu consumo deve estar associado a uma alimentação equilibrada e a hábitos de vida saudáveis.

Dextrina resistente
Alegação: as fibras alimentares, como é o caso da dextrina resistente, auxiliam o funcionamento do intestino. Seu consumo deve estar associado a uma alimentação equilibrada e a hábitos de vida saudáveis.

Goma guar parcialmente hidrolisada
Alegação: as fibras alimentares, como é o caso da goma guar parcialmente hidrolisada, auxiliam o funcionamento do intestino. Seu consumo deve estar associado a uma alimentação equilibrada e a hábitos de vida saudáveis.

Lactulose
Alegação: a lactulose auxilia o funcionamento do intestino. Seu consumo deve estar associado a uma alimentação equilibrada e a hábitos de vida saudáveis.

Polidextrose
Alegação: as fibras alimentares, como é o caso da polidextrose, auxiliam o funcionamento do intestino. Seu consumo deve estar associado a uma alimentação equilibrada e a hábitos de vida saudáveis.

Quitosana
Alegação: a quitosana auxilia na redução da absorção de gordura e colesterol. Seu consumo deve estar associado a uma alimentação equilibrada e a hábitos de vida saudáveis.

Ômega 3

Alegação: o consumo de ácidos graxos ômega 3 auxilia na manutenção de níveis saudáveis de triglicerídeos, desde que associado a uma alimentação equilibrada e a hábitos de vida saudáveis.

Essa alegação somente deve ser utilizada para os ácidos graxos ômega 3 de cadeia longa provenientes de óleos de peixe (EPA – ácido eicosapentaenoico – e DHA – ácido docosa-hexaenoico). O produto deve apresentar no mínimo 0,1 g de EPA e ou DHA na porção ou em 100 g ou 100 mL do produto pronto para o consumo, caso a porção seja superior a 100 g ou 100 mL.

Proteína de soja

Alegação: o consumo diário de no mínimo 25 g de proteína de soja pode ajudar a reduzir o colesterol. Seu consumo deve estar associado a uma alimentação equilibrada e a hábitos de vida saudáveis.

A quantidade de proteína de soja contida na porção do produto pronto para consumo deve ser declarada no rótulo, próximo à alegação. No caso de produtos nas formas de cápsulas, tabletes, comprimidos e similares, deve-se declarar a quantidade de proteína de soja na recomendação diária do produto pronto para o consumo, conforme indicação do fabricante.

Fitoesteróis

Alegação: os fitoesteróis auxiliam na redução da absorção de colesterol. Seu consumo deve estar associado a uma alimentação equilibrada e a hábitos de vida saudáveis.

Carotenoides: licopeno, luteína, zeaxantina

Licopeno

Alegação: o licopeno tem ação antioxidante, que protege as células contra os radicais livres. Seu consumo deve estar associado a uma alimentação equilibrada e a hábitos de vida saudáveis.

Luteína

Alegação: a luteína tem ação antioxidante, que protege as células contra os radicais livres. Seu consumo deve estar associado a uma alimentação equilibrada e a hábitos de vida saudáveis.

Zeaxantina

Alegação: a zeaxantina tem ação antioxidante, que protege as células contra os radicais livres. Seu consumo deve estar associado a uma alimentação equilibrada e a hábitos de vida saudáveis.

REFERÊNCIAS BIBLIOGRÁFICAS

1. Roberfroid MB. Functional food concept and its application to prebiotics. Dig Liver Dis 2002;34(Suppl.2):105-10.
2. Kopp-Hoolihan L. Prophylactic and therapeutic uses of probiotics: a review. J Am Diet Assoc 2001;101:229-41.

BIBLIOGRAFIA CONSULTADA

1. Agarwal R, Mukhtar H. Cancer chemoprevention by polyphenols in green tea and artichoke. In: American Institute for Cancer Research (org.). Dietary Phytochemicals in Cancer Prevention and Treatment. Boston: Springer; 1996. p. 35-50.
2. Alonso RJ. Tratado de Fitomedicina. 2.ed. Buenos Aires: ISIS Ediciones S.R.L.; 2016.
3. Alves D. Plantas medicinales tóxicas para la gestacion y amamentamiento. Fitociencia 1999;2(3):12-13.
4. Babu PS, Srinivasan K. Hypolipidemic action of curcumin, the active principle of turmeric (Curcuma longa) in streptozotocin induced diabetics rats. Mol Cell Biochem 1997;66(1-2):169-75.
5. Balbach A. A flora nacional na medicina doméstica. 17.ed. São Paulo: A Edificação do Lar; s.d. p. 919.
6. Beck V et al. Comparison of hormonal activity (estrogen, androgen and progestin) of standardized plant extracts for large scale use in hormone replacement therapy. J Steroid Biochem Mol Biol 2003;84:259-268.
7. Bensky D, Gamble A. Chinese herbal medicine: materia medica. Seattle: Eastland Press; 1986.
8. Bisset NG (ed.). Herbal drugs and phytopharmaceuticals. A handbook for practice on scientific bases. Stuttgart: Medpharm; 1994.
9. Blumenthal M et al. The Complete German Commission E Monographs: therapeutic guide to herbal medicines. Boston: American Botanical Council; 1998.
10. Borrás MRL. Plantas da Amazônia: medicinais ou mágicas. Manaus: Valer; 2003.
11. Botsaris AS. Fitoterapia chinesa e plantas brasileiras. São Paulo: Ícone; 1997.
12. Chopra DE, Simon D. O guia Deepak Chopra de ervas: 40 receitas naturais para uma saúde perfeita. Rio de Janeiro: Roca; 1999.

13. Corrêa MP. Dicionário das plantas úteis e exóticas cultivadas. Vol.6 Rio de Janeiro: Editora Imprensa Nacional e Instituto Brasileiro de Desenvolvimento Florestal; 1984.
14. Cunningham S, Cunningham SM, Prance GT. Out of the Amazon. [S.I.]: The Stationery Office/TSO; 1992.
15. Alves DL, Silva CR. Fito-hormônios: abordagem natural da terapia hormonal. São Paulo: Atheneu; 2002.
16. Di Stasi LC et al. Plantas medicinais na Amazônia. São Paulo: Unesp; 1989.
17. Di Stasi LC. Plantas medicinais: ciência e arte. São Paulo: Unesp; 1996.
18. Dreosti IE. Antioxidant poliphenols in tea, cocoa, and wine. Nutrition 2000;16:7-8.
19. Dubick MA, Omaye ST. Modification of atherogenesis and heart disease by grape wine and tea polyphenols. In: Wildman REC. Handbook of nutraceuticals and functional foods. Boca Raton: CRC Press; 2000.
20. Duke JA. Handbook of Medicinal Herbs. Boca Raton: CRC Press; 1985.
21. Eldin S. Fitoterapia na atenção primária à saúde. Barueri: Manole; 2002.
22. Ministério da Saúde. Farmacopeia homeopática brasileira. 3.ed. São Paulo: Andrei; 2011.
23. Furlan MR. Cultivo de plantas medicinais. Cuiabá: Sebrae; 1999.
24. Garcia AA. Vademecum de prescripción: plantas medicinales, fitoterapia. 3.ed. Barcelona: Masson; 1998.
25. Rudolf H, Tyler VE, Schulz V. Fitoterapia racional – um guia de fitoterapia para as ciências da saúde. 3.ed. Barueri: Manole; 2002.
26. Harri L, Matos FJA. Plantas medicinais no Brasil. São Paulo: Instituto Plantarum de Estudos da Flora; 2015.
27. Katiyar SK, Matsui MS, Elmets CA, Mukhtar H. Polyphenolic antioxidant (-)-epigallocatechin-3-gallate from green tea reduces UVB-induced inflammatory responses and infiltration of leukocytes in human skin. Photochem Photobiol 1999;69:148-53.
28. Lewis WH, Elvin-Lewis MPF. Medical botany – plants affecting man's health. Nova York: Wiley-Interscience Publication; 1977.
29. Lorenzi H, Matos FJA. Plantas medicinais no Brasil. Nova Odessa: Instituto Plantarum; 2002.
30. Lorenzi H. Plantas daninhas do Brasil: terrestres, aquáticas, parasitas, tóxicas e medicinais. 2.ed. Nova Odessa: Instituto Plantarum; 1991.
31. Luz Jr. N. Memento terapêutico fitoterápico. Brasília: HFA; 1998.
32. Matos FJA, Glauce SBV, Bandeira MA. Guia fitoterápico. Fortaleza; 2001.
33. Matos FJA. Plantas medicinais: guia de seleção e emprego de plantas medicinais do nordeste do Brasil. Vol.2. Fortaleza: IOCE; 1989.
34. Matos FJA. Farmácias vivas: sistema de utilização de plantas medicinais projetado para pequenas comunidades. 4.ed. Fortaleza: UFC; 2002.
35. Panizza S. Plantas que curam, cheiro de mato. São Paulo: Ibrasa; 2002.
36. Rudder EAMC de. O tratamento através das plantas medicinais – saúde e beleza. Vol. 1 e 2. São Paulo: Rideel.
37. Teske M, Trentini AMM. Herbarium – compêndio de fitoterapia. 4.ed. Curitiba: Herbarium Laboratório Botânico; 2015.
38. Thomson Reuters, Thomson PDR Staff. PDR for Herbal Medicine. 4.ed. Montvale: Thomson Healthcare; 2007.
39. Tyler VE, Brady LR, Robbers JE. Pharmacognosy. 9.ed. Philadelphia: Lea & Febiger; 1988.
40. World Health Organization (WHO). WHO monographs on selected medicinal plants. Vol.1. Malta: World Health Organization; 1999.
41. Yunes RA, Calixto JB. Plantas medicinais sob a ótica da química medicinal moderna. Chapecó: Argos Universitária; 2001.

CAPÍTULO 10

Nutrição hospitalar e ambulatorial

Cristiane Kovacs
Maria Carolina Gonçalves Dias

INTRODUÇÃO

A dificuldade em reconhecer e tratar a desnutrição tem sido relacionada com falta de qualidade no atendimento. Assim, é fundamental que os profissionais da saúde aumentem sua habilidade em reconhecer a desnutrição, com o uso apropriado de triagem nutricional e métodos de avaliação nutricional.[1] Devemos lembrar que desnutrição hospitalar é um problema de saúde pública associada a aumento significativo de morbidade e mortalidade. Infelizmente ela não é reconhecida nem tratada frequentemente em muitos setores de saúde.[1] O Inquérito Brasileiro de Avaliação Nutricional (Ibranutri) demonstrou grande falta de consciência das equipes da saúde quanto à importância do estado nutricional do paciente. Foram avaliados 4.000 doentes, internados nos hospitais da rede pública de 12 estados e do Distrito Federal, e observou-se que quase metade dos doentes (48,1%) encontrava-se desnutrida. Desses pacientes, apenas 18,8% tinham algum tipo de anotação de seu estado nutricional em seus prontuários, dos quais 75% encontravam-se a menos de 50 metros de uma balança. A falta de suplementação nutricional oral foi outro problema observado nesse estudo, pois somente 10,1% dos pacientes desnutridos receberam terapia nutricional enteral. A falta de consciência da equipe de saúde sobre a importância do estado nutricional para a evolução clínica dos pacientes poderia explicar a ausência, em grande parte dos hospitais brasileiros, da valorização do estado nutricional dos doentes.

Em uma revisão sistemática de 66 estudos de avaliação nutricional hospitalar na América Latina, os resultados mostraram prevalência de desnutrição de 40 a 60%, sendo a maior incidência de desnutrição associada com aumento de complicação, tempo de hospitalização e maiores custos associados ao tratamento.[2]

Frente a esse cenário, qual o papel do profissional nutricionista da área hospitalar?

Segundo a Resolução nº 63 e a Portaria nº 343 da Vigilância Sanitária, compete ao nutricionista realizar a triagem e avaliação do estado nutricional do paciente, utilizando indicadores nutricionais subjetivos e objetivos, com base em protocolo pré-estabelecido, de forma a identificar o risco ou a deficiência nutricional.[3,4]

TRIAGEM NUTRICIONAL EM PACIENTES INTERNADOS

É a identificação precoce de pacientes hospitalizados com risco nutricional ou, mais especificamente, em risco de desnutrição, com objetivo de avaliar o risco nutricional inicial de todos os pacientes admitidos nas unidades de internação, pronto atendimento e UTIs para determinar o tipo de intervenção nutricional a ser realizada.[5] Após a triagem, o paciente em risco nutricional deve ser encaminhado para a avaliação do estado nutricional e o planejamento e início da Terapia Nutricional, caso seja necessária.[6] Cada estabelecimento de saúde deve adotar o instrumento que melhor se adequar às características do serviço desde que se utilize um método validado na literatura.

A importância da triagem e avaliação nutricional é reconhecida pelo Ministério da Saúde do Brasil, que tornou obrigatória a implantação de protocolos para pacientes internados pelo SUS como condicionante para remuneração de terapia nutricional enteral e parenteral.

AVALIAÇÃO DO ESTADO NUTRICIONAL

Diante da reconhecida influência do estado nutricional sobre a evolução clínica de pacientes hospitalizados, especialmente cirúrgicos, todo esforço deve ser realizado para reconhecer e identificar precocemente os pacientes com risco nutricional ou desnutrição. Apesar da grande variedade de medidas nutricionais, não se dispõe, até o momento, de um método padrão ouro para a determinação do estado nutricional. Todas as medidas utilizadas na sua avaliação podem ser afetadas pela doença ou pelo trauma. Não há, também, um método sem pelo menos uma limitação importante para a avaliação do estado nutricional.[7]

A avaliação nutricional é um processo sistemático, sendo o primeiro passo da assistência nutricional, e tem como objetivo obter informações adequadas, a fim de identificar problemas ligados à nutrição, sendo constituída de coleta, verificação e interpretação de dados para a tomada de decisões referentes à natureza e à causa de problemas relacionados à nutrição.

Trata-se de um processo dinâmico, feito por meio de comparações entre os dados obtidos e os padrões de referência, que envolve não somente a coleta inicial dos dados, mas também a reavaliação periódica da evolução do estado nutricional do paciente, fornecendo subsídios para o próximo passo, que é o diagnóstico nutricional.

A avaliação nutricional é a base para a intervenção nutricional adequada, um processo rigoroso que inclui o conjunto da história médica, nutricional e medicamentosa, exame físico e dados dietéticos, antropométricos e laboratoriais que levam à definição de um plano terapêutico possível.

O nutricionista deve garantir o registro no prontuário do paciente, datado e assinado pelo profissional responsável pelo atendimento.

A avaliação nutricional do paciente deve ser repetida, no máximo, a cada 10 dias e precede a indicação da terapia nutricional.

ADMISSÃO NUTRICIONAL

O nutricionista se apresenta ao paciente e orienta quanto ao funcionamento do Serviço de Nutrição e Dietética. A seguir, inicia a entrevista nutricional inicial buscando relembrar os fatos que se relacionam com a doença e o paciente com o objetivo de avaliar hábitos alimentares, sintomas e outras variáveis relacionadas com seu estado nutricional e que possam interferir no seu diagnóstico nutricional.[5]

INDICADORES DIETÉTICOS

Os inquéritos dietéticos fornecem informações, tanto qualitativas como quantitativas, a respeito da ingestão alimentar, e são utilizados para avaliar o consumo alimentar de indivíduos e populações em um determinado período de tempo estabelecido previamente.

EXAME FÍSICO

O exame físico combinado com outros componentes da avaliação nutricional oferece uma perspectiva única da evolução do estado nutricional. O exame físico fornece evidências das deficiências nutricionais ou piora funcional que podem afetar o estado nutricional. O exame físico nutricional é realizado de forma sistêmica e progressiva, da cabeça aos pés, com o objetivo de determinar as condições nutricionais do paciente.[5,6]

A inspeção geral proporciona muitas informações úteis, como: a. sinais de depleção nutricional – perda de tecido subcutâneo na face, nos tríceps, nas coxas e cintura; b. perda de massa muscular nos músculos quadríceps e deltoide – lembrando que repouso prolongado leva à atrofia muscular; c. presença de edema em membros inferiores, região sacral e ascite; d. coloração de mucosas: palidez indicativo de anemia, além de avaliação de cabelos, pele, lábios, olhos e língua.[5]

AVALIAÇÃO ANTROPOMÉTRICA

Estimativas da composição do peso corporal são necessárias para determinar e monitorar o estado nutricional. É importante lembrar, no entanto, que nenhum dado isolado pode ser utilizado para determinar ou monitorar o estado nutricional. Isso é melhor realizado integrando-se dados de composição corpórea com avaliações de ingestão de nutrientes, estado clínico, familiar, social e história médica, além dos perfis laboratoriais. Os métodos antropométricos mais utilizados para determinar a composição do peso corporal total são: altura, peso, IMC, pregas cutâneas, circunferência do braço, panturrilha, área muscular do braço, dentre outros.

Entre as vantagens das medidas antropométricas estão: baixo custo, simplicidade de equipamento, facilidade da obtenção dos resultados e confiabilidade no método, desde que executado e interpretado por pessoas experientes.[5,25]

INDICADORES LABORATORIAIS

Os indicadores laboratoriais são utilizados para acompanhar variações metabólicas que reflitam modificações do estado nutricional e de conduta de terapia nutricional.

A solicitação de exames laboratoriais faz parte da prática clínica do nutricionista e está prevista pela Lei Federal 8234/91 em seu artigo 4º, Resolução CFN nº 306/03, Resolução CFN nº 380/05 e Resolução CFN nº 417/08.[8,9,10]

Compete ao nutricionista a solicitação de exames laboratoriais necessários à avaliação, prescrição e evolução nutricional do paciente. A interpretação dos exames laboratoriais deve ser considerada juntamente com outros indicadores diretos e indiretos para obtenção da avaliação nutricional.

O nutricionista, ao solicitar exames laboratoriais, deve avaliar adequadamente os critérios técnicos e científicos de sua conduta, estando ciente de sua responsabilidade frente aos questionamentos técnicos decorrentes. Por meio da interpretação conjunta dos dados disponíveis de avaliação nutricional, pode-se indicar a terapia nutricional a ser utilizada, seja por via oral, enteral ou parenteral.

Cabe lembrar que, em ambiente hospitalar, geralmente é o médico quem solicita os exames laboratoriais.

PRESCRIÇÃO DIETÉTICA

É uma atividade privativa do nutricionista que compõe a assistência prestada que envolve o planejamento dietético, devendo ser elaborada com base nas diretrizes estabelecidas no diagnóstico nutricional, procedimento este que deve ser acompanhado de assinatura e número da inscrição no CRN do nutricionista responsável pela prescrição.

AVALIAÇÃO DA ACEITAÇÃO ALIMENTAR

Existem vários fatores envolvidos na redução da ingestão alimentar durante a internação hospitalar. Dentre eles, podemos citar tempo de jejum, falta de conhecimento em nutrição, ausência de Equipe Multiprofissional de Terapia Nutricional (EMTN), falta de protocolos de triagem nutricional e de indicadores de qualidade de terapia nutricional, além de dietas hospitalares inadequadas.

Destacamos as dietas hospitalares, pois a inadequação da ingestão dietética no ambiente hospitalar piora a prevalência e o grau de desnutrição e é associada com aumento da mortalidade, morbidade e tempo de permanência hospitalar. Como exemplo, temos o estudo de Kandiah et al.[11], que mostrou que alterações na consistência dos alimentos aumenta em três vezes mais o risco de o paciente não comer toda a refeição. A influência da doença e/ou tratamento no consumo incompleto da dieta oferecida foi estudada em 1.707 pacientes internados em hospital-escola. Os resultados mostraram que 70% apresentaram ingestão insuficiente, ou seja, abaixo das recomendações energéticas e/ou proteicas, dos quais 59% não sofreram influência da doença e/ou tratamento. As dietas modificadas foram o principal fator de risco para ingestão insuficiente de calorias; dessa forma, medidas que adequem esse serviço às necessidades e expectativas do paciente colaboram para o aumento da ingestão alimentar e, consequentemente, diminuem o risco de desnutrição. Esse mesmo grupo repetiu o estudo oito anos depois e mostrou que em 1.291 pacientes internados em hospital-escola, o IMC médio foi maior que em 1999 (p < 0,001), dos quais 69% apresentaram ingestão insuficiente, embora sem diferença significativa (69 × 70%, ou seja, aumentou apenas 1%). Diversas melhorias foram implementadas no cardápio dos pacientes, houve alterações nos horários de distribuição e das refeições, além da indicação do uso do suplemento nutricional oral que foi associado com menor risco de desnutrição. Os resultados mostraram que o consumo de um ou mais suplementos nutricionais orais aumentou as necessidades proteicas de 80% a 115% (p <0,001).

A avaliação da aceitação alimentar deve ser feita diariamente, e a dieta oral deverá ser modificada e adaptada às preferências e necessidades do paciente para manter a ingestão adequada de todos os nutrientes. Além disso, deverá ser individualizada, principalmente na presença de transtornos do trato digestório, como diarreia, constipação, náuseas, dentre outros.

DIAGNÓSTICO NUTRICIONAL

O diagnóstico nutricional é realizado para identificar e justificar a necessidade da terapia nutricional que será planejada e instituída de acordo com o resultado obtido. Para realizar o diagnóstico nutricional, o profissional deve utilizar todos os dados para chegar a uma avaliação antropométrica, clínica, dietética e laboratorial.

INTERVENÇÃO NUTRICIONAL

A próxima etapa da sistematização do cuidado de nutrição é a intervenção nutricional.[25] A intervenção nutricional deve ser individualizada para a definição da terapia nutricional, seja ela para uma dieta via oral adaptada com uso de suplemento nutricional oral, indicação de terapia nutricional enteral e ou parenteral, seja para uma combinação de terapias mistas. Muito importantes são a reavaliação dessa intervenção e o seu monitoramento.

CÁLCULO DAS NECESSIDADES NUTRICIONAIS

É o cálculo estimado do gasto energético basal (GEB) e do gasto energético total (GET) por meio de fórmulas específicas para esse fim com o objetivo de determinar o gasto energético e as necessidades proteicas e hídricas do paciente. Pode-se utilizar calorimetria indireta ou equações preditivas e/ou fórmulas de bolso que são mais frequentes na prática clínica. Realiza-se a adequação da prescrição dietética e das condutas nutricionais, considerando os cálculos estimativos das necessidades nutricionais. Mais importante do que o primeiro cálculo das necessidades nutricionais é a sua reavaliação.[5] Temos de lembrar que, para o cálculo das necessidades nutricionais, é preciso considerar a idade, o estado nutricional do indivíduo, a doença de base e o estado metabólico, assim como os sintomas presentes.

VISITA À BEIRA LEITO

Os pacientes devem ser monitorados diariamente com visitas à beira do leito, com investigação da ingestão oral e da tolerância da terapia enteral e ou parenteral, avaliação de sinais e sintomas e exames físico, funcional, clínico e laboratorial.

Essa avaliação diária minuciosa permite ajustes diários na prescrição nutricional, adaptando e prescrevendo a melhor terapia para o paciente nas diferentes fases do tratamento, com consequente melhora clínica e nutricional.

Todos os dados, cálculos e intercorrências referentes à terapia nutricional instituída devem ser diariamente registrados no prontuário do paciente.

DISCUSSÃO DE CASOS EM EQUIPE MULTIPROFISSIONAL

A discussão de casos é um momento muito importante que deve ocorrer entre os membros da equipe multiprofissional para melhor direcionamento da terapia nutricional. Em algumas instituições, essas discussões também ocorrem com os familiares ou cuidadores do paciente, objetivando oferecer mais esclarecimentos e proporcionar a troca de experiências práticas entre todos.

INDICADORES DE QUALIDADE

Os pacientes em terapia nutricional devem ser monitorados rotineiramente, e essa avaliação deve garantir o acesso ao melhor que a terapia pode lhes oferecer, tendo como resultado a recuperação clínica. Uma forma de avaliar o cumprimento de protocolos em terapia nutricional é por meio de controle periódico das ações diárias instituídas. Para isso, é necessária a instituição de indicadores de qualidade em terapia nutricional que controlarão a aplicação adequada das diretrizes recomendadas.

A implementação de indicadores de qualidade em terapia nutricional contribui para a melhora da qualidade da terapia nutricional conduzida pela Equipe Multiprofissional de Terapia Nutricional e, consequentemente, para a redução de custos. Os indicadores de qualidade fornecem informações importantes sobre aspectos da intervenção nutricional que são essenciais para atingir resultados efetivos, sendo fundamental que a seleção de indicadores seja feita com base em evidências científicas.[12]

ORIENTAÇÃO NA ALTA HOSPITALAR

Segundo a Resolução CFN nº 380/2005, são atividades obrigatórias do profissional nutricionista: determinar e dar a alta nutricional, além de avaliar se os objetivos da assistência nutricional foram alcançados; realizar a orientação alimentar e nutricional para pacientes/clientes; manter registros da prescrição dietética e evolução nutricional até a alta em nutrição.[9]

O profissional nutricionista deve programar a orientação nutricional para os pacientes e familiares, conforme conduta estabelecida. Pacientes submetidos a cirurgias grandes do aparelho digestório, por exemplo, podem necessitar de terapia nutricional por meses ou anos e, para obter sucesso, a família e o paciente devem ser orientados por meio de um acompanhamento periódico com o nutricionista. A orientação de alta previne a piora no estado nutricional, bem como o risco de novas internações.

Cabe ao profissional nutricionista avaliar as condições clínicas, nutricionais e socioeconômicas para traçar o melhor plano terapêutico. Durante essa abordagem, deve-se considerar a presença de comorbidades associadas e as sequelas causadas pelo procedimento cirúrgico. A intervenção ambulatorial tem relação direta com o aumento da sobrevida e a melhor reabilitação do paciente ao convívio social.

A Sociedade Britânica de Nutrição Parenteral e Enteral (Bapen) recomenda que os profissionais de saúde orientem os pacientes hospitalizados antes da alta hospitalar principalmente para reduzir o número de reinternações.[13] Estudos mostram que a reinternação hospitalar não planejada dentro de 30 dias após a alta hospitalar é considerada um sinal de não conformidade, ou seja, fora dos padrões de qualidade. A redução das taxas de reinternação tem atraído a atenção das instituições de saúde como forma de melhorar a qualidade do atendimento e reduzir custos.

O período de hospitalização é momento oportuno para que os pacientes e familiares e/ou cuidadores se familiarizem com o tratamento aplicado e com o processo de transição que estão prestes a sofrer. Esse período pode também ser utilizado para o treinamento dos pacientes, familiares e/ou cuidadores. A alta nutricional planejada tem o objetivo de promover o cuidado contínuo do paciente após a hospitalização, garantindo assim a promoção da saúde, a redução de morbidades, e especialmente a redução da frequência de reinternação.

Na orientação de alta hospitalar, nem sempre há contato pessoal dos profissionais da saúde com o ambiente que envolve a vida do paciente, e as estratégias terapêuticas estabelecidas seguem apenas as informações referidas por eles durante a orientação no ambiente hospitalar. É importante considerar isso, pois muitas vezes essas informações não são completas o suficiente para demonstrar aspectos que podem influenciar a adesão à terapia orientada, limitando, assim, a eficiência desse tipo de assistência.[14]

O treinamento sobre procedimentos e técnicas relacionadas deve iniciar-se no ambiente hospitalar e ser monitorada durante o período em que o paciente estiver recebendo a terapia nutricional no domicílio. O paciente e/ou familiar deve receber orientações claras, objetivas e adequadas à sua escolaridade. Assim, a explicação detalhada, a verificação da compreensão e o esclarecimento das dúvidas são fatores fundamentais no processo de adesão à orientação nutricional.[17]

TREINAMENTO DE ESTAGIÁRIOS CURRICULARES E RESIDENTES E OUTROS

Faz parte do trabalho do profissional de nutrição participar do planejamento e da execução de programas de treinamento, estágios para alunos de nutrição, residentes, visitantes e educação continuada para profissionais de saúde, desde que sejam preservadas as atribuições privativas do nutricionista.[25]

INSPEÇÃO DE ROTINAS NAS UNIDADES DE INTERNAÇÃO

Os horários de entregas das refeições devem ser checados, bem como a apresentação das refeições.

Em relação às fórmulas enterais, é necessário verificar se o armazenamento e a distribuição são adequados.

As condições higiênicas sanitárias de copas, equipamentos, utensílios e alimentos também devem ser verificadas.

PARTICIPAÇÃO EM PROTOCOLOS

O profissional de nutrição deve estabelecer e coordenar a elaboração e a execução de protocolos técnicos do serviço, de acordo com as legislações vigentes, bem como realizar e divulgar estudos e pesquisas relacionados à sua área de atuação, promovendo o intercâmbio técnico-científico.[7]

AUDITORIAS DO SISTEMA DE QUALIDADE

O profissional de nutrição deve participar da atualização do Manual da Qualidade, do treinamento dos funcionários envolvidos, bem como das reuniões multiprofissionais para divulgação dos resultados dos indicadores de qualidade de terapia nutricional.[25]

NUTRIÇÃO AMBULATORIAL

O profissional nutricionista com atuação na área clínica, principalmente aqueles com ênfase em nutrição ambulatorial, tem o comprometimento em trabalhar para a implementação de políticas de saúde fundamentadas em evidências científicas visando sempre a alimentação saudável.

Dessa forma, é fundamental o alinhamento com as metas propostas pelos principais órgãos de saúde.

Com a modernização veio a transição nutricional, o sedentarismo e a perda da qualidade de vida e da alimentação saudável. Como consequência, a nutrição ambulatorial ganhou espaço, e houve uma valorização do nutricionista como parte da equipe multiprofissional que cuida do paciente.[18,19]

No âmbito ambulatorial, o atendimento nutricional é aquele destinado a assistir indivíduos que estão fora do ambiente hospitalar, com acompanhamento periódico ou não, sob cuidados preventivos e/ou curativos. O principal objetivo é individualizar o atendimento, suprindo as necessidades e especificidades do paciente. Os principais locais da atuação da nutrição ambulatorial são: hospitais, clínicas, asilos, creches, escolas e empresas.

Para o atendimento nutricional ambulatorial, o nutricionista necessita de capacitação técnica, pois a demanda de contextos abordados durante a consulta é de diferentes aspectos, entre eles, culturais, sociais e emocionais.

Para um bom relacionamento e envolvimento do paciente no tratamento, o nutricionista deverá estar apto para lidar com essas demandas, pois elas podem interferir nas escolhas alimentares e na tomada de decisão durante o tratamento.[19,20]

A consulta de nutrição tem por finalidade a avaliação nutricional que é um conjunto de parâmetros dietéticos, antropométricos, laboratoriais e clínicos que permitem conhecer o estado nutricional de um indivíduo e planejar a intervenção nutricional.[21]

A entrevista e o registro de informações coletados na anamnese alimentar aplicada na consulta ambulatorial deve compreender os seguintes aspectos[22]:

- Demográficos, sociais e econômicos: gênero, escolaridade, estado civil, naturalidade/nacionalidade, raça/cor, religião, configuração familiar, cultura, trabalho e fontes de renda;
- Clínicos: antecedentes pessoais e familiares, presença de sinais físicos associados à nutrição inadequada, queixas, função gastrointestinal, uso de medicamentos, suplementos ou fitoterápicos (e seus efeitos adversos);

- Estilo de vida: tabagismo, etilismo, sono, atividade física e atividades de lazer;
- Antropométricos: medidas de peso, estatura, dobras e circunferências;
- Laboratoriais: exames bioquímicos necessários à avaliação, prescrição e evolução nutricional;
- Dietéticos: apetite, alterações de paladar, hidratação, preferências e aversões, alergias ou intolerâncias alimentares, e consumo alimentar.

Após a coleta de informações, o nutricionista poderá buscar ferramentas e/ou planos de ação para a reeducação alimentar, proporcionar uma rotina alimentar mais prática e sustentável e definir um plano nutricional específico. O acompanhamento poderá ser individual ou em grupos.

A intervenção nutricional educativa em grupo é uma ferramenta de ensino-aprendizagem bastante efetiva no acompanhamento ambulatorial. O nutricionista necessitará de maturidade psicológica, prática clínica e treinamento prévio; com isso, estará preparado para identificar as possibilidades e os limites do paciente na adoção de práticas alimentares saudáveis.[23]

A educação nutricional é uma ferramenta didática e poderá também ser aplicada durante as consultas individuais. O resultado dessa prática educativa será rápido, e na medida em que o paciente adquire conhecimento e compreensão sobre os aspectos nutricionais, torna mais efetiva a possibilidade de adesão e sustentabilidade do plano alimentar proposto.[24]

O nutricionista que atuar em nutrição ambulatorial, como em toda ciência, deve buscar constante atualização científica, não ser afetado por modismos sem evidências e agir com ética profissional. E assim obterá o sucesso profissional.

PERSPECTIVAS FUTURAS

Os avanços da nutrição no campo da nutrigenômica, nutrigenética e epigenética como meios para alcançar o potencial da nutrição, bem como manter a saúde e prevenção das doenças, têm sido cada vez mais elucidados, como detalhado no capítulo 18 deste livro, "Genômica Nutricional". Está cada vez mais próxima essa aplicação à prática clínica no ambiente hospitalar e ambulatorial.

REFERÊNCIAS BIBLIOGRÁFICAS

1. Jensen GL, Hsiao PY, Wheeler D. Nutrition screening and assessment. In: Mueller CM (ed.). The A.S.P.E.N. adult nutrition core curriculum. 2.ed. Silver Spring: A.S.P.E.N.; 2012. p.155-169.
2. Correia MI, Perman MI, Waitzberg D. Hospital malnutrition in Latin America: A systematic review. Clin Nutr 2016;36(4):958-967.
3. Brasil. Ministério da Saúde. Agência Nacional de Vigilância Sanitária. Regulamento n. 63 de 6 de julho de 2000. Aprova o regulamento técnico para fixar os requisitos mínimos exigidos para a terapia nutricional enteral. Brasília: Diário Oficial da União; 6 jul. 2000. Disponível em: http://www.sbnpe.com.br/resolucao-da-diretoria-colegiada-rdc-no-63-de-06-de-julho-de-2000. Acesso em: 21 jan. 2017.
4. Brasil. Ministério da Saúde. GM. Portaria n. 343 de 7 de março de 2005. Institui no âmbito do SUS mecanismos para implantação da Assistência de alta complexidade em terapia nutricional. Brasília: Diário Oficial da União; 7 mar. 2005. Disponível em: http://dtr2001.saude.gov.br/sas/portarias/port2005/GM/GM-343.htm. Acesso em: 17 jan. 2017.
5. Dias MCG, Catalani LA, Silva AC et al. Nutrição. In: Waitzberg DL, Dias MCG, Isosaki M. Manual de boas práticas em terapia nutricional enteral e parenteral do HCF-MUSP. 2.ed. São Paulo: Atheneu; 2015.
6. Dias MCG, van Aanholt DPJ, Catalani LA, Rey JSF, Gonzales MC, Coppini L et al. Triagem e avaliação do estado nutricional: Projeto Diretrizes da Sociedade Brasileira de Nutrição Parenteral e Enteral, 2011. Disponível em: http://www.sbnpe.com.br. Acesso em: 12 dez. 2017.
7. Hammond MI, Myers EF, Trostler N. Nutrition Care process and model: an academic and practice odyssey. J Acad Nutr Diet. 2014 Dez;114(12):1879-94.
8. Brasil. Resolução CFN n. 306/2003. Dispõe sobre solicitação de exames laboratoriais na área de nutrição clínica, revoga a resolução CFN n. 236, de 2000 e dá outras providências. Conselho Federal de Nutricionistas. Disponível em: http://www.cfn.org.br/novosite/pdf/res/2000_2004/res306.pdf. Acesso em: 12 dez. 2017.
9. Brasil. Resolução CFN n. 380/2005. Dispõe sobre a definição das áreas de atuação do nutricionista e suas atribuições, estabelece parâmetros numéricos de referência por área de atuação e dá outras providências. Brasília: Diário Oficial da União; Seção 1, 10 jan. 2006.
10. Brasil. Resolução CFN n. 417, de 18 de março de 2008. Dispõe sobre procedimentos nutricionais para atuação dos nutricionistas e dá outras providências. Conselho Federal de Nutricionistas. Disponível em: http://www.cfn.org.br/novosite/pdf/res/2008/res417.pdf. Acesso em: 12 dez. 2017.
11. Kandiah J, Stinnett L, Lutton D. Visual plate waste in hospitalized patients: length of stay and diet order. J Am Diet Assoc 2006 Out;106(10):1663-6.
12. Waitzberg DL, Evazian D. Qualidade em terapia nutricional. In: Waitzberg DL, Dias MCG, Isosaki M. Manual de boas práticas em terapia nutricional enteral e parenteral do HCFMUSP. 2.ed. São Paulo: Atheneu; 2015.
13. Elia M. Enteral and parenteral nutrition in the community. A report by a working party of the British Association for Parenteral and Enteral Nutrition. Maidenhead: BAPEN; 1994.
14. Dias MCG. Orientação dietética ambulatorial. In: Waitzberg, DL. Nutrição oral, enteral e parenteral na prática clínica. 4.ed. São Paulo: Atheneu, 2009. p. 619-29.

Capítulo 10 Nutrição hospitalar e ambulatorial **153**

15. Delval M, Duval V. Éducation dês familles et de l'enfant em nutrition artificielle à domicile. Nutrition Clinique et Métabolisme 2005;19:265-8.

16. Van Aanholt DPJ, Dias MCG, Marin MLM, Silva MFB, Cruz MELF et al. Terapia nutricional domiciliar. Projeto Diretrizes da Sociedade Brasileira de Nutrição Parenteral e Enteral. 2011. Disponível em: www.sbnpe.com.br. Acesso em: 12 dez. 2017.

17. Dias MCG. Terapia nutricional domiciliar. In: Yamaguchi AM, Taniguchi KTH, Andrade L, Bricola SAC, Jacob Filho W, Martins MA. Assistência domiciliar: uma proposta interdisciplinar. Barueri: Manole; 2010.

18. Souza AG, Magnoni D, Kovacs C, Santos MJ. Ciências da Saúde no Instituto Dante Pazzanese de Cardiologia. Volume Nutrição. São Paulo: Atheneu; 2013.

19. Garcia EM. Atendimento sistematizado em nutrição. São Paulo: Atheneu; 2002.

20. Ramalho RA, Saunders C. O papel da educação nutricional no combate às carências nutricionais. Rev Nutr Campinas 2000 jan/abr;13(1):11-16.

21. American Society for Parenteral and Enteral Nutrition (ASPEN). Clinical guidelines: nutrition screenning, assessment, and intervention in adults. J Parenter Enteral Nutr 2011;35(1):16-24.

22. Magnoni D, Stefanuto A, Kovacs C. Nutrição ambulatorial em cardiologia. Vol.1. São Paulo: Sarvier; 2006.

23. Isosaki M, Cardoso E, Oliveira de A. Manual de dietoterapia e avaliação nutricional. 2.ed. São Paulo: Atheneu; 2009.

24. Cuppari L. Guias de medicina ambulatorial e hospitalar: nutrição clínica no adulto. 2.ed. Barueri: Manole; 2005.

25. Fidelix MSP (org.). Manual orientativo: sistematização do cuidado de nutrição. São Paulo: Associação Brasileira de Nutrição; 2014.

CAPÍTULO 11

Nutrição esportiva

Andrea Zaccaro de Barros
Sueli Longo

INTRODUÇÃO

A nutrição esportiva configura-se como uma área abrangente para a atuação do profissional nutricionista. Se considerarmos a importância do exercício físico associado a uma alimentação saudável para a saúde da população, conseguiremos visualizar o potencial da área na prevenção primária e secundária. Da mesma forma, se analisarmos o papel da alimentação no desempenho esportivo, constataremos que a área tem muito a contribuir com a preparação dos atletas nas diversas modalidades esportivas.

AVALIAÇÃO NUTRICIONAL[1]

A avaliação pré-participação esportiva é uma medida recomendada a todos os indivíduos antes que seja iniciada a prática de exercício físico e esporte. Seu principal objetivo é investigar a condição de saúde do indivíduo, prevenindo complicações que possam advir de doenças de base não diagnosticadas.

O caráter interprofissional da avaliação pré-participação esportiva permite o estabelecimento de uma visão global da saúde do indivíduo e o planejamento integrado de ações que possam contribuir com a evolução do quadro, tanto no melhor desempenho de saúde quanto no esportivo.

Nesse contexto, as informações a serem coletadas pelo nutricionista têm por objetivo compreender o histórico nutricional e esportivo do indivíduo. Temos de ter em mente que o praticante de exercício físico e esporte é, em sua essência, um ser humano que requer uma investigação similar à preconizada a todos. Sendo assim, temos de realizar um histórico minucioso para que possamos avaliar a condição de saúde do indivíduo, bem como os fatores de risco existentes.

Lembrando que o diagnóstico clínico é estabelecido pela equipe médica, nossa abordagem tem por objetivo coletar as informações previamente diagnosticadas e que venham interferir em nossa prescrição nutricional. Exames laboratoriais de rotina são importantes para avaliarmos indicadores de estado nutricional, assim como alterações que justifiquem adequações no planejamento alimentar.

As técnicas atuais para avaliação antropométrica e de composição corporal dos praticantes de exercício físico e esporte seguem os mesmos protocolos existentes para a população em geral. A diferença recai sobre parâmetros para interpretação dos resultados obtidos.

É importante destacar que algumas modalidades esportivas possuem equações específicas para estimativa da composição corporal dos atletas. Da mesma forma, os valores de referência para composição corporal variam de acordo com o esporte e a posição do atleta na equipe.

Para a avaliação do consumo alimentar são utilizados os mesmos inquéritos alimentares validados para a população em geral. Compete ao nutricionista identificar o método mais adequado para cada indivíduo.

Incluir na avaliação do consumo alimentar o questionamento sobre o uso de suplementos nutricionais (princípio ativo, marca, dosagem, diluição, horário e frequência de consumo), assim como as medidas de hidratação adotadas constitui prática fundamental do nutricionista que atua em nutrição no exercício físico e esporte.

As informações referentes às características do treinamento são fundamentais para análise e posterior adequação do consumo de energia e nutrientes. Dados referentes a frequência, intensidade e duração dos treinos precisam ser explorados e mapeados minuciosamente. Na rotina dos atletas, é comum haver mais de um treino ao dia, com características distintas e intervalos entre eles para descanso.

O calendário esportivo traçado no início da temporada estipula objetivos específicos para cada etapa, e os treinamentos variam de forma a atingir tais metas. A oferta de energia e nutrientes deve atender a cada etapa de acordo com sua especificidade.

Outro dado a ser considerado no que diz respeito ao calendário esportivo são as competições. Datas e locais dos jogos/provas precisam ser analisados com atenção para que se programe a alimentação e hidratação na viagem, caso a competição ocorra em outra cidade, estado ou país.

RECOMENDAÇÕES NUTRICIONAIS

Os cálculos nutricionais referentes ao consumo alimentar e a posterior comparação com as recomendações nutricionais vigentes resultam na determinação da porcentagem de adequação de energia e nutrientes ingeridos.

O diagnóstico nutricional constitui ponto de partida para o estabelecimento da conduta nutricional a ser adotada.

Energia

Os métodos diretos são considerados a forma mais assertiva de definição da necessidade de energia diária, no entanto, seu elevado custo faz com que os métodos indiretos sejam mais utilizados.

As *Dietary Reference Intakes* (DRI) são indicadas para a avaliação e o planejamento da ingestão de energia e nutrientes por um indivíduo ou um grupo de indivíduos.

As *Estimated Energy Requirements* (EER) são desenvolvidas a partir de estudos que avaliam o gasto energético total medido pela técnica da água duplamente marcada e estabelecida por análise de regressão, segundo estágio da vida e sexo. Informações quanto a peso, altura e nível de atividade física também foram incluídas na equação.[1,2]

O American College of Sports Medicine (ACSM) sugere, para estimativa do gasto total de energia (*Total Energy Expenditure* – TEE), a utilização das equações Cunningham ou Harris-Benedict com a aplicação do correto fator atividade.[3]

Para quantificar a intensidade da atividade física, utiliza-se o equivalente metabólico (MET). Um MET equivale à energia que um indivíduo necessita para se manter em repouso (múltiplo da taxa metabólica basal). Quando se exprime o gasto de energia em METs, representa-se o número de vezes pelo qual o metabolismo de repouso foi multiplicado durante uma atividade.

A oferta adequada de energia garante a execução e a recuperação do treinamento, contribuindo para o rendimento esportivo.

Macronutrientes

Carboidrato

Sabe-se que este macronutriente é o mais importante em relação à melhora do rendimento esportivo e na adaptação do treinamento, sendo o principal substrato para o trabalho muscular, bem como fonte primária de energia para o sistema nervoso central e as células de transporte. A reserva corporal de carboidrato é relativamente limitada, no entanto, pode ser manipulada de acordo com o plano alimentar ou mesmo durante uma sessão de exercício físico.[1-3]

No que diz respeito aos diferentes tipos de carboidratos, muitas são as formas de classificá-los. Assim, além do tamanho e ramificação de sua cadeia carbônica, considerar a parte digerível e não digerível (fibras) auxilia na escolha dos diversos alimentos fonte de carboidrato, uma vez que, antes da prática esportiva, o consumo excessivo de fibras pode ser um inconveniente para realizar alguns tipos de esporte, tais como corrida, natação, musculação, entre outros. Uma quantidade elevada de fibras em uma refeição pode, por exemplo, retardar a disponibilidade de energia para o evento.

São diversos os fatores que afetam a velocidade de absorção; dentre eles, destacam-se a cadeia carbônica, conforme citado anteriormente, seu consumo isolado ou combinado com outros nutrientes (proteína e gordura) e a quantidade de fibras.

Nesse sentido, o nutricionista tem como ferramenta o uso de dois importantes conceitos para selecionar as diferentes fontes de carboidrato: o índice glicêmico e a carga glicêmica. No entanto, estes são conceitos que causam confusão no público geral, mas se referem a velocidade e quantidade absorvida após uma refeição, respectivamente.

A variedade de tipos de carboidratos da dieta faz com que a estratégia nutricional seja baseada em preferências alimentares, velocidade de absorção, metabolização e necessidade diária ou imediata. Diante disso,

158 Nutrição: Visão Atual e do Futuro

Tabela 11.1. Recomendação diária de carboidratos segundo intensidade do exercício – 2017

Intensidade	Tipo de atividade	Carboidratos
Leve	<1h/dia ou atividades baseadas em habilidade	3-5 g/kg/dia
Moderada	1 h/dia	5-7 g/kg/dia
Alta	1 a 3h/dia de moderada a alta intensidade	6-10 g/kg/dia
Muito alta	>4-5 h/dia	8-12 g/kg/dia

Fonte: Travis, Erdman e Burke.[6]

Tabela 11.2. Estratégias para manipulação de carboidratos antes e durante os exercícios

	Tipo de exercício	Duração	Carboidratos
	Curta duração	< 90min	3-5 g/kg/dia
Antes	Contínuo ou intermitente	> 90min	5-7 g/kg/dia (por 36-48h)
	Pré-exercício	> 60 min	1-4 g/kg/dia (1-4h antes do exercício)
	Curta duração	< 45 min	Não há necessidade
Durante	Contínuo de alta intensidade	45-75 min	Pequenas quantidades de enxágue bucal (contendo mistura de glicose + frutose)
	Resistência contínua e intermitente	1-2,5h	30-60 g/h
	Ultrarresistência	2,5-3h	Até 90 g/h (diversas fontes)

Fonte: Travis, Erdman e Burke.[6]

as recomendações de carboidrato devem ser individualizadas, considerando as atividades realizadas ao longo do dia, o tipo, a rotina de treinos, a intensidade e o volume de exercícios, e, por fim, o momento ideal considerando o local para as refeições e as preferências alimentares.[4]

Embora haja rumores sobre as possíveis vantagens do baixo consumo de carboidratos durante o dia, antes, durante ou após a realização do treino com intuito de melhorar o desempenho esportivo em modalidades de longa duração (corridas, ciclismo, esportes intermitentes etc.), ainda não se sabe ao certo sobre os benefícios ou malefícios desse tipo de intervenção nutricional.[3-5]

Proteína

Fonte principal de todo material celular, a proteína é fundamental para o crescimento e a manutenção de todos os tecidos corporais, desde a recuperação da musculatura esquelética após a prática esportiva, a manutenção do sistema de defesa até o transporte de diversas substâncias no organismo, além de possuir outras várias funções importantes. Encontrada em fontes vegetais ou animais, a proteína deve ter seu consumo ajustado de acordo com a massa corporal e a intensidade da prática esportiva, a fim de suprir as necessidades diárias aumentadas e maximizar a adaptação metabólica do treinamento.

As recomendações nutricionais para praticantes de exercício físico e esporte indicam que a ingestão proteica necessária para suportar adaptações metabólicas, reparação e remodelação tecidual varia de 1,2 a 2,0 g/kg/d.[3] Dados sugerem que em situações de restrição de energia ou súbita inatividade, como em casos de lesão, a ingestão elevada de proteína, como 2,0 g/kg/d ou quantidades superiores distribuídas ao longo do dia, pode ser vantajosa na prevenção da perda de massa magra.[7]

Para a distribuição do volume total de proteína no plano alimentar ao longo do dia, pesquisas recentes mostram que as adaptações musculares podem ser maximizadas com a ingestão de aproximadamente 0,25 a 0,3g/kg de massa corporal após as sessões do treinamento e a cada 3-5 horas por meio de múltiplas refeições.[8] Tais quantidades são ajustadas principalmente para proteínas de alto valor biológico, provenientes de fonte animal. Não se sabe ao certo a necessidade proteica por refeição quando consumidas proteínas advindas de fonte vegetal, no entanto, acredita-se que seja necessário aumentar o consumo desses alimentos.

O consumo de energia adequado, sobretudo proveniente dos carboidratos, é importante para que a proteína consumida seja utilizada principalmente para construção dos tecidos, manutenção e aumento de massa muscular.

Por fim, sabe-se que o baixo consumo de proteínas está diretamente relacionado com maiores riscos de lesões, gripes e resfriados, dores e fraqueza musculares. Já o consumo acima do recomendado pode, a longo

160 Nutrição: Visão Atual e do Futuro

prazo, favorecer o trabalho excessivo de vias de eliminação de restos metabólicos, tais como fígado e rins.

Lipídios

Os lipídios são componentes fundamentais para uma dieta saudável; fornecem energia, são essenciais para membranas celulares e facilitam a absorção de vitaminas lipossolúveis.

Indivíduos que praticam exercícios físicos tendem a consumir uma quantidade maior de carboidratos e proteínas, o que justifica o menor consumo de lipídios. O consumo desse macronutriente deve estar em conformidade com as diretrizes de saúde pública e as recomendações para a população geral, situando-se entre 20 e 35% do valor energético total. Consumo inferior à recomendação requer monitoramento em função da baixa oferta de ácidos graxos essenciais e interferência na absorção de vitaminas lipossolúveis. De forma geral, a não ser que exista alguma doença associada, deve ser desencorajado o consumo inferior a 20% da necessidade total de energia.[2]

Dietas com baixos níveis de carboidratos e altas taxas de lipídios demonstraram, em alguns casos particulares, algum benefício ou, pelo menos, a ausência de desvantagens para o desempenho em protocolos específicos para o alto rendimento.[9]

Micronutrientes

Vitaminas e minerais

Ao pensarmos nos alimentos como fonte primária de energia e nutrientes, torna-se simples compreender que a forma como organizamos o padrão alimentar corresponde à adequação ou inadequação destes.

Partindo do pressuposto de que os alimentos foram organizados adequadamente e, portanto, energia e nutrientes são obtidos de forma a garantir a necessidade nutricional, não há obrigatoriedade de complementar a alimentação habitual com suplementos nutricionais.

Essa forma de raciocínio é a base para pensarmos a construção de um padrão alimentar adequado para praticantes de exercício físico e esporte, ou seja, os alimentos são organizados de forma a atender às necessidades nutricionais visando à saúde e ao rendimento esportivo. A sinergia existente entre estes nutrientes dentro de um mesmo alimento e na associação entre estes garante a melhor biodisponibilidade.

Vitaminas, minerais e compostos bioativos possuem inúmeras funções no organismo, sendo a inadequação na sua oferta a responsável por diversas carências nutricionais que comprometem a saúde e o rendimento esportivo.[1] A adequada oferta desses nutrientes é obtida pelo consumo de legumes, verduras e frutas em quantidade a ser definida de acordo com a faixa etária e o sexo.

A organização dos alimentos deve garantir a oferta adequada de energia acompanhada pelo equilíbrio na ingestão de vitaminas, minerais e compostos bioativos. Somente em situações em que a oferta de energia é inferior à necessidade nutricional existe risco de carências nutricionais.

Suplementos nutricionais

A Agência Nacional de Vigilância Sanitária, por meio da RDC nº 18, de 27 de abril de 2010,[10] estabeleceu o regulamento técnico sobre alimentos para atletas, o qual se aplica aos alimentos especialmente formulados para auxiliá-los a atender suas necessidades nutricionais específicas e ajudar no desempenho do exercício.

No que diz respeito à classificação, os suplementos nutricionais foram divididos em seis grupos, tendo cada grupo a designação e os requisitos de composição e de rotulagem estabelecidos:

- Suplemento hidroeletrolítico para atletas.
- Suplemento energético para atletas.
- Suplemento proteico para atletas.
- Suplemento para substituição parcial de refeições de atletas.
- Suplemento de creatina para atletas.
- Suplemento de cafeína para atletas.

A prescrição do suplemento nutricional é prática exclusiva do nutricionista e leva em consideração o padrão alimentar sugerido ao praticante de exercício físico e esporte.

As especificidades das modalidades esportivas deverão ser levadas em consideração em caso de necessidade de suplementação nutricional. Um dos fatores a ser pontuado na decisão relaciona-se à seguridade do suplemento no que diz respeito à ausência de substâncias consideradas como *doping*.

NUTRIÇÃO PARA ATLETAS DE ALTO RENDIMENTO

Nutrir um atleta é ajustar as necessidades básicas em relação a calorias e nutrientes, e considerar o estresse das seguidas horas de treinos intensos ao qual são impostos. Atleta, por definição, é o indivíduo que pratica exercício físico de alta intensidade com o objetivo de rendimento esportivo ou competição. Excluem-se dessa definição os indivíduos que praticam exercício físico de forma regular ou esporádica com objetivo de promoção da saúde, recreação, estética, aptidão física, condicionamento físico, inserção social, desenvolvimento de habilidades motoras ou reabilitação orgânico-funcional.[10]

Além da carga de treino, outros fatores que podem influenciar nas necessidades energéticas do atleta incluem a exposição ao frio ou calor, estresse, exposição a altas altitudes, lesões físicas existentes, drogas específicas ou medicamentos (por exemplo, cafeína e nicotina), aumento da massa magra e eventualmente a fase lútea do ciclo menstrual.

Nesse sentido, o gasto energético total (GET) representa a somatória da taxa metabólica basal, o efeito térmico dos alimentos e o gasto energético oriundo das atividades realizadas ao longo do dia.

Em atletas, a taxa metabólica basal representa cerca de 38 a 47% do GET, diferentemente do que ocorre em sujeitos sedentários, nos quais a taxa metabólica basal representa de 60 a 80%. Assim, ajustar as necessidades energéticas dos atletas por meio da alimentação é fundamental.[3]

O consumo energético insuficiente compromete a saúde e o desempenho esportivo por promover alterações na função menstrual, endócrina, metabólica, hematológica, saúde óssea, redução do crescimento e desenvolvimento, alterações psicológicas, cardiovasculares, gastrointestinais e imunossupressão. Os efeitos no desempenho esportivo incluem diminuição da resistência, aumento do risco de lesão, diminuição da resposta ao treinamento, diminuição da coordenação, concentração, irritabilidade, depressão e redução do estoque de glicogênio e da força muscular.

A proposta de análise da *Energy Availability* (EA)[3] vem sendo utilizada para o auxílio na determinação do limite de calorias a serem ingeridas, principalmente em condições de perda de peso acentuada, a fim de diminuir os efeitos deletérios dessa restrição.

$$EA = (EI - EEE)/FFM$$

Em que:

EA = *energy availability* (energia disponível)

EI = *energy intake* (energia ingerida)

EEE = *energy expenditure from exercise* (dispêndio energético pelo exercício)

FFM = *free fat mass* (massa livre de gordura)

Dados sugerem que valores de EA acima de 45 kcal/kg de FFM/dia estão associados com adequado balanço energético e manutenção da saúde. Valores de EA inferiores a 30 kcal/kg de FFM/dia estão relacionados com prejuízo a diferentes funções corporais.

Em relação à distribuição de macronutrientes, o ajuste no consumo de carboidrato é fundamental, uma vez que existem evidências de que a performance nos exercícios prolongados ou intermitentes de alta intensidade é beneficiada pela estratégia de manter carboidrato disponível. A depleção das reservas de carboidratos está associada à fadiga, na forma de redução da taxa de trabalho, diminuição de performance e aumento de percepção de esforço.

O consumo de proteína deve ser diretamente relacionado com a massa corporal e o desgaste promovido pelo exercício físico. As estratégias são traçadas conforme o plano/fases de treinamento, mantendo a faixa de recomendação entre 1,2g e 2,0g/kg/dia com distribuição de 0,25 a 0,3g/kg por refeição, disponibilizando aminoácidos ao longo das 24 horas do dia, estimulando assim a síntese proteica.[3-5,7,8]

A oferta de lipídios para atletas deve ser mantida com cuidados em situações específicas como dieta pré-evento ou em estratégias de sobrecarga de carboidratos (consumo de grandes volumes de carboidrato 2 a 3 dias antes da competição).

Altas concentrações de lipídios em detrimento do percentual de carboidratos no plano alimentar demonstraram, em casos particulares, alguns benefícios e aumento do desempenho esportivo ou, pelo menos, a ausência de desvantagens para o desempenho. Entretanto, para os atletas competitivos, é considerado imprudente utilizar esse tipo de estratégia nutricional, pois não há evidências científicas suficientes.

Além da distribuição de macronutrientes e micronutrientes, sabe-se que a hidratação é fundamental para o desempenho esportivo. Manter-se devidamente hidratado é essencial para a saúde, bem como para melho-

Tabela 11.3. Recomendações de hidratação antes, durante e após o exercício

Período de consumo	Recomendação de hidratação
Antes	5-10 ml/kg (2 a 4h antes)
Durante	400-800 ml/h
Após	1,5L /kg de peso perdido

Fonte: Travis, Erdman e Burke.[6]

ra do rendimento do atleta. Atender às recomendações gerais quanto ao volume de água a ser ingerida, testar as formas com ou sem carboidratos e eletrólitos, verificar a tolerância e monitorar a desidratação decorrente da perda excessiva de líquidos, principalmente pela transpiração, pode auxiliar atletas a manter seu alto rendimento sem prejuízos à saúde.[1-3]

REFERÊNCIAS BIBLIOGRÁFICAS

1. Longo S. Manual de nutrição para o exercício físico. 2.ed. São Paulo: Atheneu; 2016.
2. Institute of Medicine (IOM). Dietary reference intakes for energy, carbohydrate, fiber, fat, fatty acids, cholesterol, protein, and amino acids. Washington: National Academy Press; 2005.
3. American College of Sports Medicine, Academy of Nutrition and Dietetics, and Dietitians of Canada. Joint position statement: nutrition and athletic performance. Med Sci Sports Exerc March 2016;48(3):543-568.
4. Philp A, Hargreaves M, Baar K. More than a store: regulatory roles for glycogen in skeletal muscle adaptation to exercise. Am J Physiol Endocrinol Metab 2012;302(11): E1343-1351.
5. Bartlett JD, Hawley JA, Morton JP. Carbohydrate availability and exercise training adaptation: too much of a good thing? Eur J Sport Sci 2014:1-10.
6. Travis TD, Erdman KA, Burke LM. Position of Academy of Nutrition and Dietetics, Dietitians of Canada, and the American College of Sports Medicine: nutrition and athletic performance. J Acad Nutr Diet 2016;116(3):mar. 2016. Disponível em: http://dx.doi.org/10.1016/j.jand.2015.12.006. Acesso em: 30 jan. 2017.
7. Hawley JA, Burke LM, Phillips SM, Spriet LL. Nutritional modulation of training-induced skeletal muscle adaptations. J Appl Physiol 2011;110(3):834-845.
8. Phillips SM. Dietary protein requirements and adaptive advantages in athletes. Br J Nutr 2012;108(Suppl 2):S158-167.
9. Burke LM, Kiens B, Ivy JL. Carbohydrates and fat for training and recovery. J Sports Sci 2004;22(1):15-30.
10. Brasil. Resolução RDC Anvisa/MS nº 18, de 27 de abril de 2010. Regulamento Técnico sobre Alimentos para Atletas. Brasília: Diário Oficial da União; Seção 1, 2010.

CAPÍTULO 12

Práticas culinárias e gastronomia

Gláucia Cristina Conzo
Juliana Aiko Watanabe Tanaka

DEFINIÇÃO DE GASTRONOMIA E PRÁTICAS CULINÁRIAS

O conceito de gastronomia se expandiu graças a um escritor apaixonado pelos prazeres da mesa, o francês Brillat-Savarini.[1] Em seu livro *A fisiologia do gosto,* ele diz: "gastronomia é o conhecimento fundamentado de tudo o que se refere ao homem na medida em que ele se alimenta". Com isso, o principal objetivo da gastronomia é zelar pela conservação do ser humano, mantendo saudável a espécie, por meio da melhor alimentação possível, qualitativa e quantitativamente.[2]

A gastronomia é fruto do homem, um ser inteligente que habita uma sociedade produzindo cultura e arte. E uma das mais peculiares ao ser humano é a cultura ligada à alimentação. Na constante luta pela sobrevivência, nossos ancestrais, com o passar do tempo, aprimoraram seus recursos, elaborando armas de caça e aperfeiçoando formas de cozinhar, dividir, armazenar e conservar a comida.

Sabe-se como é importante o convívio em torno da mesa e que o lugar mais caloroso de uma casa é a cozinha. Foi o ato de reunir-se em volta do fogo para partilhar o alimento que gerou a comensalidade, conceito no qual estão implícitos os sentimentos de fraternidade e empatia. Com isso, o fogo, além de proporcionar o cozinhar dos alimentos com prazer e ajudar a nutrir, também une as pessoas.[3]

Atualmente, a gastronomia continua se expressando por meio dos hábitos alimentares de cada povo, legado passado de geração em geração, desde quando os nossos antepassados partilhavam a comida que preparavam de acordo com os recursos alimentares disponíveis para as suas refeições. Cada comunidade criou sua culinária, na qual a seleção de alimentos era definida conforme a tradição e a cultura de cada região.

O tema gastronomia também diz respeito ao modo de preparo dos alimentos, às técnicas de cocção, às maneiras à mesa, ao serviço e ao ritual da refeição como um todo. Sendo assim tão abrangente, pode-se considerar que a cozinha e a prática culinária estão inseridas na gastronomia.

Culinária se refere ao conjunto de ingredientes, utensílios, equipamentos e receitas características de uma determinada região. Também diz respeito à arte de preparar os alimentos, às práticas e às técnicas usadas para tal finalidade.[3]

A prática culinária tem como objetivos preparar os alimentos, tornando-os mais apetitosos e atraentes, e facilitar a digestão, utilizando alguns recursos, como: métodos de cocção, harmonização de sabores, tipos de cortes variados, combinação de cores, entre outros. Dessa maneira, técnicas devem ser conhecidas e amplamente aplicadas pelos profissionais nutricionistas e suas equipes, nas quais se incluem muitas vezes *chefs* de cozinha, visando não só à qualidade sensorial das preparações, mas também à preservação do valor nutricional para que seja garantida a segurança nutricional do atendimento.[4]

Hoje em dia, os nutricionistas estão buscando muitas informações sobre gastronomia e práticas culinárias, ao mesmo tempo em que os profissionais dessa área têm intensificado a atuação em parceria com os próprios nutricionistas. O trabalho em equipe multidisciplinar tem contribuído para o desenvolvimento técnico tanto dentro das indústrias de alimentos, restaurantes comerciais, hotéis, quanto na área clínica e hospitalar.[5]

A gastronomia está relacionada ao prazer de se alimentar, e a nutrição busca fornecer uma alimentação adequada, equilibrada e de qualidade a quem se alimenta.

O ato de alimentar-se envolve complexos estímulos, e as escolhas alimentares devem ser fundamentadas não somente para se consumirem nutrientes para manter uma boa saúde, mas também para aguçar o paladar e manter o bem-estar físico e emocional.[6]

Dessa maneira, é importante desmitificar que uma dieta restritiva em algum nutriente deva ser monótona e sem sabor; muito pelo contrário: uma alimentação saudável e equilibrada precisa ser saborosa e atraente. Isso é possível ao utilizar estratégias que tornem os alimentos mais palatáveis, sempre respeitando a identidade sociocultural das populações atendidas.

Sob este aspecto se fundamenta a união da prática culinária com a gastronomia, por meio do desenvolvimento e da adaptação de receitas utilizando-se técnicas dietéticas mais eficazes, com o intuito de melhorar a qualidade sensorial da dieta.[7]

Outro fato a ser considerado é que gastronomia é toda elaboração culinária realizada com arte, em que os ingredientes são selecionados por sua qualidade e trabalhados com uma técnica que tem por objetivo a perfeição no sabor e no respeito às características culturais da preparação.[8]

TERAPIA NUTRICIONAL E SUA ESTREITA RELAÇÃO COM A GASTRONOMIA E AS PRÁTICAS CULINÁRIAS

Em um serviço de nutrição e dietética (SND) de um hospital, o nutricionista tem sob sua responsabilidade o desenvolvimento de atividades administrativas complexas e seu objetivo principal é garantir a eficiência e a entrega do produto e serviços dentro do prazo estabelecido e com segurança não só alimentar, mas nutricional[9] – ainda mais nos dias de hoje, quando sabemos que os índices de desnutrição intra-hospitalar são alarmantes. A preocupação com a aceitação alimentar é fundamentada no fato de que, em média, 40% dos pacientes hospitalizados apresentam algum grau de desnutrição e que o estado nutricional é fator determinante no curso clínico do paciente. Quanto pior seu estado nutricional, maiores serão os custos hospitalares e mais frequentes serão as readmissões.[10]

A desnutrição ocorre de forma multifatorial, entretanto, sabemos que o estigma de que a alimentação dentro dos hospitais é insípida e pouco atrativa com certeza agrava a inadequação da ingestão alimentar. Por isso, não basta o nutricionista planejar o cardápio se a ingestão alimentar não for adequada.[9]

O trabalho interdisciplinar para avaliação dessa ingestão alimentar é fundamental para o sucesso da conduta nutricional planejada, visto que, em muitos hospitais, o número de profissionais é insuficiente, e a equipe de enfermagem torna-se peça fundamental no apoio a esta e tantas outras informações importantes para a conduta nutricional hospitalar.

A alimentação busca satisfazer aspectos psicosocioemocionais e motivacionais dos clientes, sempre buscando a sua fidelização, e para isso a anamnese alimentar deve ser conduzida de forma clara e completa, com o objetivo de que a conduta nutricional se traduza o mais agradável possível ao paciente, respeitando seus hábitos alimentares, culturais e emocionais.[2]

A boa qualidade sensorial é o ponto-chave para que um alimento seja consumido. Em nutrição, cabe-nos compreender que o ser humano não se alimenta pensando somente no ato de comer, ele procura alimentos do seu agrado, independentemente do valor nutritivo, e em contraponto rejeita outros, chegando muitas vezes a negar a possibilidade de experimentar aqueles que fogem ao seu padrão alimentar.[11]

Os motivos mais comuns para a ingestão alimentar reduzida dentro do ambiente hospitalar são:

- Alterações causadas pela doença e/ou tratamento.
- Mudanças de hábito e horários de refeições.
- Insatisfação com as preparações.
- Ambiente hospitalar.
- Temperatura das preparações.
- Temperos e especiarias.
- Apresentação das preparações.

É nesse contexto que o resgate da gastronomia e da prática culinária tem suscitado maior interesse no âmbito das unidades hospitalares e clínicas de nutrição, gerando diversas vertentes quando se trata de valorizar a alimentação destinada aos pacientes. Na prática, é essencial o nutricionista considerar alguns pontos importantes, tais como:

- Porcionamento e temperatura adequados à situação clínica.
- Conhecimento da equipe quanto às técnicas dietéticas adequadas para cada tipo de consistência das preparações.
- Controles e ações assertivas para as condutas determinadas pela equipe de gestão.

Capítulo 12 Práticas culinárias e gastronomia **169**

- Educação contínua e atividades motivacionais com a equipe do SND.
- Atualização da equipe com relação aos novos produtos e ingredientes disponíveis e quanto às tendências gastronômicas, o que permite uma maior criatividade na elaboração de pratos harmoniosos com relação a cor, aroma, textura e sabor dor alimentos.
- Satisfação gustativa do paciente, investindo em suas preferências alimentares, por meio de uma culinária mais natural, com valorização de receitas tradicionais, que resgatem os hábitos do dia a dia.[12]
- Mesmo em dietas restritas em açúcar, sódio, gorduras, entre outras, o resgate do prazer em comer e as práticas culinárias são aspectos essenciais para a adesão ao tratamento e à mudança de estilo de vida.

Na prática clínica, aliar os conceitos de dietoterapia, técnica dietética e gastronomia proporciona maior prazer a quem come e torna-se um significativo e importante instrumento de trabalho, do qual o profissional deve lançar mão para elaborar preparações culinárias saborosas, o que consequentemente favorece a adesão do paciente ao tratamento.

De acordo com o plano alimentar personalizado, o nutricionista pode elaborar um cardápio levando em consideração os conhecimentos sobre práticas culinárias e desenvolver receitas com ingredientes que tornem o plano alimentar prescrito mais facilmente recebido pelo paciente, de maneira mais agradável, diversificada e não menos saudável.[2]

Ao se planejar um cardápio, mais um conceito pode ser considerado: o de *comfort food*, o qual privilegia a simplicidade na busca da satisfação em termos nutricionais e emocionais do indivíduo, sem que isso necessariamente signifique a implantação de um cardápio com preparações caras e sofisticadas.[6]

A utilização de insumos variados em diferentes receitas auxilia muito no sucesso do tratamento, uma vez que os pacientes com frequência relatam a falta de opções e consequentemente a monotonia das rotinas alimentares. O material de receitas pode ser elaborado por módulos, como: sopas, saladas, pratos principais (carnes vermelhas, aves, peixes, vegetarianos), acompanhamentos, sobremesas, tortas e sanduíches.

Uma vez que o paciente possui as receitas, mas apresenta dificuldades em prepará-las no seu cotidiano pela falta de conhecimento, pela necessidade em variar o preparo das refeições ou mesmo pela correria do dia a dia, o nutricionista pode auxiliá-lo com a realização de treinamento em domicílio ou até mesmo com um funcionário do paciente ou da família. O serviço de treinamento de cozinheira pode abordar também orientações sobre higiene, compras, armazenamento, técnicas de preservação das propriedades nutricionais e introdução de alimentos naturais, orgânicos e funcionais na rotina alimentar, assim como ocorre na *personal diet*, outra prática realizada pelo profissional de nutrição também discutida neste livro.

Faz-se necessário desmitificar o conceito de que a alimentação hospitalar é uma alimentação monótona e sem sabor. É importante saber que por meio da aplicação de técnicas culinárias é possível melhorar as receitas, elaborando-as de forma saudável, saborosa e atrativa, a fim de promover a associação de objetivos dietéticos, clínicos e sensoriais, e possibilitar nutrição com prazer.[7]

Em relação às técnicas dietéticas, a falta de literaturas conclusivas quanto à preservação ou não do valor nutricional na aplicabilidade de calor úmido, misto ou seco dentre outras técnicas implica uma certa insegurança no valor nutricional final das preparações e também devem ser consideradas quando a questão é gastronomia e práticas culinárias.

Dessa forma, finalizamos ressaltando que, ao se trabalhar com nutrição, gastronomia e práticas culinárias, além de todos os aspectos discutidos neste capítulo, a importância de uma análise criteriosa na composição do cardápio voltada para a biodisponibilidade dos nutrientes e a observação da ingestão real do paciente por meio de seu resto ingesta* são pontos fundamentais na prevenção e recuperação da saúde. Vale ressaltar que a absorção dos nutrientes está relacionada não só a esse contexto, mas também à saúde intestinal do cliente e a estudos associados à microbiota humana e à genômica nutricional. Portanto, cabe ao nutricionista avaliar todas essas considerações na hora de elaborar um plano alimentar aos seus pacientes.

---

* Termo utilizado para referenciar a sobra de alimentos nos pratos após as refeições dos pacientes, sendo um indicador utilizado para avaliar a aceitação da alimentação.

REFERÊNCIAS BIBLIOGRÁFICAS

1. Brillat-Savarin JA. A fisiologia do gosto. São Paulo: Companhia das Letras; 1995. p. 55-61.
2. Contreras J. Os paradoxos da modernidade alimentar. In: Montebello NP, Collaço JHL. Gastronomia: cortes e recortes. 1.ed. Brasília: Senac; 2007. p. 31-49.
3. Freixa D, Chaves G. Gastronomia no Brasil e no mundo. 2.ed. São Paulo: Senac; 2012. p. 18-23.
4. Ornellas LH. Técnica dietética – seleção e preparo de alimentos. 8.ed. São Paulo: Atheneu; 2007.
5. Magnoni CD et al. Nutrição e gastronomia: valorizando a preparação dos alimentos. Nutr Pauta 2000 mai-jun;8(42):14-8.
6. Miesbach AV. Gastronomia hospitalar. Rev Nutrição Profissional 2008 Nov-Dez; 22(1):35-40.
7. Monego ET, Maggi C. Gastronomia na promoção da saúde dos pacientes hipertensos. Rev Bras Hipertens 2004 Abr-Jun;11(2):105-8.
8. Braune R, Franco, SC. O que é gastronomia. 1.ed. São Paulo: Brasiliense; 2007. p. 13-20.
9. Esquivel A. Técnicas gastronômicas: novos caminhos da nutrição e gastronomia – biodisponibilidade por meio das técnicas culinárias. Rev Nutrição Profissional 2008 Jul-Ago;20(1):38-43.
10. Borghi R et al. Perfil nutricional de pacientes internados no Brasil: análise de 19.222 pacientes (Estudo BRAINS). Rev Bras Nutr Clin 2013;28(4):255-63.
11. Souza MD, Nakasato M. A gastronomia hospitalar auxiliando na redução dos índices de desnutrição entre pacientes hospitalizados. O Mundo da Saúde 2011 Abr-Jun; 35(2):208-14.
12. Isosaki M, Nakasato M, Cardoso E, Casseb MO. Gastronomia hospitalar para pacientes em situações especiais – cardiologia e pneumologia. São Paulo: Atheneu; 2014. p. 2-10.

CAPÍTULO 13

Nutrição *in company*

Lara Cristiane Natacci
Roberta Soares Lara

INTRODUÇÃO

Grande parte da população procura ter uma alimentação balanceada, mas atribui à falta de tempo e de planejamento o fato de não consumir refeições saudáveis. A consequência disso é o aumento das taxas de obesidade e sobrepeso na população, o que pode gerar um impacto negativo na saúde. A orientação nutricional personalizada tem como objetivo efetuar um planejamento individualizado da alimentação, para melhorar a qualidade da dieta e adaptá-la individualmente à rotina do avaliado.

Entre os cenários mais importantes para o desenvolvimento de programas de promoção da saúde que motivem e permitam a adoção de comportamentos saudáveis pela população adulta, está o local de trabalho. Este tem sido considerado pela Organização Mundial de Saúde (OMS) o local ideal para esforços de promoção da saúde e qualidade de vida, pois permite o acesso aos funcionários, oferece suporte social, além de motivações econômicas para melhorar a saúde e produtividade. O local de trabalho atinge uma população relativamente homogênea, em um determinado ambiente no qual as pessoas passam uma grande parte de seu tempo. Isso o torna propício à implementação de intervenções complexas.[1]

A OMS estimou que até 2015 a economia brasileira perdeu mais de US$ 4 bilhões com adoecimentos e mortes causados por doenças crônicas (problemas cardiovasculares, câncer, asma, doença pulmonar obstrutiva crônica e diabetes), tornando-as uma preocupação para os estados e trazendo gastos extras para as empresas, que em consequência sofrem com o absenteísmo, a baixa produtividade e as despesas com seguro-saúde de seus funcionários.[2]

QUALIDADE DE VIDA NO TRABALHO

A promoção de ações e/ou programas de Qualidade de Vida no Trabalho (QVT) está se tornando a maneira pela qual é possível desenvolver e manter a motivação e o comprometimento dos colaboradores, resultando em inúmeros benefícios, como a melhora na qualidade de vida, no desempenho e satisfação no trabalho.[3]

Atualmente, muitas empresas têm buscado incorporar programas padronizados de QVT de forma imediatista, sem planejamento estratégico e os devidos investimentos, produzindo, em alguns casos, resultados contrários aos esperados.[4]

Dentre as maiores queixas observadas no ambiente de trabalho, são citadas:

- Ganho de peso: Observado na população brasileira em geral, também é identificado no local de trabalho. Segundo a pesquisa Vigitel de 2015, quase 59% da população brasileira encontra-se acima do peso. Perto de 19% das pessoas estão obesas, ou seja, com um peso 20% maior do que o esperado.[5]
- Má digestão: A má digestão pode ocorrer quando há sobrecarga da função gastrointestinal, ou quando a refeição é composta de alimentos de mais difícil digestão, como por exemplo, uma refeição volumosa e rica em gorduras.
- Sonolência: A sonolência pode ocorrer como consequência de uma digestão lenta e sobrecarga do sistema digestivo.
- Diminuição da produtividade: A diminuição da produtividade pode ser consequência da má digestão e da sonolência.

Como comportamentos listados com frequência no ambiente de trabalho, destacam-se a ausência do café da manhã, o aumento do volume em uma refeição específica, grande intervalo de tempo entre as refeições e maior nível de sedentarismo. Todos esses fatores, em conjunto, podem contribuir para o aparecimento das queixas citadas anteriormente.

Para a realização de um programa de atendimento e acompanhamento nutricional *in company*, é necessário um bom planejamento, que deve incluir desde um diagnóstico nutricional preciso, até um atendimento individualizado ou em grupos, dinâmicas, palestras, workshops e contatos intermediários, visando a uma boa comunicação e motivação dos colaboradores participantes.

Há uma série de teorias e estruturas de mudança que descrevem a implementação de intervenções dentro das organizações. Essas teorias sugerem que se torna imprescindível a compreensão dos processos de mudança dentro das organizações para o sucesso do desenvolvimento e implementação de iniciativas de promoção da saúde no local de trabalho. Para incorporar mudança no estilo de vida dos colaboradores, a intervenção precisa considerar a cultura da organização. O apoio de formadores de opinião dentro da empresa, a organização, o engajamento dos líderes, a boa comunicação interna, o acompanhamento periódico, assim como uma maior flexibilidade da empresa prestadora de serviços podem se tornar facilitadores na implementação de programas de qualidade de vida. Um ambiente mal planejado, resistências pessoais, uma grande rotatividade dos colaboradores e interesses conflitantes de colaboradores e líderes podem constituir barreiras na implementação desses tipos de programas.[6]

DIAGNÓSTICO NUTRICIONAL E ATENDIMENTO *IN COMPANY*: COMO FAZER?

O diagnóstico nutricional pode ser realizado em forma de plantão. Para um diagnóstico adequado, pode-se optar por uma avaliação antropométrica inicial. Apesar de não fazer distinção entre os compartimentos de massa magra e massa gorda, o índice de massa corpórea (IMC) tem sido recomendado pela Organização Mundial de Saúde (OMS) para avaliação do perfil antropométrico-nutricional de populações de adultos devido à sua relação com a massa adiposa.[7]

Atualmente, tem-se reconhecido que não somente a quantidade de gordura corporal total deve ser considerada, como também sua localização.

Diversos estudos demonstram a importância da distribuição da gordura na etiologia dos desarranjos metabólicos da obesidade. A concentração de gordura na região abdominal é um indicador fortemente associado à obesidade visceral, e esta, por sua vez, se relaciona com alto risco de morbidade e mortalidade principalmente cardiovascular. A obesidade abdominal visceral está associada, ainda, a um distúrbio da homeostase glicose-insulina, hipertensão, dislipidemia, fibrinólise e aceleração da progressão da aterosclerose.[8] Por essa razão, na prática clínica e em pesquisas epidemiológicas, a utilização de índices baseados na circunferência abdominal pode dar informações válidas e é de fácil utilização, pois depende basicamente de uma fita métrica e constitui um método simples de medição. Essas medições podem ser complementadas pela avaliação da porcentagem de gordura corporal por bioimpedância, pois este constitui um método econômico e acessível, capaz de fornecer medidas em tempo real e sem qualquer exposição à radiação.[9]

O diagnóstico nutricional nos permite emitir um relatório geral da situação do estado nutricional da empresa, compará-lo aos índices encontrados na população brasileira, e pode se tornar um elemento decisivo na tomada de decisão da empresa em contratar um serviço de atendimento e acompanhamento nutricional. O relatório de estado nutricional da população ainda permite determinar quais colaboradores serão elegíveis para o programa de acompanhamento nutricional, isso porque algumas empresas preferem realizar programas para populações específicas, como por exemplo, para colaboradores com IMC acima de $30kg/m^2$.

O atendimento individualizado e o acompanhamento nutricional são realizados por meio de consultas periódicas, com a vantagem da praticidade de se ter o nutricionista no ambiente de trabalho, sem necessidade de deslocamento, o que diminui consideravelmente o tempo de ausência do colaborador da empresa. O ideal é que a consulta se desenrole da mesma forma que no consultório de nutrição, onde há o preenchimento de um formulário de anamnese nutricional, que inclui a análise e consideração de dados pessoais, histórico nutricional, histórico clínico, histórico familiar, avaliação de hábitos, avaliação do estado nutricional, consumo alimentar e objetivos, bem como das condições e capacidades de mudança de comportamento do cliente/colaborador.

Normalmente, considera-se uma periodicidade mensal para as consultas de acompanhamento, e por isso é importante que haja contatos intermediários, para que seja mantido o engajamento, a motivação e o vínculo com o profissional. Esses contatos intermediários podem ser realizados de duas formas: presencial e à distância. Como contatos presenciais podemos optar por workshops, palestras e dinâmicas, e o ideal é que sejam realizadas entre as consultas. A comunicação permite um maior contato, inclusive à distância, e tem uma participação efetiva na transmissão das mensagens através de informativos, de reprodução de vídeos, de postagens em sites, portais, mídias sociais, e-mails internos, mensagens por celulares, murais, jornais, revistas, cartilhas e qualquer outro recurso de comunicação que possa ajudar o programa de qualidade de vida a chegar a todos os públicos com o tipo de linguagem mais adequada ao perfil de cada um, proporcionando o impacto esperado dentro dos objetivos estabelecidos.[10]

Assim como nas consultas individuais, o atendimento nutricional pode ser realizado na forma de atendimentos em grupos, o que permite a troca de experiências e informações entre os participantes, ampliando o poder de escolha por hábitos de vida saudáveis.[11]

Em um atendimento *in company*, é de extrema importância a emissão de relatórios com indicadores, que podem ser antropométricos (perda de peso, gordura corporal), de consumo (aumento do consumo de frutas, verduras e legumes, por exemplo) ou ainda comportamentais (alteração no tempo da refeição, melhora de motivação, prática de atividades físicas). Os indicadores podem constituir um instrumento de avaliação do programa de intervenção nutricional como um todo, e até mesmo uma justificativa para a sua continuidade e valorização. Dessa forma, a ciência da nutrição pode ser amplamente trabalhada *in company* no que se refere à promoção e prevenção da saúde do trabalhador e executivos, reduzindo o absenteísmo e melhorando a qualidade de vida e a produção do trabalhador.

REFERÊNCIAS BIBLIOGRÁFICAS

1. Mooney JD, Frank J, Anderson AS. Workplace dietary improvement initiatives ought not to be discouraged by modest returns from low-intensity interventions. Eur J Publ Health 2013;23(2):193-194.

Capítulo 13 Nutrição *in company* 177

2. Hyeda A, da Costa ÉSM, Sbardellotto F, Ferreira JCC. A aplicação da arquitetura de informação na gestão dos riscos das doenças crônicas em trabalhadores: uma análise preliminar. Rev Bras Med Trab 2016;14(1):29-36.
3. Muindi F, K'Obonyo P. Quality of work life, personality, job satisfaction, competence, and job performance: a critical review of literature. Eur Sci J 2015;11(26):223-40.
4. Alves EF. Programas e ações em qualidade de vida no trabalho. InterfacEHS – Revista de Saúde, Meio Ambiente e Sustentabilidade 2011;6(1):60-78.
5. Brasil. Ministério da Saúde. Vigitel Brasil 2006: vigilância de fatores de risco e proteção para doenças crônicas por inquérito telefônico. Brasília: Ministério da Saúde; 2007.
6. Fitzgerald S, Geaney F, Kelly C, McHugh S, Perry IJ. Barriers to and facilitators of implementing complex workplace dietary interventions: process evaluation results of a cluster controlled trial. BMC Health Services Research 2016;16(1):139.
7. World Health Organization (WHO). Physical status: the use and interpretation of anthropometry: report of a WHO expert committee. Geneva; 1995. p. 350-69. (WHO - Technical Report Series, 854).
8. Martins IS, Marinho SP. O potencial diagnóstico dos indicadores da obesidade centralizada. Rev Saúde Pública Dez 2003;37(6):760-767.
9. Teigen L M, Kuchnia AJ, Mourtzakis M, Earthman CP. The use of technology for estimating body composition: strengths and weaknesses of common modalities in a clinical setting. Nutr Clin Pract 2017;32(1):20-29.
10. Lacaz ACF. Qualidade de vida no trabalho e saúde/doença. Ciênc Saúde Coletiva 2000;5(1):151-161. Disponível em: http://www.scielo.br/scielo.php?script=sci_art text&pid=S1413-81232000000100013&lng=en. http://dx.doi.org/10.1590/S14 13-81232000000100013. Acesso em: 12 jun. 2017.
11. de Almeida Pereira M et al. Desafios e reflexões na implantação de um programa de Educação Alimentar e Nutricional (EAN) em indivíduos com excesso de peso. Rev Bras Promo Saúde 2015;28(2):290-96.

CAPÍTULO 14

O meio acadêmico

Olga Maria Silverio Amancio
Ana Maria Pita Lottenberg

INTRODUÇÃO

Universidade, do latim *universitas,* é definida no art. 52 da Lei de Diretrizes e Bases[1] como "uma instituição de ensino superior pluridisciplinar e de formação de quadros profissionais de nível superior, de investigação, de extensão e de domínio e cultivo do saber humano".

A Universidade apoia-se no tripé formado pelo ensino, pela pesquisa e pela extensão, os quais não são independentes; pelo contrário, por lei,[2] "obedecerão ao princípio da indissociabilidade, entre os quais há igual importância e íntima unidade. Assim, a articulação entre ensino e extensão aponta para uma formação que se preocupa com os problemas da sociedade, mas carece da pesquisa, responsável pela produção do conhecimento científico. Com a articulação entre o ensino e a pesquisa ganha-se terreno na tecnologia, por exemplo, mas perde-se a compreensão ético-político-social quando se pensa no destinatário final desse saber científico, que é a sociedade. Por sua vez, a articulação entre a extensão e a pesquisa exclui o ensino, perdendo-se a dimensão formativa que dá sentido à universidade.[3]

O grau acadêmico é um título oficial conferido por uma instituição de ensino superior pela conclusão de um curso, de um ciclo ou de uma etapa de estudos superiores. Dessa forma, constituem-se graus acadêmicos a graduação, geralmente necessária ao exercício de uma profissão, o mestrado e o doutorado, obtidos após a conclusão de estudos avançados e da obtenção de uma proficiência maior do que a exigida para o exercício profissional.

Pelo exposto, pode-se inferir que a carreira acadêmica é constituída por etapas, graus acadêmicos, que vão desde o aprendizado até o exercício pleno de ensino, pesquisa e extensão. De modo geral, esse é o caminho, com variações específicas inerentes a cada campo do conhecimento humano.

INICIAÇÃO CIENTÍFICA

O desenvolvimento na carreira acadêmica exige planejamento e pode ter início ainda no ensino médio, ainda que restrito, quando o interessado participa de projetos como o Programa Institucional de Bolsas de Iniciação Científica Júnior (Pibic Jr).

A entrada para o curso superior confere uma relativa especialização, pela qual o indivíduo se apropria de conhecimentos pertencentes a uma área do saber, pondo de lado as outras áreas, que praticamente não mantêm relação com a de sua escolha. Essa visão global da sua área representa conhecimento geral e base de especialização futura.

A iniciação científica é um programa para alunos de graduação, orientados por pesquisador experiente, que ao proporcionar um primeiro contato com a pesquisa científica leva ao conhecimento de técnicas e métodos científicos bem como ao desenvolvimento da capacidade de observar, catalogar observações e raciocinar.

A bolsa de iniciação científica é oferecida pelos órgãos de fomento à pesquisa pelo prazo de um ano, que pode ser estendido a depender da avaliação da pesquisa. É uma atividade reconhecida em currículo.

PÓS-GRADUAÇÃO *STRICTO SENSU*: MESTRADO E DOUTORADO

O grau de mestre (do latim *magister*, que significa "professor") é obtido após a realização de um curso avançado, com disciplinas obrigatórias e optativas, devendo apresentar no prazo máximo de dois anos, para alguns programas de pós-graduação, uma dissertação que será avaliada por escrito por uma comissão julgadora, e para outros programas, uma tese que deverá ser defendida perante uma comissão julgadora.

Em geral, a reclamação dos mestrandos recai sobre o tempo muito curto para cumprir as disciplinas, aprender a metodologia da pesquisa científica e fazer a dissertação ou tese. Daí a importância da iniciação científica, que permite ao mestrando ganhar tempo, pois já carrega algum conhecimento e experiência, ainda que pequeno, em trabalho científico.

Em função de normas da Coordenação de Aperfeiçoamento de Pessoal de Nível Superior (Capes) aos programas de pós-graduação, estes tem exigido que o trabalho de mestrado tenha sido enviado para publicação em revista especializada e indexada, para permitir a matrícula no doutorado.

O grau de doutor (do latim *doceo*, que significa "eu ensino") é obtido por um curso avançado que, de modo geral, complementa o de mestrado, devendo-se no prazo máximo de quatro anos defender uma tese perante uma comissão julgadora, composta por pesquisadores com vasto conhecimento na área.

Apesar de haver mais tempo e o doutorando ter mais experiência, a exigência do programa é maior, devendo o trabalho da tese ser inédito e publicado em revista, de preferência, melhor indexada que a da publicação do mestrado.

PÓS-DOUTORADO E LIVRE-DOCÊNCIA

O pós-doutorado não é um nível formal de titulação, acontecendo ou em função da necessidade de se especializar em determinado assunto de pesquisa ou para realizar trabalhos conjuntos com grupos de pesquisa com maior experiência no assunto.

A livre-docência também não é um grau acadêmico e sim uma qualificação acadêmica, que permite a investigação livre, ou seja, sem orientador, numa universidade. É obtida depois da realização de uma segunda tese ou da apresentação dos trabalhos publicados sobre um assunto, no qual o pesquisador vem trabalhando ao longo dos anos e é especialista, e que constitui a sua linha de pesquisa; da apresentação do memorial e, ainda, a partir de uma lista de pontos que compõem a área do conhecimento – um é sorteado para a prova escrita, com tempo médio de 4 horas para realização; um segundo para a prova didática, com tempo de 50 a 70 minutos; e um terceiro para a prova prática. A banca examinadora é composta por seis membros, obrigatoriamente professores titulares ou no mínimo com livre-docência.

IMPORTÂNCIA DA PUBLICAÇÃO CIENTÍFICA[4]

A apresentação do trabalho de pesquisa se apoia na linguagem. Mesmo que numa primeira instância a apresentação seja feita em linguagem oral, esse trabalho só alcançará a comunidade científica se for apresentado em linguagem escrita, pois só assim passará a ter validade como informação registrada. Essa linguagem deve ter as características de simplicidade, clareza e concisão, pressuposto como exigência básica mínima a correção gramatical e tanto quanto possível a elegância de estilo.

A publicação em geral escapa ao controle do pesquisador, embora ele possa ser em parte responsável pela boa ou má divulgação do trabalho, por meio da escolha de um bom título, do preparo de resumo em língua de circulação universal e pela escolha de periódico qualificado, ou seja, indexado e com corpo editorial de alto nível.

Em relação ao título, deve ser o último a ser escrito, após a redação do trabalho estar completa, pois ele deve identificar o trabalho exprimindo integralmente seu conteúdo. Não deve ser nem conciso nem extenso. A concisão no título significa ampliação do conceito, o qual pode ficar tão diluído que pode levar ao desinteresse. A prolixidade pode transformar o título em resumo, o que acaba levando também ao desinteresse. O título escolhido tem de apresentar: possibilidade de indexação, especificidade, clareza e brevidade.

- A indexação futura do trabalho, que serve para divulgação conveniente, exige que o tema tratado esteja explícito no título.
- A especificidade é que dá limite ao trabalho, assim, um ensaio sobre diagnóstico diferencial na síndrome nefrótica não deve ter o título de ensaio sobre síndrome nefrótica, que é bastante geral. É a especificidade que obriga que apareça no título o nome do animal ou da planta quando eles são os objetos diretos da pesquisa.
- A clareza exclui a ambiguidade, ou seja, o título só pode ser interpretado em um sentido. Por exemplo, em alcalinização da urina na

antibioticoterapia, pode ser entendido que a antibioticoterapia leva à alcalinização da urina ou que é necessário manter a urina alcalina durante o tratamento com antibiótico.

- A brevidade é qualidade valiosa, mas que fica, entretanto, na dependência da especificidade e da clareza que não podem, de maneira alguma, ser sacrificadas.

COMO INTERPRETAR ARTIGOS CIENTÍFICOS

O conhecimento da metodologia científica não é necessário só para aqueles que irão realizar um trabalho científico. Este conhecimento também é importante àqueles profissionais que necessitam estar atualizados com a literatura, por se relacionarem com ciência dinâmica, que ainda não tem todos os seus fenômenos perfeitamente conhecidos; e que por esta razão, a literatura apresenta novos resultados que às vezes repetem resultados anteriores (geralmente pela utilização de tecnologias mais avançadas) e apresenta concomitantemente resultados contraditórios. Somente o conhecimento da metodologia científica possibilitará uma análise crítica dos trabalhos, permitindo, como consequência, que aqueles trabalhos cuja metodologia científica foi falha, e portanto seus resultados não são confiáveis, possam ser rejeitados de antemão.

EVIDÊNCIA CIENTÍFICA[5]

Evidência científica é o conjunto de informações, obtido por meio de pesquisas científicas, utilizado para confirmar ou negar uma teoria ou hipótese científica. Há vários tipos de estudo científico. As escalas de evidência objetivam determinar o melhor estudo para a conduta médica (tratamento). A escala de evidência é composta pelos níveis de evidência que são os tipos de estudo e pelos graus de recomendação que se referem ao tratamento.

Os níveis de evidência são:

1. Revisão sistemática com metanálise.
2. Megatrial: ensaio clínico randomizado >1.000 pacientes.
3. Ensaio clínico randomizado <1.000 pacientes.

4. Coorte não randomizado.
5. Estudo-controle.
6. Séries de casos sem grupo controle.

Se não for possível identificar nenhum nível, podem-se utilizar opiniões de especialistas ou de consensos de grupos de especialistas, não baseadas nas evidências.

Os graus de recomendação são:

- Evidências suficientemente fortes para haver consenso.
- Evidências não definitivas.
- Evidências suficientemente fortes para contraindicar a conduta.

ESPECIALIZAÇÃO *LATO SENSU*

A expressão *lato sensu* tem sua origem etimológica no latim e significa "amplo sentido". Essa designação caracteriza um dos tipos de curso de pós-graduação, em nível de especialização, o qual foi introduzido no Brasil no ano de 1925, a partir do Curso de Especialização em Higiene e Saúde Pública, cuja finalidade era aprimorar a formação de médicos. Os formandos eram outorgados com diploma de higienistas e obtinham prioridade na nomeação para o cargo público federal de médico higienista.[6] Apesar de outros cursos de especialização terem aparecido nos anos subsequentes, até o final da década de 1950, a graduação era considerada o último grau de formação universitária no Brasil.

Após alguns anos, um parecer do Conselho Federal de Educação, redigido em 1965 pelo conselheiro Newton Sucupira, estabeleceu que o curso de especialização *lato sensu* teria como objetivo a formação técnica profissional específica, porém sem a abrangência do campo total do saber em que se insere a especialidade. Sua meta é permitir ao aluno "o domínio científico e técnico de uma certa área do saber ou da profissão, para formar o profissional especializado"[6].

A pós-graduação em nível de especialização tem como principal alvo ampliar e aprofundar o conhecimento de áreas específicas abordadas no curso de graduação. Dessa forma, possibilita atualização e aperfeiçoamento de conceitos e habilidades, além da consolidação de expertises adicionais em determinadas áreas de conhecimento ou atuação.

A especialização *lato sensu* é uma exigência mínima dos processos seletivos voltados ao exercício de atividade docente e de pesquisa em nível superior. Além disso, qualifica profissionais para a ocupação estratégica em quadros governamentais e para atenderem a determinadas demandas da sociedade.

A carga horária mínima estabelecida para o desenvolvimento do curso é de 360 horas, sendo que a unidade de tempo/trabalho será medida pelo sistema de créditos, onde o valor de um crédito é equivalente a 12 horas/aula.[7] Para fazer jus aos créditos da disciplina o aluno terá de satisfazer as condições mínimas estabelecidas para obtenção de frequência e aproveitamento. As diversas formas de verificação e avaliação exigidas em cada disciplina deverão abranger o conjunto de conhecimentos, habilidades, atitudes e comportamento social desenvolvidos nas atividades e nas aulas teóricas ou práticas.

Ao término da especialização, o aluno deverá entregar um Trabalho de Conclusão de Curso (TCC) que aborde algum tema pertinente ao conteúdo programático desenvolvido. Quanto ao corpo docente dos cursos de especialização, o quadro deve ser composto por no mínimo 50% de professores com título de pós-graduação *stricto sensu*.[7]

REFERÊNCIAS BIBLIOGRÁFICAS

1. Brasil. Lei n. 9394, de 20 de dezembro de 1996. Lei de Diretrizes e Bases. Diário Oficial da União 23 dez. 1996; Seção 1.
2. Brasil. Constituição (1988). Constituição da República Federativa do Brasil. Brasília, DF: Senado Federal; 1988.
3. Moita FMGSC, Andrade FCB. Ensino-pesquisa-extensão: um exercício de indissociabilidade na pós-graduação. Rev Bras Edu 2009;14(41):269-80.
4. Pourchet-Campos MA. Iniciação à pesquisa científica. São Paulo: SN Publicidade; 1996.
5. Atallah AN, Trevisani V, Orsini V. Tomada de decisões terapêuticas com base em evidências científicas. Disponível em: www.centrocochranedobrasil.org.br/cms/apl/artigos/artigo_540.pdf. Acesso em: 22 set. 2016.
6. Ministério da Educação. CFE/C.E.S.u. Parecer nº 977, de 03 de dezembro de 1965. Pronunciamento sobre a regulamentação dos cursos de pós-graduação. *Diário Oficial da União*, 20 de janeiro de 1966. Disponível em: https://www.capes.gov.br/images/stories/download/avaliacao/avaliacao-n/Parecer-977-1965.pdf. Acesso em: 7 nov. 2016.
7. Ministério da Educação. Secretaria de Regulação e Supervisão da Educação Superior. Instrução Normativa n. 1, de 13 de fevereiro de 2015. Estabelece os procedimentos para o cumprimento da Instrução Normativa n. 1, de 16 de maio de 2014, da Secretaria de Regulação e Supervisão da Educação Superior do Ministério da Educação. Brasília: Diário Oficial da União, Seção 1, 18 fev. 2015.

CAPÍTULO 15

O nutricionista no campo da saúde pública

Dirce Maria Lobo Marchioni
Bartira Mendes Gorgulho
Josiane Steluti

INTRODUÇÃO

Historicamente, o campo da saúde pública diz respeito ao diagnóstico e ao tratamento de doenças, e à tentativa de assegurar que o indivíduo tenha um padrão de vida que lhe proporcione a manutenção da saúde dentro da comunidade onde vive. A partir da década de 1980, surge o termo "saúde coletiva", quando um grupo de profissionais, oriundos da saúde pública e da medicina preventiva e social, procuraram fundar um campo científico com uma atuação que privilegiava o social.[1]

Nessa perspectiva, a missão da saúde coletiva seria a de influenciar a transformação de saberes e práticas de profissionais, contribuindo para mudanças do modelo de atenção e da lógica com que funcionam os serviços de saúde em geral. A prática da saúde coletiva requer do profissional uma atitude que vá além da observação, diagnóstico e prescrição de tratamento ao paciente, este como indivíduo isolado. Nesses termos, quase todo campo científico ou de práticas seria interdisciplinar e multiprofissional, e todos que produzem saúde seriam agentes da saúde coletiva ou da saúde pública. Considerando a Resolução nº 600/2018 do Conselho Federal de Nutricionistas, que dispõe sobre a definição das áreas de atuação do nutricionista e suas atribuições de referência por área de atuação, fica evidente a atuáco do nutricionista nesse campo.[2]

Dentre as setes áreas de atuação do nutricionista previstas nessa resolução, saúde coletiva é definida como área de atuação possível do profissional no desenvolvimento de atividades de alimentação e nutrição realizadas em políticas e programas institucionais, de atenção básica e de vigilância sanitária. Portanto, compete ao profissional nutricionista, no exercício de suas atribuições na área de saúde coletiva, prestar assistência e educação nutricional a coletividades ou indivíduos, sadios ou enfermos, em instituições públicas ou privadas e em consultório de nutrição e dietética, por meio de ações, programas, pesquisas e eventos, direta ou indiretamente relacionados a alimentação e nutrição, visando à prevenção de doenças, promoção, manutenção e recuperação da saúde.

Diante desse contexto, nos próximos parágrafos deste capítulo, abordaremos a evolução do cenário brasileiro na saúde pública, relacionado diretamente com a nutrição, e as principais atribuições e atividades do nutricionista no campo da saúde pública e saúde coletiva.

O CENÁRIO BRASILEIRO NA SAÚDE PÚBLICA

A elevação em níveis epidêmicos das doenças crônicas que está ocorrendo tanto em países desenvolvidos quanto em desenvolvimento está relacionada com as mudanças na dieta e no estilo de vida ocorridas nas últimas décadas. É consenso que a dieta e a atividade física são fatores importantes na promoção e na manutenção da saúde durante todo o ciclo da vida, e que as características da dieta podem determinar não somente a saúde do indivíduo no momento presente, mas também influenciar o desenvolvimento, em um período de vida mais tardio, das doenças crônicas não transmissíveis (DCNT), como câncer, doenças cardiovasculares e diabetes.

O Brasil, seguindo a tendência mundial, passa por um processo de transição, com mudanças no perfil demográfico, epidemiológico e nutricional. Observam-se, nas últimas quatro décadas, diminuição das taxas de fecundidade e natalidade, e aumento progressivo da expectativa de vida e da proporção de idosos em relação aos demais grupos etários. O Brasil tem uma das populações que envelhece mais rapidamente. A maioria dos adultos brasileiros mais velhos nasceu na área rural, mas hoje vive em centros urbanos; passou por adversidades econômicas ao longo

Capítulo 15 O nutricionista no campo da saúde pública **187**

da vida, recebeu pouca ou nenhuma educação formal e trabalhou em ocupações de baixa qualificação e remuneração.

A expectativa de vida saudável dos brasileiros é de 59,8 anos, 12 a menos que a expectativa de vida. Em paralelo, surge um novo perfil de morbimortalidade, com redução acentuada na mortalidade infantil, da mortalidade por doenças infecciosas e crescimento das DCNT. No entanto, esse quadro é heterogêneo no país, ocasionando uma dupla carga de doenças, vinculado às condições socioeconômicas e de acesso a serviços em diversas regiões brasileiras.[3]

No Brasil, durante séculos, as desigualdades sociais, étnicas e regionais foram gritantes, consequência de uma indesejável liderança entre os países em termos de concentração de renda e desigualdades econômicas. Porém, a "Reforma Sanitária" – termo usado para se referir ao conjunto de ideias em relação às mudanças e transformações necessárias na área da saúde nas décadas de 1970 e 1980 –, a criação do Sistema Único de Saúde e, mais recentemente, os programas de transferência de renda, em conjunção com um período de estabilidade econômica e crescimento econômico nos últimos anos, mesmo com o recente cenário de crise, colaboraram para diminuir a concentração de renda. De fato, as taxas de mortalidade por DCNT, padronizadas por idade, diminuíram recentemente, em resposta a bem-sucedidas políticas públicas que levaram à diminuição do tabagismo e à expansão ao acesso a serviços de atenção primária à saúde. No entanto, a prevalência de diabetes e hipertensão está aumentando, em paralelo ao excesso de peso, como consequência das mudanças desfavoráveis no padrão de dieta e atividade física. Apesar dessa queda, as DCNT são um problema de saúde prioritário, tendo em vista que 72% de todas as mortes em 2013 foram atribuídas a esse grupo de doenças. A morbidade e a mortalidade causadas pelas DCNT são maiores entre a população mais pobre.[3]

PADRÃO DE CONSUMO DE ALIMENTOS

Na Pesquisa de Orçamentos Familiares 2008-2009 introduziu-se o Inquérito Nacional de Alimentação (INA), que avaliou, com medidas repetidas, o consumo alimentar individual dos brasileiros, permitindo estimar a distribuição da ingestão habitual de alimentos e nutrientes pela primeira vez no Brasil. Verificou-se que o consumo alimentar da população brasileira combina a tradicional dieta à base de arroz e feijão com alimentos com poucos nutrientes e muitas calorias; e que a ingestão diária de frutas, legumes e verduras está abaixo dos níveis recomendados pelo Ministério da Saúde (de 400 g) para mais de 90% da população. O inquérito Vigitel, apesar da metodologia diversa, também relatou baixo consumo desse grupo de alimentos, em proporções semelhantes (93%).[4] Em São Paulo, inquérito com adolescentes do estudo ISA-Capital, em 2003, evidenciou a mesma situação, com 93,6% não atingindo a recomendação.[5]

A prevalência de inadequação de ingestão de nutrientes foi consistente no decorrer dos estágios de vida, nas áreas urbana e rural, e em ambos os gêneros. As maiores prevalências de inadequação de ingestão foram observadas para as vitaminas A, E, D e C, e para os minerais cálcio, fósforo e magnésio – resultados estes que convergem com o observado para adolescentes do município de São Paulo. Chama a atenção, no entanto, a elevada prevalência (em torno de 80%) de ingestão de sódio acima dos limites seguros; a elevada prevalência de ingestão de gordura saturada – 82% dos indivíduos com ingestão acima do limite recomendado de 7%; e a baixa ingestão de fibra (menor ou igual a 12,5g/1000 kcal) por 68% dos indivíduos.

Esses números refletem a baixa qualidade atual da dieta do brasileiro, sem grandes distinções de gênero ou região geográfica, indicando a necessidade de aumento no consumo de frutas, verduras e legumes, leite e derivados, da valorização da alimentação tradicional à base de arroz e feijão, da diminuição do consumo de sal e da inclusão de alimentos integrais. O consumo alimentar do brasileiro hoje está constituído de alimentos de alto teor energético e baixo teor de nutrientes.[6]

As ações mais efetivas em saúde pública são usualmente as que visam populações. Medidas educativas dirigidas ao indivíduo, na ausência de ações que amparem as mudanças, em geral têm efeitos reduzidos. A responsabilidade individual para adoção de um estilo de vida saudável precisa ser vista como desejada e exigida pela sociedade, e contar com o suporte do ambiente para que seja sustentável. As mudanças estão ocorrendo rapidamente e os custos são grandes em termos de saúde. Portanto, a prioridade na agenda governamental e de suporte político para a promoção da alimentação saudável e estilos de vida ativos precisa ser

Capítulo 15 O nutricionista no campo da saúde pública **189**

continuamente demandada pelos agentes sociais e de academia, com foco em ações amplas, e não apenas voltada a medidas individuais.

OS PROGRAMAS NACIONAIS DE ALIMENTAÇÃO E NUTRIÇÃO, O NUTRICIONISTA E A PROMOÇÃO DA ALIMENTAÇÃO SAUDÁVEL E ADEQUADA

No campo da saúde coletiva, dentre os principais programas de alimentação e nutrição vigentes no Brasil que preveem a atuação do nutricionista estão o Programa Nacional de Alimentação Escolar (Pnae) e o Programa de Alimentação do Trabalhador (PAT).

O Pnae, de responsabilidade do Fundo Nacional de Desenvolvimento da Educação (FNDE), objetiva contribuir para o crescimento e o desenvolvimento biopsicossocial, a aprendizagem, o rendimento escolar e a formação de práticas alimentares saudáveis dos alunos matriculados em toda rede pública de ensino.[7] Para tanto, sua legislação prevê a atuação do nutricionista, enquanto responsável técnico, para a correta execução do programa nas escolas. Dentro do Pnae, o nutricionista deve exercer atividades de educação alimentar e nutricional, além de avaliar e monitorar o estado nutricional dos alunos, e oferecer-lhes, durante o período letivo, de forma universal, refeições que atendam a suas necessidades nutricionais específicas.[7]

Já o PAT, ligado ao Ministério do Trabalho e Emprego, prioriza o atendimento alimentar e nutricional aos trabalhadores que ganham até cinco salários mínimos mensais.[8] Sua legislação também prevê o nutricionista como responsável técnico pela execução do programa, que deve se comprometer com o correto exercício das atividades nutricionais, visando à promoção da alimentação saudável ao trabalhador.[8] Ademais, as Unidades de Alimentação e Nutrição vinculadas ao PAT também devem promover ações de educação nutricional, inclusive mediante a disponibilização, em local visível ao público, de sugestão de cardápio saudável aos trabalhadores.[8]

Contudo, além do Pnae e do PAT, com a criação da Coordenação Geral da Política de Alimentação e Nutrição (CGPAN), novas ações intersetoriais foram estabelecidas pela área técnica do Ministério da Saúde, que reconheceu a atuação do nutricionista no combate à obesidade e às DCNT, instituindo, em 1999, a primeira Política Nacional de Alimentação e Nutrição (Pnan).

A NUTRIÇÃO, O SISTEMA ÚNICO DE SAÚDE E O SISTEMA DE SEGURANÇA ALIMENTAR E NUTRICIONAL

A partir da publicação da primeira edição da Pnan, um conjunto de políticas públicas, que visava respeitar, proteger, promover e prover os direitos humanos à saúde e à alimentação adequada, fortaleceu a importância da alimentação e nutrição no contexto da saúde pública, destacando a atuação do nutricionista nesse campo. No entanto, foi apenas em 2011, com a revisão da Pnan, que a atenção nutricional no âmbito do Sistema Único de Saúde (SUS), com foco na vigilância, prevenção e cuidado integral de agravos relacionados à alimentação e nutrição, conseguiu se estabelecer.

Em sua segunda edição, a Pnan buscou melhorar as condições de alimentação, nutrição e saúde da população, por meio de ações que objetivavam não apenas a promoção das práticas alimentares saudáveis e a redução do risco para ganho de peso e desenvolvimento de DCNT, mas também conhecimento e monitoramento, pelos gestores e pesquisadores, das práticas alimentares e das situações de saúde da população.[9] Assim, no âmbito do SUS, a atuação do nutricionista compreende os cuidados relativos à alimentação e nutrição voltados para a promoção da saúde de indivíduos, famílias e comunidades, além de diagnóstico e tratamento de possíveis agravos nutricionais associados às demais ações de atenção à saúde. As ações nutricionais planejadas e estabelecidas pela Pnan devem ter como princípios norteadores a universalidade, a integralidade, a equidade, a descentralização, a regionalização, a participação popular, a alimentação como elemento de humanização das práticas de saúde, o respeito à diversidade e à cultura alimentar, o fortalecimento da autonomia dos indivíduos, a determinação social, a natureza interdisciplinar e intersetorial da alimentação e nutrição, e a soberania e segurança alimentar e nutricional.[9]

Ações de vigilância alimentar e nutricional

As ações de vigilância alimentar e nutricional, que estão entre as diretrizes da Pnan, correspondem à descrição contínua e ao acompanhamento de tendências das condições de alimentação e nutrição da população, assim como de seus fatores determinantes, e constituem um campo de atuação na área da pesquisa em nutrição em saúde pública.[9]

Os inquéritos populacionais em alimentação e nutrição estão entre as estratégias de vigilância epidemiológica utilizadas pelo Ministério da

Saúde para implementação da vigilância alimentar e nutricional no Brasil. Essas informações auxiliam a embasar o planejamento, o monitoramento e o gerenciamento de programas e políticas que visem à melhoria dos padrões de consumo alimentar e do estado nutricional da população.

Ações para a promoção da saúde e da alimentação adequada e saudável

A Promoção da Alimentação Adequada e Saudável (Paas) reflete a preocupação com a prevenção e com o cuidado integral dos agravos relacionados à alimentação e nutrição, como a prevenção das carências nutricionais específicas, a desnutrição e a redução da prevalência do sobrepeso e obesidade, além das DCNT.[9] Assim, as ações da Paas consistem em um conjunto de estratégias que buscam melhorar a qualidade de vida dos indivíduos e coletividades, que são potencializadas pela articulação dos diferentes setores da saúde, com destaque ao nutricionista.

A Paas corresponde a outra diretriz da Pnan e tem por objetivo apoiar estados e municípios brasileiros no desenvolvimento da promoção e proteção à saúde da população, possibilitando um pleno potencial de crescimento e desenvolvimento humano, com qualidade de vida e cidadania, tendo como enfoque prioritário a realização de um direito humano básico, que proporcione a efetivação de práticas alimentares apropriadas dos pontos de vista biológico e sociocultural, bem como o uso sustentável do meio ambiente.

Na Paas, os principais campos de atuação do nutricionista são nas ações de educação alimentar e nutricional, na aplicação dos guias alimentares e na Estratégia Amamenta e Alimenta Brasil, descritas a seguir.

Educação alimentar e nutricional e o Guia Alimentar para a População Brasileira

A educação alimentar e nutricional (EAN) se caracteriza como um campo de conhecimento e de prática contínua e permanente, que busca o desenvolvimento de habilidades pessoais por meio de processos participativos. A EAN pode ser compreendida como um processo de diálogo, que objetiva contribuir com a realização do direito humano à alimentação adequada e com a garantia da segurança alimentar e nutricional por meio da valorização da cultura alimentar e da sustentabilidade, permitindo que os indivíduos, grupos e comunidades adotem hábitos alimentares saudáveis, de forma consciente e autônoma.

As atividades de EAN estão previstas em diferentes programas alimentares e vislumbram a atuação do nutricionista na troca de informações e no empoderamento de grupos populacionais. Dentre as ferramentas de EAN, destaca-se o Guia Alimentar para a População Brasileira, desenvolvido pelo Ministério da Saúde, que configura um instrumento de apoio às ações de Paas previstas nas diretrizes da Pnan. Trata-se de um instrumento informativo que define os parâmetros do país sobre alimentação saudável, almejando à promoção da saúde. O Guia Alimentar para a População Brasileira se constitui como instrumento para apoiar o nutricionista nas ações de EAN, incentivando práticas alimentares saudáveis no âmbito individual e coletivo, além de subsidiar o planejamento de políticas, programas e ações que visem incentivar, apoiar, proteger e promover a saúde e a segurança alimentar e nutricional da população.[10]

Estratégia Amamenta e Alimenta Brasil

A Estratégia Amamenta e Alimenta Brasil, lançada em 2012, objetiva qualificar as ações de promoção do aleitamento materno e da alimentação complementar saudável para crianças menores de dois anos de idade, e aprimorar as competências e habilidades dos profissionais de saúde para a promoção do aleitamento materno e da alimentação complementar como atividade de rotina das unidades básicas de saúde (UBS).[11]

A estratégia resulta da integração de duas ações importantes do Ministério da Saúde: a Rede Amamenta Brasil e a Estratégia Nacional para a Alimentação Complementar Saudável (Enpacs), que se uniram com o compromisso de formar recursos humanos para atuar na atenção básica, incluindo nutricionistas. A estratégia tem como princípio norteador a educação permanente em saúde, com base na metodologia crítico-reflexiva. Assim, para a efetivação da estratégia, os estados e municípios devem se organizar na formação dos profissionais da atenção básica por meio de duas ações: a formação de tutores e a realização de oficinas de trabalho nas UBS.

Ações para a prevenção e o controle de agravos nutricionais

Apesar da constatação da ocorrência da transição nutricional no Brasil, ainda se observa, em algumas regiões e populações, a prevalência de quadros de desnutrição e de deficiências nutricionais. Por sua vez, a deficiência de micronutrientes, ao longo do tempo, vem se destacando como importante problema de saúde pública no país, dentre os quais, a deficiência de iodo, ferro e folato. Dessa maneira, o Ministério da Saúde, por meio de um conjunto de amplas ações de diversos setores, vem contribuindo para a prevenção e o controle dos agravos nutricionais. Entre as principais ações, destacam-se as políticas de fortificação de ferro e ácido fólico nas farinhas de trigo e milho, e de fortifcação de iodo no sal.

A fortificação em massa de alimentos, que consiste na adição mandatória de um ou mais micronutrientes em alimentos amplamente consumidos pela população em geral, tem uma longa história como estratégia de saúde pública para controlar a desnutrição de micronutrientes e erradicar doenças associadas à sua deficiência. Portanto, é uma política frequentemente adotada quando há um risco de a população ser ou tornar-se deficiente em micronutrientes específicos, como no caso do ferro, ácido fólico e iodo, gerando um problema de saúde pública.

No Brasil, desde junho de 2004, o Ministério da Saúde e a Agência Nacional de Vigilância Sanitária (Anvisa) tornam obrigatória a fortificação com ácido fólico e ferro (4,2 mg de ferro e 150 mcg de ácido fólico) de todas as farinhas de trigo e milho, comercializadas ou produzidas no país, pela necessidade de reduzir a prevalência de anemia ferropriva em pré-escolares e gestantes, no caso do ferro, e à necessidade de reduzir a prevalência de doenças do tubo neural, no caso do ácido fólico, destacando experiências internacionais positivas. O mineral iodo, por sua vez, vem sendo adicionado ao sal de consumo humano desde a década de 1950, quando aproximadamente 20% da população apresentavam distúrbio por deficiência de iodo. Assim, com o propósito de diminuir essas altas prevalências, adotou-se a iodação em massa do sal. Os valores de adição eram de 20 a 60 mg/kg de sal. Todavia, em 2013, houve adequações à legislação (15mg/kg a 45 mg/kg) em razão da redução na prevalência desses distúrbios no Brasil.

Nesse contexto, fica claro que o nutricionista pode atuar ativamente nas equipes multiprofissionais e intersetoriais, criadas por entidades públicas ou privadas, destinadas a planejar, coordenar, supervisionar, implementar, executar e avaliar as políticas; além de participar da elaboração e revisão dessas legislações. Adicionalmente, o profissional pode contribuir em planejamento, implementação e análises de inquéritos e estudos epidemiológicos que visam monitorar e aferir as ações do programa de fortificação, proporcionando a oportunidade de avaliar não só a qualidade da execução e entrega de um programa, mas também o grau em que o programa atinge a população-alvo e suas necessidades.

CONSIDERAÇÕES FINAIS

O Brasil, consoante com o fenômeno global de transição, vem rapidamente substituindo o problema da escassez pelo problema do excesso dietético. Esse cenário leva à adoção de uma Política Nacional de Alimentação e Nutrição que explicita a agenda de nutrição para a saúde e para a sociedade, buscando integrar os diversos atores sociais em suas ações. Dentre as diretrizes que merecem destaque estão:

- Monitoramento da situação alimentar e nutricional da população brasileira.
- Prevenção e controle das carências nutricionais e das doenças associadas à alimentação e nutrição.
- Promoção de práticas alimentares e estilos de vida saudáveis.

Apesar disso, o rápido aumento da obesidade, hipertensão e diabetes continua, o que mostra a ineficácia das ações tomadas até o momento. Está posto o desafio para a adoção e implantação de ações adicionais.

Nota-se que o nutricionista tem atuação relevante nas ações voltadas à prevenção e ao controle de agravos nutricionais, e, mais importante ainda, que os resultados obtidos no monitoramento e na avaliação fornecem informações necessárias aos gestores públicos, permitindo tomar decisões sobre continuidade, expansão, replicação e revisão das políticas públicas e de programas de alimentação e nutrição.

REFERÊNCIAS BIBLIOGRÁFICAS

1. Campos GWS. Saúde pública e saúde coletiva: campo e núcleo de saberes e práticas. Ciênc Saúde Coletiva 2000;5(2):219-230.
2. Conselho Federal de Nutricionistas (CFN). Resolução n. 600, de 25 de Fevereiro de 2018. Dispõe sobre a definição das áreas de atuação do nutricionista e suas atribuições, estabelece parâmetros numéricos de referência, por área de atuação, para efetividade dos serviços prestados à sociedade e dá outras providências. Brasília: Diário

Oficial da União; 25 fev. 2018. Disponível em: http://www.cfn.org.br/wp-content/uploads/resolucoes/Res_600_2018.htm. Acesso em: 17 maio 2018.

3. Schmidt MI, Duncan BB, Azevedo e Silva G, Menezes AM, Monteiro CA, Barreto SM et al. Chronic non-communicable diseases in Brazil: burden and current challenges. Lancet 2011 Jun 4;377(9781):1949-61.

4. Moura EC, Malta DC, de Morais Neto OL, Monteiro CA. Prevalence and social distribution of risk factors for chronic noncommunicable diseases in Brazil. Rev Panam Salud Publica 2009 Jul;26(1):17-22.

5. Bigio RS, Verly-Junior E, Castro MA et al. Determinants of fruit and vegetable intake in adolescents using quantile regression. Rev Saúde Pública 2011 Jun;45(3):448-56.

6. Instituto Brasileiro de Geografia e Estatística (IBGE). Pesquisa de Orçamentos Familiares 2008-2009. Análise do consumo alimentar pessoal no Brasil. Rio de Janeiro; IBGE, 2011. Disponível em: https://biblioteca.ibge.gov.br/visualizacao/livros/liv50063.pdf. Acesso em: 17 maio 2018.

7. Brasil. Ministério da Educação. Fundo Nacional de Desenvolvimento da Educação. Resolução CD/FNDE n. 26, de 17 de junho de 2013. Dispõe sobre o atendimento da alimentação escolar aos alunos da educação básica no âmbito do Programa Nacional de Alimentação Escolar – PNAE. Brasília: Diário Oficial da União; 17 jun. 2013. Disponível em: http://www.fnde.gov.br/acesso-a-informacao/institucional/legislacao/item/4620-resolu%C3%A7%C3%A3o-cd-fnde-n%C2%BA-26,-de-17-de-junho-de-2013. Acesso em: 17 maio 2018.

8. Brasil. Ministério do Trabalho e Emprego. Secretária de Inspeção do Trabalho, Departamento de Segurança e Saúde no Trabalho. Portaria n. 193, de 5 de dezembro de 2006. Altera os parâmetros nutricionais do Programa de Alimentação do Trabalhador – PAT. Brasília: Diário Oficial da União; 07 dez. 2006. Disponível em http://crn3.org.br/Areas/Admin/Content/upload/file-0711201572630.pdf. Acesso em: 17 maio 2018.

9. Brasil. Ministério da Saúde. Secretaria de Atenção à Saúde. Departamento de Atenção Básica. Política Nacional de Alimentação e Nutrição. 2.ed. Brasília: Ministério da Saúde; 2012. Disponível em: http://bvsms.saude.gov.br/bvs/publicacoes/politica_nacional_alimentacao_nutricao.pdf. Acesso em: 17 maio 2018.

10. Brasil. Ministério da Saúde. Guia alimentar para a população brasileira. 2.ed. Brasília: Ministério da Saúde; 2014. Disponível em: http://bvsms.saude.gov.br/bvs/publicacoes/guia_alimentar_populacao_brasileira_2ed.pdf. Acesso em: 17 maio 2018.

11. Brasil. Ministério da Saúde. Gabinete do Ministro. Portaria n. 1920, de 5 de setembro de 2013. Institui a estratégia nacional para promoção do aleitamento materno e alimentação complementar saudável no Sistema Único de Saúde (SUS) – Estratégia Amamenta e Alimenta Brasil. Brasília: Diário Oficial da União; 6 set. 2013. Disponível em: http://bvsms.saude.gov.br/bvs/saudelegis/gm/2013/prt1920_05_09_2013.html. Acesso em: 17 maio 2018.

CAPÍTULO 16

O nutricionista em alimentação coletiva

Diogo Thimoteo da Cunha

INTRODUÇÃO

O nutricionista é conhecido por ser um profissional generalista, ou seja, o estudante deve, em sua formação, construir conhecimento envolvendo saberes e práticas de diversas áreas. Aprendendo de anatomia a administração, espera-se que o nutricionista* possa atuar em variados segmentos que envolvam alimentação e nutrição, como nutrição clínica, saúde coletiva, marketing, nutrição em esportes, docência e alimentação coletiva.

A nutrição em alimentação coletiva é uma grande área da nutrição definida pelo Conselho Federal de Nutricionistas (CFN) como: "área de atuação do nutricionista que abrange o atendimento alimentar e nutricional de coletividade ocasional ou definida, sadia ou enferma, em sistema de produção por gestão própria (autogestão) ou sob a forma de concessão (gestão terceirizada)".[1] Sendo assim, a alimentação coletiva envolve o trabalho do nutricionista em diversos locais que servem refeições, como restaurantes comerciais, hospitais, escolas, hotéis, restaurantes de empresas, entre outros.

---

* Entende-se por nutricionista o profissional que concluiu o curso de Bacharel em Nutrição e esteja regularmente inscrito no Conselho Regional de Nutricionistas (CRN) da região em que atua.

O aumento do consumo de alimentos fora do lar é uma realidade do atual padrão de vida do brasileiro. Alimentação fora do lar refere-se a restaurantes, escolas, *fast-food*, entregas em domicílio, empresa em que trabalha ou qualquer outro local fora de casa em que se produz alimentação/refeições. No Brasil, o consumo de alimentos fora do lar aumentou de 22,2% em 2002-2003 para 27,9% em 2008-2009.[2] Esses dados mostram a importância do setor de alimentação coletiva do ponto de vista econômico e a oportunidade de trabalho a nutricionistas.

O trabalho do nutricionista em alimentação coletiva envolve atividades que são privativas a esse profissional. A Lei nº 8.234, de 1991, estabelece que planejamento, organização, direção, supervisão e avaliação de serviços de alimentação e nutrição são atividades exclusivas do nutricionista.[3] A promulgação dessa lei garante que a população seja assistida por um profissional adequado no planejamento e gerenciamento de locais que produzem refeições.

Considerando isso, este capítulo pretende apresentar o trabalho do nutricionista nos diferentes contextos da alimentação coletiva, discutindo suas atribuições e formas de atuação.

DOIS CENÁRIOS DE ATUAÇÃO: RESTAURANTES COMERCIAIS E INSTITUCIONAIS

No Brasil, a área que abrange os estabelecimentos que comercializam ou oferecem alimentação ou refeições fora do lar é definida como alimentação coletiva. A organização deste capítulo levará em conta que a alimentação coletiva se divide em duas áreas distintas: restaurantes comerciais e restaurantes institucionais. Essa divisão e terminologia possui premissas de origem francesa (*restauration comercial* e *restauration collective*),[4] entretanto, são termos amplamente utilizados por profissionais da área e em legislações correlatas.

Em outros materiais é possível encontrar diferentes terminologias para identificar os restaurantes, como classificá-los em unidades de alimentação e nutrição (UAN) ou unidades produtoras de refeições (UPR), geralmente utilizados para se referir a restaurantes institucionais. Além disso, é possível encontrar termos herdados da língua inglesa, como *ca-*

tering,* utilizado na Europa, e *food service* (serviço de alimentação, em português), utilizado no inglês norte-americano. Ambos os termos são referentes a locais de alimentação fora do lar.[4] É importante ressaltar que a utilização desses termos representa apenas diferentes pontos de vista e referenciais utilizados na classificação dos restaurantes e não uma discussão de certo ou errado.

Considerando a divisão da área "alimentação coletiva" em estabelecimentos institucionais e comerciais, é importante identificar as características que os diferem, sendo o primeiro aspecto o público. Nos restaurantes institucionais, o público geralmente é cativo, ou seja, deve se alimentar no local em que trabalha, estuda ou está internado. O termo cativo nesse contexto não indica que a pessoa é obrigada a se alimentar no restaurante, mas que ela possui pouca ou nenhuma outra opção de local para alimentação, ou que a opção oferecida pela instituição é aquela com melhor custo-benefício. Já os restaurantes comerciais costumam ter clientela rotativa, ou seja, diferentes pessoas se alimentam ali a cada dia. O público geralmente não possui vínculo com o estabelecimento ou vantagens em se alimentar no local.

Essas características de público afetam diretamente as peculiaridades do cardápio e, consequentemente, o trabalho do nutricionista, sendo o cardápio o segundo ponto que distingue os dois tipos de estabelecimentos. Em restaurantes institucionais, o cardápio deve obrigatoriamente ser diferente a cada dia, com variedade de alimentos, ter opções saudáveis, diversos tipos de preparações e consistências. Já o restaurante comercial pode ou não alterar seu cardápio, dependendo da estratégia de captação de clientes que utiliza. Um restaurante comercial pode atrair clientes por variar todos os dias seu bufê de autosserviço ou, por exemplo, servir uma preparação diferenciada e ser procurado justamente por isso, como normalmente fazem as churrascarias e lanchonetes *fast-food,* por exemplo. A Figura 16.1 apresenta o resumo dessas características e exemplos de estabelecimentos institucionais e comerciais.

---

* No Brasil este termo é geralmente utilizado para alimentação preparada ou pré-preparada transportada, como aquelas servidas em avião, navio etc.

		Característica do público	Característica do cardápio	Exemplos
Alimentação coletiva	Alimentação institucional	Cativo	Rotativo	Unidades de alimentação e nutrição ou restaurantes de empresas, indústrias, creches, escolas, instituições de longa permanência para idosos, universidades públicas, hospitais
		Característica do público	Característica do cardápio	Exemplos
	Alimentação comercial	Rotativo	Fixo ou rotativo	Restaurantes comerciais (à *la carte*, por quilo, bufê livre), restaurante de hotéis, lanchonetes, *food trucks*, comércio ambulante, padarias

Figura 16.1. Características que diferenciam restaurantes institucionais e comerciais.

Atuação do nutricionista em restaurantes institucionais

Somente o nutricionista pode assumir a responsabilidade técnica de restaurantes institucionais. Ou seja, nenhum outro profissional, nem mesmo um técnico em nutrição, pode se responsabilizar por um restaurante institucional. Isso se dá pelas normativas do CFN, em especial a Lei n. 8.235, de 1991,[3] e a Resolução nº 600, de 2018,[1] e as normativas do Programa de Alimentação do Trabalhador (PAT)[5], explicadas com mais detalhes adiante.

Como o público que utiliza restaurante institucional geralmente é cativo, o nutricionista, além de fazer a gestão administrativa do local, deve promover uma alimentação saudável e adequada às pessoas. Essa alimentação deve apresentar características sensoriais apropriadas, ser aceita pelo público, respeitar hábitos alimentares e culturais, ser equilibrada do ponto de vista nutricional, ser adequada do ponto de vista microbiológico e prevenir o aparecimento de doenças provenientes de hábitos alimentares inadequados. Nessa perspectiva, o nutricionista se torna responsável direto pela saúde dos comensais.

Figura 16.2. Atividades obrigatórias do nutricionista responsável técnico por restaurantes institucionais.

A Figura 16.2 apresenta resumidamente as atribuições do nutricionista em restaurantes institucionais.

O primeiro passo de uma boa gestão de um restaurante institucional é ter um local e uma estrutura adequados. O trabalho do nutricionista aliado a uma estrutura física apropriada são fatores fortemente associados a melhor gestão sanitária de restaurantes.[6] A cozinha deve sempre ter espaço compatível com o número de refeições.

Levando em conta a complexidade do cardápio e o número de refeições, o nutricionista deve orientar arquitetos e engenheiros quanto ao tamanho e layout do restaurante, considerando, em especial, as áreas essenciais a qualquer serviço de alimentação, como os locais de: recebimento, armazenamento (seco e refrigerado), pré-preparo, cocção, distribuição, consumo, retorno de bandejas e pratos, higiene de utensílios de mesa, higiene de utensílios de preparação e área para armazenamento dos lixos reciclável e orgânico. Além disso, o número e o dimensionamento dos equipamentos devem ser equivalentes à produção. Existem cálculos para estimar o tamanho dos equipamentos, mas geralmente as empresas já fornecem a capacidade e a velocidade. O nutricionista deve ser capaz de selecionar as melhores opções.

O planejamento do cardápio é uma das atividades mais importantes dentre as descritas como atribuições do nutricionista. A definição do padrão e dos itens do cardápio norteará a gestão e o controle das outras atividades, como: gestão de recursos humanos, controle de matéria-prima, controle dos utensílios e equipamentos, planejamento físico, controle de qualidade etc. Restaurantes institucionais que servem refeições a trabalhadores, como aqueles em indústrias e empresas, poderão ser signatários do PAT, que é um programa do governo federal que estimula empregadores a oferecerem refeições nutricionalmente adequadas aos trabalhadores em troca de incentivos fiscais.

As normativas do PAT exigem que o responsável técnico do programa seja um nutricionista, que deve planejar o cardápio seguindo recomendações nutricionais específicas, conforme definido na Portaria Interministerial nº 66, de 2006[7] (Tabela 16.1).

Além disso, a Portaria estabelece que nas refeições principais (almoço, jantar e ceia) deverão ser oferecidas no mínimo uma porção de frutas e uma porção de verduras ou legumes, e nas refeições menores (desjejum e lanches), pelo menos uma porção de fruta.

Com o cardápio elaborado, é preciso assegurar que as preparações sejam feitas conforme as fichas técnicas definidas pelo nutricionista e que possuam qualidade sanitária. A maior parte dos surtos envolvendo alimentos ocorrem por falhas na manipulação, principalmente no binômio tempo/temperatura ou contaminação direta do manipulador por intermédio de suas mãos, equipamentos ou utensílios mal higienizados.[8]

A gestão das boas práticas pode ser complexa, principalmente porque o líder em boas práticas – neste caso, o nutricionista – deve não apenas treinar os manipuladores de alimentos, mas também motivá-las ao uso de práticas corretas. Do ponto de vista prático, os seguintes pontos podem ser seguidos:

1. Avaliar o restaurante observando estrutura física, fornecedores e práticas dos manipuladores de alimentos. Para essa etapa, podem-se utilizar listas de verificação (*check-list*).

Tabela 16.1. Distribuição de calorias, macronutrientes, fibra e sódio nas refeições principais e menores oferecidas em estabelecimentos signatários do PAT

Nutriente	Desjejum/lanche	Almoço/jantar/ceia
Calorias (Kcal)	300 a 400*	600 a 800*
Carboidratos (%)	60	60
Proteínas (%)	15	15
Gorduras (%)	25	25
Gorduras saturadas (%)	<10	<10
Fibras (g)	4-5	7-10
Sódio (mg)	360-480	720-960
NDPCal (%)	6-10	6-10

* É tolerado um acréscimo de calorias de até 20% (400 Kcal) em relação ao valor energético total de 2.000 Kcal por dia.

2. Avaliar o conhecimento dos manipuladores de alimentos identificando se as falhas observadas na primeira etapa são decorrentes de falta de conhecimento ou falta de atitude/motivação para a prática correta.

3. Realizar treinamento teórico para suprir as falhas de conhecimento, focando nos pontos falhos observados na primeira etapa.

4. Elaborar o Manual de Boas Práticas e Procedimentos Operacionais Padronizados de forma clara e objetiva.

5. Elaborar planos de ação para corrigir as falhas observadas, em especial aquelas com maior potencial para surtos (falhas na relação tempo e temperatura dos alimentos e falhas que permitem a contaminação dos alimentos, como falta de higiene).

6. Observar as práticas dos manipuladores de alimentos e corrigi-las nos momentos que as falhas ocorrem.

7. Reavaliar e reiniciar o processo, atualizando o Manual de Boas Práticas e corrigindo novas falhas.

Esses pontos podem auxiliar o nutricionista, mas não são únicos. Trabalhar com boas práticas exige sensibilidade para compreender a natureza das falhas, atenção para avaliar adequadamente as práticas e dedicação para corrigi-las.

Em alimentação coletiva institucional, o nutricionista deve realizar educação nutricional e conhecer o estado nutricional dos comensais para a elaboração de um cardápio adequado. É importante que o nutricionista saiba quais doenças ou carências nutricionais os comensais possuem para que eles possam ter uma alimentação diferenciada voltada para tratamento ou não agravamento da situação observada. Esse diagnóstico pode ocorrer por meio de uma avaliação nutricional, encaminhamento de um médico ou nutricionista interno ou externo à empresa, exames periódicos dos funcionários ou até mesmo ser autorreferido por eles.

A educação nutricional é definida por práticas contínuas e permanentes que visam promover a prática autônoma e voluntária de hábitos alimentares saudáveis.[9] Nesse contexto, elaborar um cardápio que possibilite essas escolhas é o primeiro passo que o nutricionista em alimentação coletiva institucional deve fazer. Posteriormente, estratégias educativas podem ser incorporadas à rotina dos comensais, como informação nutricional das preparações, sugestões de escolhas dentre as opções do cardápio, informativos técnicos, envio de orientações por e-mail ou celular, atividades práticas, gincanas e competições, palestras e outras atividades que possam motivar uma alimentação mais saudável.

As atribuições descritas neste texto e na Figura 16.2 são atividades que minimamente se esperam do nutricionista nesse segmento. Outras atividades e atribuições podem e devem ser incluídas para melhor gestão e funcionamento do restaurante, como controle ambiental, planejamento de eventos, realização de estudos científicos na área, recebimento de estagiários etc. Portanto, não devemos nos limitar às legislações, e sim buscar estratégias inovadoras para nos tornarmos profissionais de destaque.

Atuação do nutricionista em restaurantes comerciais

Diferente dos estabelecimentos institucionais, em estabelecimentos comerciais, qualquer profissional pode assumir a responsabilidade técnica, tenha esse profissional ensino superior ou não. A Resolução da Diretoria Colegiada (RDC) nº 216, da Agência Nacional de Vigilância Sanitária (Anvisa),[10] no item 4.12.1 determina que "O responsável pelas atividastrongvidades de manipulação de alimentos deve ser o proprietário ou funcionário designado, devidamente capacitado, sem prejuízo dos casos onde há previsão legal para responsabilidade técnica". Para restaurantes institucionais, há previsão legal para que o responsável seja um nutricionista, já para os comerciais, essa determinação da RDC nº 216 fica a critério dos estabelecimentos.

Considerando o exposto acima, atividades privativas do nutricionista não são exigidas em estabelecimentos comerciais, como elaboração de cardápios saudáveis e adequados, identificação de necessidades nutricionais específicas, cardápios diferenciados para os que têm alguma necessidade especial e educação nutricional.

A Figura 16.3 mostra as atividades que são recomendadas ao nutricionista responsável técnico em restaurantes comerciais. Cabe ressaltar que o nutricionista, assim como qualquer pessoa que assuma a responsabilidade técnica nesses locais, deve obrigatoriamente zelar pelas boas práticas de manipulação de alimentos.

De modo similar a restaurantes institucionais, em restaurantes comerciais, o nutricionista deve fazer gestão de recursos e materiais, coor-

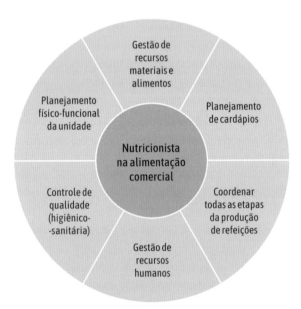

Figura 16.3. Atividades recomendadas para o nutricionista responsável técnico de restaurantes comerciais.

Capítulo 16 O nutricionista em alimentação coletiva **205**

denação das etapas de produção, gerenciamento dos recursos humanos, adequação do local às legislações sanitárias e participar do planejamento físico-funcional.

O cardápio deve ser elaborado considerando uma alimentação saudável, entretanto, deve-se tomar cuidado para que o menu reflita a identidade do restaurante. Por exemplo, ao ser contratado por um restaurante que sirva comida mineira, o nutricionista pode fazer adequações para melhorar o cardápio, mas nunca deixar de oferecer alimentos que caracterizam essa localidade do país. Um restaurante que oferece preparações exclusivas fideliza o público; mudar drasticamente o cardápio pode fazer com que o local perca clientes e, consequentemente, recursos.

Em restaurantes comerciais, o nutricionista pode trabalhar de forma fixa, diária ou pontual, como um consultor ou assessor. Na consultoria, o nutricionista deve realizar avaliações gerais, podendo ser em cardápio planejado, finanças, organização geral, boas práticas, gestão de recursos, entre outros. Um consultor, no geral, não entrega soluções, e sim avalia as falhas e dificuldades. Após a avaliação, o nutricionista elabora um estudo ou parecer sobre o local e entrega ao responsável. Com isso em mãos, o responsável pode planejar as correções. Por sua vez, o nutricionista como assessor deve, além de realizar avaliações, propor melhorias. O assessor deve entregar soluções e ajudar na sua implantação, participando diretamente das ações.

CONSIDERAÇÕES FINAIS

A alimentação coletiva é um campo em expansão e tem se mostrado uma área promissora, com diversas oportunidades e possibilidades de trabalho.

O trabalho do nutricionista em alimentação coletiva é desafiador. Diariamente o profissional desse segmento deve solucionar problemas, trabalhar sua capacidade de lidar com as pessoas e utilizar o conhecimento científico para proporcionar saúde aos comensais e garantir retorno financeiro ao estabelecimento.

É importante que os profissionais que assumam esse desafio se aprimorem e não deixem de buscar conhecimento científico. A ciência da nutrição em alimentação coletiva também evolui rapidamente com novas ferramentas de avaliação, gestão e monitoramento. Além disso, recomenda-se aprimoramento em áreas como: liderança, gestão financeira, administração, controle de qualidade etc.

Por fim, o nutricionista deve conhecer bem as legislações que envolvem o tipo de serviço em que atua. No caso da alimentação coletiva, deve conhecer bem as legislações que envolvem os conselhos de classe, vigilância sanitária e de ministérios, como o da agricultura.

REFERÊNCIAS BIBLIOGRÁFICAS

1. Brasil. Conselho Federal de Nutricionistas. Resolução CFN n. 600/2018. Dispõe sobre a definição das áreas de atuação do nutricionista e suas atribuições, indica parâmetros numéricos mínimos de referência, por área de atuação, para a efetividade dos serviços prestados à sociedade e dá outras providências. Brasília: Diário Oficial da União; 2018. Disponível em: http://www.cfn.org.br/wp-content/uploads/resolucoes/Res_600_2018.htm. Acesso em: 17 maio 2018.
2. Claro RM, Baraldi LG, Martins APB, Bandoni DH, Levy RB. Trends in spending on eating away from home in Brazil, 2002-2003 to 2008-2009. Cad Saúde Pública 2014; 30:1418-26.
3. Brasil. Decreto Lei n. 8.234, de 17 de setembro de 1991. Regulamenta a profissão do nutricionista. Brasília: Diário Oficial da União; 1991.
4. Proença R, Sousa A, Veiros M, Hering B. Qualidade nutricional e sensorial na produção de refeições. Florianópolis: Edufsc; 2005.
5. Brasil. Ministério do Trabalho. Portaria SIT/DSST n. 3 de 1º de março de 2002. Baixa instruções sobre a execução do Programa de Alimentação do Trabalhador – PAT. Brasília: Diário Oficial da União; 2002.
6. Da Cunha DT, De Rosso VV, Stedefeldt E. Desempenho e risco dos serviços de alimentação em segurança dos alimentos e o papel do nutricionista como líder em boas práticas de manipulação. Cien Saúde Colet 2016. Disponível em: http://www.cienciae saudecoletiva.com.br/artigos/desempenho-e-risco-dos-servicos-de-alimentacao-em-seguranca-dos-alimentos-e-o-papel-do-nutricionista-como-lider-em-boas-praticas-de-manipulacao/15934. Acesso em: 17 maio 2018.
7. Brasil. Ministros de Estado do Trabalho e Emprego, da Fazenda, da Saúde, da Previdência Social e do Desenvolvimento Social e Combate à Fome. Portaria Interministerial n. 66, de 25 de agosto de 2006. Altera os parâmetros nutricionais do Programa de Alimentação do Trabalhador – PAT. 2006.
8. Da Cunha DT, De Oliveira ABA, Saccol ALF, Tondo EC, Silva Junior EA, Ginani VC et al. Food safety of food services within the destinations of the 2014 FIFA World Cup in Brazil: Development and reliability assessment of the official evaluation instrument. Food Res Int March 2014;57:95-103.
9. Brasil. Ministério de Desenvolvimento Social e Combate à Fome. Marco de referência de Educação Alimentar e Nutricional para as políticas públicas. Brasília: MDS, Secretaria Nacional de Segurança Alimentar e Nutricional; 2012.
10. Brasil. Ministério da Saúde. Resolução RDC n. 216 de 15 de setembro de 2004. Dispõe sobre Regulamento Técnico de Boas Práticas para Serviços de Alimentação. Brasília: Diário Oficial da República Federativa do Brasil; 16 de set. 2004.

CAPÍTULO 17

Atuação do nutricionista na indústria: um campo muito promissor e pouco conhecido

Geórgia Alvares de Castro
Célia Suzuki

INTRODUÇÃO

A indústria de alimentos se define pela indústria de ingredientes, de bens de consumo e da agroindústria, com o beneficiamento dos seus grãos de soja, milho, trigo e o processamento de carne bovina, frango, peixe etc. A indústria de ingredientes tem como premissa a obtenção de ingredientes, entre eles os aditivos, que podem apresentar funcionalidade no produto acabado, mas também conferir "corpo", textura, características sensoriais desejáveis e perfil nutricional adequado. O trabalho da indústria de ingredientes é atender às necessidades das indústrias de bens de consumo, que são aquelas que vão elaborar e ofertar o produto acabado ao consumidor final.

É um campo muito promissor, já que novas frentes de atuação estão surgindo. Mas isso requer um preparo dos profissionais, tanto na formação quanto nas habilidades comportamentais, para ser capaz de desenvolver equipes de alto desempenho.

ÁREA DE ATUAÇÃO DO NUTRICIONISTA NA INDÚSTRIA ALIMENTÍCIA

O profissional nutricionista pode atuar em diferentes áreas na indústria alimentícia, como:

- Área regulatória e de assuntos científicos.

- Nutrição aplicada ao marketing (comunicação).
- Desenvolvimento de novos produtos.
- Responsabilidade social.

Além dessas, novas áreas de atuação estão emergindo, como: atuação no atendimento nutricional individualizado ou coletivo; suporte à área de serviço de atendimento ao consumidor (SAC); atividades de educação nutricional dos colaboradores das empresas; projetos de bem-estar e qualidade de vida, entre outros.

Atuação na área de assuntos científicos, regulatórios e nutrição

Uma das áreas de atuação do nutricionista na indústria de alimentos é a área de assuntos científicos, regulatórios e nutrição. A descrição dessa função é pautada no entendimento do ambiente externo governamental, acadêmico e científico para que a indústria possa alavancar iniciativas para contribuir com as políticas públicas, os programas de saúde pública, desenvolver produtos mais adequados à população no seu aspecto mais amplo de segurança, com uma nutrição adequada ao hábito alimentar daquela população específica.

Assuntos regulatórios são referentes ao cenário regulatório governamental sanitário do país. O Ministério da Agricultura regula os produtos de origem animal e vegetal, assim como os produtos lácteos, cárneos, pescados, ovos e bebidas não alcóolicas. A Agência Nacional de Vigilância Sanitária (Anvisa) regula vários produtos elaborados industrialmente provenientes de diferentes categorias, como alimentos à base de cereais para alimentação infantil, suplemento alimentar, chocolate, bombons e similares, biscoitos e bolachas, pão, alimentos à base de soja, balas, goma de mascar, alimentos congelados, cappuccino, café, alimentos para nutrição enteral, alimentos para atletas, suplemento vitamínico e mineral, fermento, sal, fórmulas infantis e outros. Também é de competência dessa Agência regulamentações transversais de diversas categorias de produto, como a referente aos aditivos aprovados e seus limites aceitáveis, rotulagem geral e nutricional, legislação referente à microbiologia, contaminantes (micotoxina, metais pesados, materiais estranhos), de alegações nutricionais e alegações de propriedades funcionais e de saúde, entre outras. Mais informações podem ser consultadas tanto no site da Anvisa quanto no do Ministério da Agricultura.

Para aplicar essas regulamentações, é necessário o conhecimento técnico em ciência, tecnologia dos alimentos e nutrição, possibilitando a participação em discussões regulatórias relacionadas à revisão de normas regulatórias ou abertura de uma nova consulta pública de interesse em alimentos com os órgãos reguladores (Ministério da Agricultura, Pecuária e Abastecimento – Mapa e Agência Nacional de Vigilância Sanitária – Anvisa). Nos últimos anos, a agenda regulatória brasileira esteve bastante ativa, tendo recentemente publicado a regulamentação sobre rotulagem de substâncias alergênicas e as consultas públicas sobre a rotulagem de lactose, ambas envolvendo o tema de segurança alimentar. A participação em fóruns com as autoridades governamentais, acadêmicos e o setor produtivo possibilita ao profissional de nutrição e também a outros profissionais buscar o conhecimento de políticas públicas e de preocupação social na área alimentar para fundamentar externamente a posição da empresa em que atuam, assim como comunicar, influenciar e avaliar o impacto na empresa como porta-voz desse contexto regulatório governamental.

No âmbito da saúde, a Organização Mundial da Saúde (OMS), que estabeleceu em maio de 2002 a Estratégia Global em Alimentação, Atividade Física e Saúde, definiu como objetivo geral a promoção e a proteção da saúde por meio da alimentação saudável e da atividade física. As quatro principais frentes são:

- Redução dos fatores de risco para as doenças crônicas oriundas da alimentação não saudável e da inatividade física, conduzindo ações públicas de saúde.
- Aumento do conhecimento a respeito dos fatores de influência positiva na alimentação para intervenções preventivas e do acesso a uma alimentação de qualidade.
- Desenvolvimento, fortalecimento e implementação de políticas e planos de ação global, regionais e nacionais, para melhoria da alimentação, aumento da atividade física, que deve ser sustentável, compreensível e ativamente engajadora para todos os setores.
- Monitoramento da ciência e promoção da pesquisa sobre alimentação e atividade física.

Entre as preocupações apontadas, há a de ingestão de gordura trans, com recomendação de <1% da energia total diária, e do cloreto de sódio, com recomendação de 5 g *per capita* por dia.[1] Por causa do alto consumo dessas substâncias, que está bem acima da recomendação para a população geral, foram estabelecidas diretrizes que cascatearam para a organização Pan-Americana de Saúde e, por conseguinte, para o Ministério da Saúde de cada país sobre os programa de redução desses nutrientes na alimentação regular da população. O Brasil foi um dos pioneiros na adesão a essa recomendação da OMS, e em 2006 foi signatário da América Livre de Trans.

No âmbito da Política de Alimentação e Nutrição, foram feitos acordos de redução de nutrientes críticos, começando pela gordura trans em 2006, e depois com a redução do sódio em 2011; atualmente o nutriente em discussão é o açúcar. Esse Acordo de Cooperação Técnico-Científico foi firmado pelo Ministério da Saúde e pela Associação Brasileira das Indústrias de Alimentos (Abia) no sentido de promover a melhoria do teor desses nutrientes críticos nos seus produtos para diferentes categorias de alimentos (pratos prontos, pão, bolachas e biscoitos, sopas, macarrão instantâneo etc.).[9,21]

A indústria de alimentos trabalhou fortemente com suas equipes técnicas de assuntos científicos, regulatórios e de nutrição, assim como as equipes de desenvolvimento de produto, para buscar alternativas, sempre validadas pelo consumidor e sua aceitação sensorial. A indústria de ingredientes buscou desenvolver novos ingredientes para substituir a gordura, o sal e, agora, o açúcar (conforme cooperação técnica entre a indústria de alimentos e o Ministério da Saúde). Por outro lado, a população necessita de informação e educação para buscar uma mudança de comportamento alimentar: não basta apenas a reformulação de produtos elaborados pela indústria, pois a dona de casa também adiciona sal nas preparações domésticas e utiliza o sal de adição em sua mesa de refeição. A educação e a comunicação são fundamentais para o avanço e a efetividade dessas políticas, programas e acordos público-privados.[10,19,22]

O nutricionista exerce um papel fundamental nessas discussões, fazendo um elo entre programas governamentais e privados, trazendo o conhecimento da saúde pública e da alimentação coletiva. Dessa maneira, pode propor inovações para a mudança do desfecho desses programas, que infelizmente até o momento não trouxeram resultados de redução ou, ao menos, estagnação das doenças crônicas não transmissíveis, como a obesidade.[11] Isso se deve ao fato da necessidade de um trabalho integrado entre todos os atores do cenário: governo, academia, entidades da sociedade civil, organismos não governamentais e setor produtivo.

Cabe ao nutricionista, em colaboração com outros profissionais dentro de uma estratégia multidisciplinar, integral e consistente, trabalhar de forma harmônica na busca do entendimento das reais necessidades das fortalezas de cada setor para atuar no processo de mudança do estilo de vida relacionado aos hábitos alimentares e à atividade física.

O nutricionista que atua na indústria conhece, por meio das ciências dos alimentos, a necessidade de oferecer ao consumidor um alimento seguro e adequado à realidade atual, que seja conveniente e prático; porém, é fundamental que esse mesmo alimento seja gostoso e prazeroso à ocasião de consumo que ele se destina.

Atuação na área de marketing nutricional

Os profissionais devem estar atualizados com relação às principais tendências de nutrição, saúde e bem-estar, principalmente em relação às Diretrizes da OMS e da Organização Pan-Americana de Saúde (OPAS), assim como às políticas de saúde pública locais. Essas diretrizes e políticas de saúde pública devem ser alinhadas com o entendimento do consumidor na busca de produtos que atendam às necessidades nutricionais, em aspectos sociais, econômicos e culturais. Dessa forma, é de grande relevância o entendimento desse cenário para que o trabalho do nutricionista seja de parceria com áreas de negócios da empresa, marketing e vendas, com a finalidade de oferecer produtos adequados à população no que diz respeito a disponibilidade, utilização, estabilidade e acessibilidade, sempre considerando a segurança alimentar e nutricional.

O profissional bem preparado será capaz de:

- Maximizar a dimensão nutricional e de saúde na comunicação das marcas.
- Influenciar a evolução do portfólio de produtos alinhado à estratégia de mercado e à estratégia nutricional de cada categoria de produto.
- Promover a *expertise* nutricional enaltecendo as marcas e seus valores de nutrição, saúde e bem-estar e realizando uma interface entre a área de pesquisa e desenvolvimento e as unidades de negócios. Utilizar as informações/pesquisas de mercado para entender profundamente os desejos, as crenças e as atitudes dos consumidores, trazendo sempre o consumidor no centro da operação, sendo o pivô sobre o qual a empresa se move para atingir os melhores interesses ponderados de todos os envolvidos.

Atuação no desenvolvimento de novos produtos

O profissional pode atuar em projetos de inovação e reformulação/renovação de produtos, com foco em superioridade sensorial e vantagens nutricionais dos produtos.

Atualmente, diante do seu comprometimento em melhorar continuamente o perfil nutricional de seus produtos, as principais multinacionais de alimentos possuem ferramentas que permitem a realização de uma avaliação (*assessment*) nutricional dos produtos. É uma metodologia rigorosa baseada nas recomendações de órgãos nacionais e internacionais de saúde, além de ser um sistema bastante dinâmico, uma vez que seus critérios são regularmente revisados por especialistas para incorporar as mais recentes descobertas em nutrição, saúde e bem-estar. Alguns desses critérios nutricionais foram publicados e fizeram parte do *pledge* acordado no Brasil entre 24 empresas em 2010.[12,18,23]

O nutricionista terá a função de verificar oportunidades de melhoria nutricional, reduzindo os ingredientes/nutrientes que provocam uma percepção negativa do ponto de vista de saúde pública, além de permitir a adição de nutrientes que permitem agregar um valor nutricional superior comparado com a concorrência, ou seja, criar uma vantagem nutricional competitiva. Para obter uma vantagem competitiva, é necessário comunicá-la ao consumidor, e para isso temos a regulamentação de alimentos de alegações nutricionais e de propriedades funcionais e de saúde que devem ser atendidas, além da resolução RDC54/2012 da Anvisa, que trata do Regulamento Técnico sobre Informação Nutricional Complementar.[13]

A avaliação nutricional leva em consideração vários aspectos, segundo critérios nutricionais internacionais estabelecidos por cada empresa:

- O papel do produto/categoria na dieta.
- Quais nutrientes deverão ser limitados ou encorajados.
- Para quem o produto é destinado?
- Quanto significa uma porção?

No entanto, é importante mencionar que não basta ser nutritivo, tem de ser gostoso também. O consumidor não está disposto a abrir mão do sabor. Nesse sentido, as empresas realizam testes sensoriais (cegos) para comparar seus produtos com os dois principais concorrentes para verificar a preferência de sabor, levando-se em consideração todos os sentidos sensoriais. Caso o produto não atenda às preferências do consumidor, ele é reformulado.

O profissional de nutrição poderá atuar também na área de desenvolvimento de produto com a condução de testes de formulação ou reformulação de um determinado produto, com as referidas análises de composição de alimentos, de aspecto sensorial ou mesmo utilizando técnicas analíticas como espectrofotometria e gravimetria. Como profissional técnico, o nutricionista é capaz de incorporar novas habilidades funcionais e técnicas durante sua carreira.

Pesquisa clínica

Com o crescente interesse do consumidor em ter uma vida mais equilibrada, o mercado de alimentos ditos de saúde e bem-estar vem crescendo. Essa é uma forte tendência relacionada com o aumento da expectativa de vida da população associada à busca por viver mais e com qualidade de vida.

Para que possamos buscar evidências científicas para sustentar o conceito de nutrição e benefícios de saúde, faz-se necessário desenvolver conhecimentos e habilidades para a condução de pesquisas clínicas com produtos. Nesse sentido, é importante entender os processos de aprovação junto aos comitês de ética, bem como os processos de aprovação nos órgãos reguladores.

Dentro dos requisitos que a Anvisa estabelece para a aprovação de um novo alimento ou um novo ingrediente, é necessário atender um protocolo de ensaios toxicológicos (*in vitro*, *in vivo*) e ensaios clínicos para demostrar a segurança e a eficácia do produto na manutenção e na promoção da saúde de indivíduos saudáveis.[14-16]

CONHECIMENTO TÉCNICO NÃO É SUFICIENTE

A habilidade técnica não é a única de interesse para o ambiente corporativo das empresas de alimentos. Na verdade, as habilidades comportamentais é que fazem a diferenciação de um profissional em uma determinada função ou posição relacionada às habilidades de liderança, conhecimento do negócio, capacidade de influenciar e ter flexibilidade dentro das organizações, sempre mantendo um posicionamento genuíno e ético para a execução e o exercício da sua profissão.

A formação em nutrição, assim como na maioria das profissões, não desenvolve habilidades comportamentais, mas somente técnicas, e o que diferencia os profissionais são a postura e o comportamento diante da dificuldade, do desafio, da adversidade, e principalmente diante do relacionamento interpessoal com outros profissionais, como outros nutricionistas, engenheiros, publicitários, economistas, gerentes, diretores e presidentes. Ser autêntico em seus valores e ter um propósito genuíno fazem o profissional seguir em frente diante das diferenças, sempre em busca do novo, do conhecimento, para proporcionar uma melhoria contínua, uma evolução nos processos, nos produtos, na empresa. Cabe a cada um de nós, e não aos cursos de formação ou mesmo aos gestores das empresas, contribuir com o desenvolvimento desses profissionais.

Para a atuação na área de marketing nutricional, os fundamentos do marketing complementam o preparo do profissional que deseja ingressar na área.

Para que o profissional de nutrição possa ser bem-sucedido e crescer dentro das empresas, verificamos a necessidade de formação complementar em assuntos regulatórios, comunicações/marketing, uma vez que são poucas as universidades que preparam o profissional para atuar nessa área.

Nota-se que raramente as universidades proporcionam a disciplina Nutrição aplicada ao marketing de alimentos ou ao programa de estágio nessa área como parte da matriz curricular. O mesmo cenário é encontrado para assuntos regulatórios; seu conhecimento geralmente é adquirido quando o profissional entra no mercado de trabalho e, às vezes, por meio de cursos extracurriculares. Quando a disciplina de Marketing Nutricional é oferecida, na maioria das vezes, é simplesmente focada na valorização do conhecimento técnico-científico para o desenvolvimento de produtos alimentícios, na preocupação com a aplicação da rotulagem geral e nutricional de alimentos embalados. Na maioria das vezes, não ocorre o entendimento do contexto regulatório, bem como a atuação na cozinha experimental e no serviço de atendimento ao consumidor.

De fato, esse preparo é necessário para a atuação do profissional na indústria, mas, na prática, mostra-se insuficiente para o exercício e o sucesso profissional nessa área de atuação.

Ao longo da carreira, um gestor executivo de marketing nutricional realiza muitas contratações e desenvolve equipes de alto desempenho. Nesse sentido, deve sempre entender como mais adequados aqueles profissionais que têm alguma especialização na área de comunicação ou marketing. Com relação aos profissionais recém-graduados, deve sempre encorajá-los para que realizem algum curso complementar nessas áreas.

Já no contexto de contratações na área de assuntos científicos, regulatórios e nutrição, cabe o entendimento para aquisições de diferentes profissionais com formações distintas e complementares, a fim de somarem perspectivas e conhecimentos provenientes de outras áreas de atuação, como pesquisa e desenvolvimento de produto, qualidade assegurada e até mesmo marketing nutricional. Durante o exercício na área de assuntos científicos, regulatórios e nutrição, são oferecidos treinamentos internos e externos para a formação do profissional, sendo geralmente 70% *on the job* (no trabalho).

REQUISITOS E HABILIDADES IMPORTANTES QUE O NUTRICIONISTA DEVE TER PARA TRABALHAR NA INDÚSTRIA DE ALIMENTOS

- Habilidades de comunicação verbal e escrita, bem como capacidade de adequar a comunicação para diversos públicos (consumidores, profissionais de saúde, jornalistas, academia, entre outros).
- Entender os desejos e as necessidades do consumidor e estar apto a conectar-se aos seus *insights* e tendências de mercado, para uma melhor aplicação da nutrição no desenvolvimento de produtos e comunicação das marcas.
- Ser capaz de influenciar as áreas de negócios, como marketing e comunicação, participando ativamente de reuniões ou projetos multifuncionais, como parceiro do negócio.
- Liderar e desenvolver pessoas, tendo como propósito investir nas habilidades e conhecimentos dos colaboradores e entender suas competências para auxiliar no desenvolvimento das atividades diárias como forma de garantir a eficiência e o bom trabalho em equipe. Além disso, promover programas de capacitação com base em um plano de carreira e nas metas estabelecidas pela organização.

DIVIDINDO EXPERIÊNCIAS PESSOAIS

Compartilhando um pouco da vivência na indústria de alimentos nos últimos 23-24 anos, experimentamos várias áreas dentro da indústria de

216 Nutrição: Visão Atual e do Futuro

alimentos: desde pesquisa básica, área de análises químicas e bromatológicas, otimização de processo, qualidade e certificação, pesquisa e desenvolvimento, estratégicas de comunicação, gestão de marcas e portfólio na área de nutrição, saúde e bem-estar, e finalmente assuntos científicos, regulatórios e de nutrição. De todas essas desafiadoras vivências, levamos para as nossas vidas a participação no desenvolvimento de profissionais que passaram ao longo da nossa carreira, além da valorização e ampliação do escopo de atuação desses profissionais dentro das empresas em que atuávamos. Isso permitiu que abraçássemos áreas que vão além do escopo de atuação de um nutricionista.

No entanto, a mais relevante é o cuidado com o outro, com a ética e o respeito profissional para a conquista e a superação das barreiras, sempre na busca de atingir metas cada vez mais desafiadoras.

A relação com as pessoas é o que nos faz, e é o que levamos para a vida.

NOVAS FRENTES DE ATUAÇÃO ESTÃO SE ABRINDO DENTRO DA INDÚSTRIA

Nota-se um aumento na quantidade de empresas que se preocupam com a qualidade de vida de seus colaboradores; com isso, ampliam-se as oportunidades de realizar um atendimento nutricional individualizado, bem como atividades de educação nutricional dentro das empresas, como programas de promoção à saúde no ambiente de trabalho, que foram detalhadas no capítulo referente à "Nutrição *in company*".

Criação do valor compartilhado: uma nova maneira de olhar a relação de negócios e sociedade

Cada vez mais, as empresas estão descobrindo novas oportunidades para beneficiar a sociedade e as empresas no contexto que elas operam.

Uma delas é integrar a criação do valor compartilhado na proposta de criação de valor para a sociedade, integrando todos os *stakeholders* para melhoria socioambiental.[17-18]

Outra atividade bastante realizadora em que o nutricionista poderá colaborar destina-se a programas de responsabilidade social, os quais assumem papel significativo nas comunidades, em geral, próximos das unidades fabris da empresa nas quais o programa se estabelece.

Esses programas abrangem desde a gestão de ações de educação nutricional, avaliação do estado nutricional (antropometria, análises clínicas, bioimpedância e calorimetria, conforme as condições de cada empresa), promoção de hortas comunitárias, estímulo à prática de atividade física no ambiente escolar, doação de alimentos, subsídio ao esporte, atividade de voluntariado em saúde e assistencial em comunidades carentes. Em geral, esses programas são fomentados pelas fundações nacionais e internacionais das empresas com expressivos valores de investimento.

CONSIDERAÇÕES FINAIS: ALGUNS PONTOS PARA REFLEXÃO

O profissional de nutrição é comprometido com a saúde pública e a segurança alimentar e, nesse sentido, trabalhar com produtos que alcançam um número grande de pessoas é coincidente com seu propósito. Contribuir no desenvolvimento de produtos, em reformulações, no compartilhamento de informações sobre o contexto de saúde pública – como as Diretrizes da Organização Mundial de Saúde –, na comunicação junto ao consumidor e outras atividades mencionadas neste capítulo abre um espaço para o nutricionista ter uma atuação efetiva.

Sendo assim, busque as informações sobre o papel da indústria de alimentos e como aplicar o conhecimento técnico-científico de modo a atingir mais pessoas e realmente gerar um impacto positivo.

REFERÊNCIAS BIBLIOGRÁFICAS

1. World Health Organization (WHO). Diet, nutrition and the prevention of chronic diseases. Geneva; 2003.
2. World Health Organization (WHO). Global action plan for the prevention and control of NCDs 2013-2020. Geneva; 2013.
3. World Health Organization (WHO). Global recommendations on physical activity for health. Geneva; 2010.
4. World Health Organization (WHO). Noncommunicable diseases country profiles 2011. Geneva; 2011.
5. World Health Organization (WHO). Obesity: preventing and managing the global epidemic: Report of a WHO Consultation on Obesity. Geneva; 2000.
6. World Health Organization (WHO). Preventing Chronic Diseases: a vital investment. Geneva; 2005.
7. World Health Organization (WHO). Sample size determination in health studies: a practical manual. Geneva, 1991.
8. World Health Organization (WHO). Summary: surveillance of risk factors for non--communicable diseases: The WHO STEP wise approach. Geneva; 2001.

218 Nutrição: Visão Atual e do Futuro

9. World Health Organization (WHO). Process for developing the global strategy. Global strategy on diet, physical activity and health. Feb. 2003. Disponível em: http://whqlib doc.who.int/hq/2003/WHO_NMH_EXR.02.2_Rev.1.pdf. Acesso em: 13 jul. 2016.
10. Powles J, Fahimi S, Micha R, Khatibzadeh S, Shi P, Ezzati M et al. Global, regional and national sodium intakes in 1990 and 2010: a systematic analysis of 24 h urinary sodium excretion and dietary surveys worldwide. BMJ Open 2013;3:e003733.
11. Ministério da Saúde. Vigitel Brasil 2014 Saúde Suplementar: vigilância de fatores de risco e proteção para doenças crônicas por inquérito telefônico. Ministério da Saúde, Agência Nacional de Saúde Suplementar. Brasília: Ministério da Saúde; 2015. 165 p.
12. Associação Brasileira de Anunciantes. Publicidade e criança: comparativo global da legislação e da autorregulamentação. São Paulo: Conar; 2013. Disponível em: http://www.aba.com.br/wp-content/uploads/content/4d1d5bc59d4b9ef5c18ffa9f052ac987.pdf. Acesso em: 13 jul. 2016.
13. Ministério da Saúde. Agência Nacional de Vigilância Sanitária. Resolução da Diretoria Colegiada – RDC n. 54, de 12 de novembro de 2012. Dispõe sobre o regulamento técnico sobre informação nutricional complementar. Disponível em: http://portal.anvisa.gov.br/documents/%2033880/2568070/rdc0054_12_11_2012.pdf/c5ac23fd-974e-4f2c-9fbc-48f7e0a31864. Acesso em: 13 jul. 2016.
14. Ministério da Saúde. Guia para comprovação da segurança de alimentos e ingredientes, gerência de produtos especiais, gerência geral de alimentos. Brasília: Anvisa; 2013.
15. Ministério da Saúde. Agência Nacional de Vigilância Sanitária. Resolução n. 17, de 30 de abril de 1999. Aprova o regulamento técnico que estabelece as diretrizes básicas para a avaliação de risco e segurança dos alimentos. Brasília: Diário Oficial da União; 3 maio 1999.
16. Ministério da Saúde. Agência Nacional de Vigilância Sanitária. Resolução n. 18, de 30 de abril de 1999. Aprova o regulamento técnico que estabelece as diretrizes básicas para análise e comprovação de propriedades funcionais e ou de saúde alegadas em rotulagem de alimentos, constante do anexo desta portaria. Brasília: Diário Oficial da União; 3 maio 1999.
17. Porter ME, Kramer MR. Creating shared value. Boston: Harvard Business Review; 2011.
18. Vlassopoulos A, Masset G, Charles VR, Hoover C, Chesneau-Guillemont C, Leroy F et al. A nutrient profiling system for the (re)formulation of a global food and beverage portfolio. Eur J Nutr 2017;56(3):1105-22.
19. Nilson EAF, Jaime PC, Resende DO. Iniciativas desenvolvidas no Brasil para a redução do teor de sódio em alimentos processados. Rev Panam Salud Publica 2012;32(4): 287-92.
20. Ministério da Saúde; Instituto Brasileiro de Geografia e Estatística. Pesquisa Nacional de Saúde: percepção do estado de saúde, estilos de vida e doenças crônicas. Brasil, Grandes Regiões e Unidades da Federação. Rio de Janeiro: IBGE; 2014a. 181 p. Disponível em: https://biblioteca.ibge.gov.br/visualizacao/livros/liv91110.pdf. Acesso em: 30 jun. 15.
21. Ministério da Saúde. Plano de ações estratégicas para o enfrentamento das doenças crônicas não transmissíveis (DCNT) no Brasil, 2011-2022. Brasília; 2011a. Disponível em:http://portalms.saude.gov.br. Acesso em: 20 ago. 2015.
22. Sarno F, Claro RM, Levy RB, Bandonil DH, Ferreira SRG, Monteiro CA. Estimativa de consumo de sódio pela população brasileira, 2008-2009. Rev Saúde Pública 2013; 47(3):571-8.
23. Roodenburg AJC, Popkin BM, Seidell JC. Development of international criteria for a front of package food labelling system: the International Choices Programme. Eur J Clin Nutr 2011;65:1190-200.
24. WHOQOL Group. The World Health Organization Quality of Life assessment (WHO-QOL): position paper from the World Health Organization. Soc Sci Med 1995;41 (10):1403-9.

CAPÍTULO 18

Genômica nutricional

Marcelo Macedo Rogero
Dennys Esper Cintra

INTRODUÇÃO

As ciências nutricionais evoluíram e permitiram novas interpretações sobre o papel dos nutrientes e compostos bioativos dos alimentos nos organismos de indivíduos saudáveis ou enfermos. E com isso foi possível também aprender que uma dada resposta frente a determinado tratamento não depende apenas do nutriente que é consumido, mas também de como o organismo responde ao que lhe está sendo oferecido. Isso demonstra claramente que a nutrição não é uma ciência de mão única, na qual apenas o nutriente desempenhará uma ação sobre o indivíduo, pois é necessário compreender que o organismo exerce e exibe uma resposta frente àquele nutriente que está sendo ingerido. Essa resposta é dada de maneira individual, com base na constituição genética apresentada por todos os seres vivos. E é justamente a constituição genética a responsável pela caracterização da "via de mão dupla" dessa ciência.

A individualidade da terapia nutricional vem sendo cada vez mais fundamentada pela ciência, e também os nutrientes têm merecido atenção especial por causa dos papéis específicos que desempenham nos organismos de humanos e animais. Não é mais possível que sejam classificados de forma generalizada, como, por exemplo, carboidratos simples ou complexos ou ainda como "simplesmente" ácidos graxos saturados, mono ou poli-insaturados. As ciências nutricionais demonstram de forma inovadora que cada componente alimentar exerce efeitos específicos e independentes de sua classificação nutricional, bem como influencia em diferentes pontos de determinadas vias metabólicas e de sinalização intracelular. A nutrigenômica surgiu para auxiliar a compreensão dessas e outras questões, algumas das quais serão abordadas neste capítulo.

NUTRIGENÔMICA

A nutrigenômica estuda o efeito de nutrientes e de compostos bioativos presentes em alimentos sobre a expressão gênica e, consequentemente, sobre o proteoma e o metaboloma. As interações que envolvem a nutrigenômica podem ocorrer de modo direto ou indireto. A regulação pelo modo indireto é representada pela capacidade de nutrientes e compostos bioativos ativarem ou inibirem vias de sinalização intracelulares. Nesse sentido, pode ocorrer aumento ou redução da translocação de fatores de transcrição do citoplasma para o núcleo celular, e a ligação de fatores de transcrição na região promotora de genes específicos promove a transcrição gênica.[1] No tocante à regulação pelo modo direto, verifica-se que nutrientes ou compostos bioativos interagem diretamente como ligantes de receptores nucleares ou de fatores de transcrição e, desse modo, promovem alteração da atividade transcricional do gene.

Modo indireto

As catequinas destacam-se como compostos bioativos que apresentam a capacidade de modular a expressão gênica pelo modo indireto. Elas são monômeros de flavanois, como a epicatequina, a epigalocatequina, a epicatequina galato (ECG) e a epigalocatequina-3-galato (EGCG) (Figura 18.1).[2]

A EGCG, principal polifenol presente no chá-verde (*Camellia sinensis*), tem ação anti-inflamatória, inibindo *in vitro* a ativação do fator de transcrição designado fator nuclear kappa B (NF-kB), ao mesmo tempo em que inibe a degradação do inibidor do kappa B (IkB) alfa induzido pela ativação celular mediada pelo fator de necrose tumoral (TNF) alfa. O mecanismo de ação anti-inflamatória da EGCG parece estar associado à diminuição da atividade da proteína quinase designada quinase do ini-

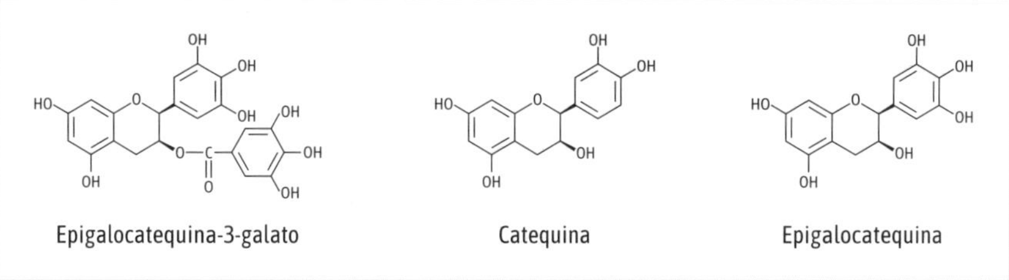

Figura 18.1. Estruturas da epigalocatequina-3-galato, da catequina e epigalocatequina.

bidor do kappa B (IKK) beta, a qual promove a fosforilação do IkB-alfa. Como consequência desse efeito sobre a via de sinalização do NF-kB, as catequinas reduzem a expressão gênica da enzima ciclooxigenase (COX) 2. A EGCG atua como um composto bioativo com ação anti-inflamatória na via das proteínas quinases ativadas por mitógenos (MAPK), inibindo a fosforilação da proteína p38. As catequinas também reduzem a expressão gênica da proteína c-Jun N-terminal quinase (JNK) e do fator de transcrição da proteína ativadora-1 (AP-1) (Figura 18.2).[2,3]

Modo direto

Alguns nutrientes apresentam a capacidade de controlar diretamente a transcrição gênica, ativando-a ou reprimindo-a. Certos ácidos graxos são capazes de exercer tal função por meio de importantes proteínas, como os receptores ativados por proliferadores de peroxissomos (PPAR), encontrados também no citoplasma, mas que se comportam como receptores nucleares. Os principais PPAR são o alfa e o gama, mas o beta/delta, apesar de não ser tão potente como o PPAR-alfa e o PPAR-gama, são responsivos aos mesmos agonistas. Diferentes ácidos graxos podem induzir diferentes desfechos na função de um PPAR. Dessa maneira, será apresentada aqui a forma generalizada de como um nutriente é capaz de modular a atividade de um PPAR, pois a combinação entre os tipos de PPAR ativados por ácidos graxos e os tecidos nos quais estão presentes fornece vasta amplitude de ações dessas moléculas.[4,5]

Quando ativados por ácidos graxos, os PPAR migram ao núcleo e podem se ligar ao PPRE, cuja sigla em inglês significa elemento de resposta ao PPAR, dando início ao controle da transcrição gênica (Figura 18.3).

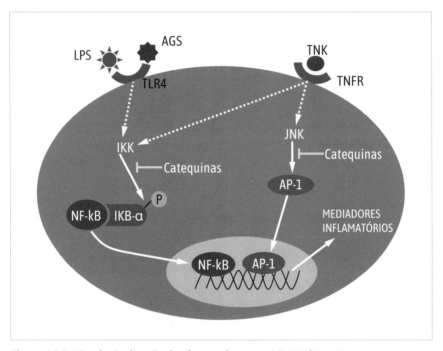

Figura 18.2. Vias de sinalização dos fatores de transcrição NF-kB e AP-1. A presença de lipopolissacarídeos (LPS) e de ácidos graxos saturados (AGS) estimula a via de sinalização do fator de transcrição denominado fator nuclear kappa B (NF-kB), enquanto a presença do fator de necrose tumoral-alfa (TNF-alfa) estimula tanto a via de sinalização do NF-kB quanto da proteína-1 ativadora (AP-1). A ativação dessas vias resulta no aumento da expressão de genes que codificam para proteínas envolvidas na resposta inflamatória. As catequinas promovem redução da resposta inflamatória por meio da redução da ativação dos fatores de transcrição NF-kB e AP-1.
AGS: ácidos graxos saturados; IkB-alfa: inibidor do kB; IKK: IkB quinase; JNK: c-Jun N-terminal quinase; TLR-4: receptor do tipo Toll-4; TNFR: receptor do TNF-alfa.

Mas essa sinalização é finamente regulada, pois para que o ácido graxo se ligue no PPAR, a proteína correpressora do PPAR precisa ser removida de sua posição. Essa proteína mantém o PPAR desligado, mas, quando recebe sinal para seu deslocamento, permite que agonistas se liguem e ativem a molécula. Além disso, essa sinalização pode apresentar resultado mais potente caso um coativador do PPAR seja também ativado e o sensibilize.

Essa movimentação proteica por si só já é capaz de exercer grandes efeitos sobre a transcrição gênica, mas ainda há outras regulações exer-

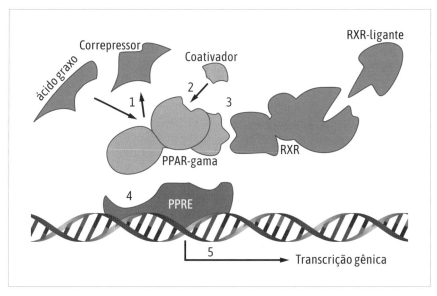

Figura 18.3. Mecanismos de regulação transcricional por receptores ativados por proliferadores de peroxissomos (PPAR).
(1) Para que um PPAR possa ser ativado por um ligante, como um ácido graxo, seu correpressor deve desocupar o sítio de ligação para o agonista; (2) essa regulação pode ocorrer de forma mais potente quando um coativador auxilia o ligante de PPAR; (4) esse complexo proteico já poderia se ligar no elemento responsivo ao PPAR (PPRE) e controlar a transcrição gênica, mas outro receptor nuclear (3) pode influenciar a transcrição coordenada por PPAR, o receptor X ativado por retinoides (RXR), influenciando positiva ou negativamente na transcrição gênica (5).

cidas pelos PPAR que podem ser interessantes. Outro receptor nuclear, o receptor X de retinoides (RXR), quando ativado pelo ácido retinoico 9-cis, pode se ligar ao PPAR, induzindo esse grande complexo proteico à transcrição de diferentes outros genes. Dessa maneira, tem-se dois receptores nucleares, controlados por diferentes nutrientes, mas que podem interagir entre si, demonstrando quão complexa pode ser a sinalização celular orquestrada por nutrientes.[6]

Entretanto, nem todo nutriente ingerido poderá exercer alterações esperadas como essas que acabaram de ser descritas, pois tais respostas são dependentes da constituição genética do indivíduo, o que pode, por sua vez, culminar em respostas fenotípicas também individuais, como será visto a seguir.

NUTRIGENÉTICA

A variabilidade genética (alteração na sequência de nucleotídeos) influencia como o indivíduo interage com os fatores ambientais. Nesse sentido, a nutrigenética estuda a influência da variabilidade genética individual na resposta à dieta e sobre o risco de doenças relacionadas à nutrição. Cabe destacar que a nutrigenética engloba o estudo de variações presentes no DNA, como polimorfismos de nucleotídeo único (SNP), variações de números de cópias (CNV) e inserções e deleções (INDEL).[1]

A síndrome metabólica é identificada como uma associação de fatores de risco que está fortemente associada a elevada morbimortalidade cardiovascular. No contexto da nutrigenética e síndrome metabólica, destaca-se o estudo de SNP presentes em genes relacionados à resposta inflamatória e ao metabolismo da glicose e de lipídios. Nesse sentido, serão descritos a seguir alguns exemplos de SNP que apresentam interação com alimentação e biomarcadores plasmáticos relacionados à síndrome metabólica.

APOA1

A APOA1 representa a principal apoproteína presente na lipoproteína de alta densidade (HDL). Na região promotora do gene que codifica a APOA1, constata-se a presença de um SNP (-75 G>A; rs670) que altera a resposta à ingestão de ácidos graxos poli-insaturados. Um estudo verificou que, em mulheres que carreavam o genótipo GG em relação ao SNP -75 G>A, o maior consumo de ácidos graxos poli-insaturados resultou em redução das concentrações dessa lipoproteína de alta densidade. Já em mulheres carreadoras do alelo A em relação ao SNP -75 G>A, o maior consumo desses ácidos graxos resultou em aumento das concentrações plasmáticas de HDL-colesterol. Esse SNP representa exemplo relevante de que a mesma recomendação nutricional – no caso, aumento da ingestão de ácidos graxos poli-insaturados – pode não favorecer a todos da mesma forma.[7]

PPARgama

Outro SNP de interesse no contexto da síndrome metabólica é o PPAR-gama Pro12Ala (rs1801282). Em obesos, mas não em indivíduos com peso adequado, o alelo variante foi associado com perfil lipídico mais aterogênico, representado por altas concentrações plasmáticas de triacilglicerol e baixas concentrações plasmáticas de colesterol associado à HDL. Além disso, a suplementação com ácidos graxos poli-insaturados ômega 3 resultou em maior redução das concentrações plasmáticas de triacilglicerol em homens que apresentavam o alelo variante em comparação àqueles que não carreavam o alelo variante.[8]

Mutações no coativador do PPARgama (PGC-1alfa) associam-se ao desenvolvimento de diabetes melito tipo 2 (DM2). O PGC-1alfa é uma molécula fortemente envolvida na regulação da gliconeogênese, na oxidação de ácidos graxos e na termogênese adaptativa. Um estudo[9] identificou nove SNP do PGC-1 (alfa e beta) em chineses, sendo 1.019 portadores de DM2 e 1.709 controles. Dos pacientes com DM2, apenas o polimorfismo no PGC-1alfa (rs12640088) apresentou correlação positiva com excesso de peso.

Estudos sobre polimorfismos em genes isolados são interessantes, mas trabalhos que mostrem a associação entre polimorfismos de genes que participam de vias semelhantes de sinalização celular são iminentes.[10] Dessa maneira, além de serem necessários estudos de associação entre polimorfismos, são necessários também estudos que avaliem populações específicas, considerando que diferentes *backgrounds* genéticos podem influenciar diferentes fenótipos. Li et al.[11] avaliaram em sua metanálise 74 estudos com variações no PPARgama, e o SNP C1431T não apresentou nenhuma correlação com alterações séricas.[11]

TNF-alfa

No campo da nutrigenética e inflamação, verifica-se que a maior parte das variações ocorre nas sequências localizadas na região promotora de genes que codificam proteínas com ações pró-inflamatória ou anti-inflamatória, o que pode acarretar alteração na expressão gênica dessas proteínas. Dois SNP presentes na região promotora do gene que codifica para o TNF-alfa alteram a atividade transcricional. Um SNP localizado na posição -238 G>A (rs361525) promove diminuição da atividade transcricional e, consequentemente, redução da síntese dessa citocina. Por outro lado, o SNP presente na posição -308 G>A (rs1800629) do gene do TNF-alfa promove o efeito inverso. Cabe destacar que o TNF-alfa inibe a ação da insulina, o que favorece a ocorrência da resistência periférica à ação da insulina.[12-14]

Nesse contexto, Grimble et al.[15] demonstraram em indivíduos saudáveis, com elevada síntese de TNF-alfa a partir de células mononucleares do sangue periférico, que indivíduos que carreavam o alelo A em relação ao SNP -308 G>A na região promotora do gene do TNF-alfa apresentavam maior redução da síntese de TNF-alfa após a suplementação com óleo de peixe – rico em ácidos graxos poli-insaturados ômega 3 (ácido eicosapentaenoico e docosaexaenoico) – em comparação àqueles com o genótipo -308GG.

FTO

O SNP rs9939609 presente no gene associado a obesidade e massa gorda (FTO) tem sido amplamente relacionado com prevalência de obesidade em crianças e adolescentes, e essa associação parece ser dependente do teor de ingestão de macronutrientes.[14] Um estudo realizado com 354 crianças e adolescentes espanhóis (idades entre 6 e 18 anos; 49% do sexo masculino) verificou significativa interação entre a ingestão de ácidos graxos saturados (percentual do valor calórico total – VCT) e da razão de ingestão de poli-insaturados/saturados com o risco de obesidade associado ao SNP rs9939609 presente no gene FTO. Na população estudada, os carreadores do alelo variante A que ingeriram acima de 12,6% de ácidos graxos saturados em relação ao VCT tinham aumento do risco de obesidade em comparação aos indivíduos com o genótipo TT. De modo similar, os carreadores do alelo A em relação ao SNP rs9939609, com uma razão de ingestão poli-insaturados/saturados inferior a 0,43, apresentavam maior risco de obesidade em relação aos indivíduos com genótipo TT. Tais resultados evidenciam a influência da distribuição de ingestão de ácidos graxos da dieta em relação ao efeito do SNP rs9939609 no gene do FTO sobre o risco de obesidade em crianças e adolescentes.[16]

NUTRIEPIGENÉTICA

A epigenética é a ciência que estuda modificações na cromatina, que resultam em alteração da regulação da expressão gênica sem envolver alteração da sequência primária do DNA, ou seja, a epigenética é o processo que regula como e quando os genes são silenciados e ativados. A epigenética engloba metilação do DNA e modificações em histonas. Diferentes classes de RNA pequenos não codificadores (por exemplo, microRNA) ou RNA de maior extensão não codificadores têm sido propostas como reguladores-chave da expressão gênica, do remodelamento da cromatina e de alterações epigenéticas por meio de múltiplos mecanismos, evidenciando potencial para serem caracterizadas como biomarcadores para doenças em humanos. A alimentação pode causar alterações epigenéticas que podem aumentar ou reduzir a ativação transcricional de um gene, o que, em última instância, afeta a função e o metabolismo celular.[17]

Metilação

Um mecanismo epigenético é a metilação do DNA, a qual se refere ao grau pelo qual grupos metil estão presentes ou ausentes em determinadas regiões do gene. De modo geral, a hipometilação promove aumento da expressão gênica, enquanto a hipermetilação provoca redução da expressão gênica. Os nutrientes folato, metionina, colina, vitamina B12 e vitamina B6 estão envolvidos no metabolismo do um-carbono – vias de transferência de grupamentos CH3 entre moléculas biológicas – e desempenham papel crucial na manutenção da metilação do DNA. O excesso ou deficiência de ingestão de alguns desses nutrientes afeta o metabolismo do um-carbono e, desse modo, pode alterar os padrões de metilação do DNA e de histonas.[17] Estudos em animais evidenciam que rações deficientes em metionina, colina, vitamina B12 ou folato induzem hipometilação global e hipermetilação em regiões específicas, cujo fato tem sido associado ao aumento do risco de câncer.[18]

Acetilação de histonas

A acetilação e a desacetilação de histonas são eventos epigenéticos relevantes, os quais desempenham papel importante na resposta inflamatória. A acetilação mediada pelas histonas acetiltransferases (HAT) em resíduos de lisina específicos na cauda N-terminal de histonas resulta em aumento da acessibilidade de ligação por fatores de transcrição. Por outro lado, a desacetilação de histonas por meio de histonas desacetilases (HDAC) promove repressão da transcrição gênica, uma vez que torna a estrutura da cromatina mais condensada e, desse modo, dificulta o acesso de fatores de transcrição à região regulatória do gene. Alteração da atividade da HAT e da HDAC pode aumentar o risco para diversas doenças, incluindo câncer, DM2, hipertrofia cardíaca e asma.[19-21]

A curcumina, um membro da família dos compostos curcuminoides, é um pigmento fenólico de cor amarela obtido a partir da cúrcuma (*Curcuma longa L.*), pertencente à família da Zingiberaceae. A atividade antioxidante da curcumina tem sido atribuída aos seus grupos hidroxil e metóxi. Um típico extrato cru dos rizomas da *C. Longa* contém cerca de 70 a 76% de curcumina. Diversos estudos caracterizaram a ação anti-inflamatória da curcumina, aliada à ação antibacteriana, antiviral, antifúngica e antitumoral.[2]

Estudos indicam que a curcumina pode regular o remodelamento da cromatina por meio da inibição da acetilação de histonas. Em um estudo[22] com cultura de monócitos humanos (células THP-1), que foram incubados em meios contendo manitol, ou em condições normoglicêmicas (5,5 mmol/L de glicose) ou hiperglicêmicas (25 mmol/L de glicose), na presença ou ausência de curcumina (1,5-12,5 mcM) por 72 h, verificou-se que a condição hiperglicêmica significativamente induz a acetilação de histonas, o aumento da atividade do fator de transcrição NF-kB e a liberação de citocinas pró-inflamatórias (IL-6, TNF-alfa e MCP-1) a partir de células THP-1. Por outro lado, a presença de curcumina suprime a atividade do NF-kB e a liberação de citocinas em células THP-1. Além disso, a curcumina significativamente reduz a atividade da HAT e a expressão do coativador do NF-kB, bem como induz a expressão da HDAC2. Tais resultados indicam que a curcumina reduz a síntese de citocinas induzida por condições hiperglicêmicas em monócitos por alterações epigenéticas envolvendo o NF-kB.

MicroRNA

O ácido graxo saturado designado ácido palmítico induz resistência à ação da insulina no músculo esquelético, cujo fato pode estar relacionado a modificação e expressão do substrato 1 do receptor de insulina (IRS-1). A IRS-1 atua como uma molécula essencial para mediar os efeitos metabólicos e mitogênicos da insulina em tecidos periféricos, como músculo, fígado e tecido adiposo, por meio da transmissão do sinal a partir do receptor de insulina para enzimas *downstream*, como a PI3K, PDK-1 e Akt.[23,24]

O excesso de ácidos graxos saturados, particularmente, ácido palmítico, aumenta metabólitos lipídicos intermediários, incluindo ceramidas e diacilglicerol, o que promove a fosforilação de resíduos de serina da IRS-1 via proteína quinase C, JNK e IKK. A fosforilação de resíduos de serina da IRS-1 promove a interrupção da sinalização da insulina por inativar a IRS-1 e provoca a degradação da IRS-1 por ubiquitinação. Cabe destacar que a redução da atividade da IRS-1 tem sido verificada no músculo esquelético de pacientes com DM2, indicando que tal fato está associado à resistência à insulina e ao DM2.[25,26]

Um estudo[27] verificou que os efeitos do ácido palmítico podem ocorrer por meio de alteração da expressão de microRNA. Nesse sentido, constatou-se que o palmitato induz a expressão do miR-29a em miócitos. O miR-29a apresenta como alvo a região 3'UTR da IRS-1 e, desse modo, reduz a expressão da IRS-1 no âmbito da tradução. Além disso, a expressão ectópica do miR-29a prejudica a via de sinalização da insulina e a captação da glicose em miócitos por meio de redução significativa da IRS-1. Tais resultados sugerem que o aumento da expressão do miR-29a induzido pela ingestão de ácidos graxos saturados representa um dos fatores causais relacionados ao desenvolvimento da resistência à ação da insulina em miócitos.

CONSIDERAÇÕES FINAIS

O uso de novas tecnologias está construindo uma nova perspectiva na área da nutrição, que possibilitará sólidas recomendações nutricionais individualizadas. É importante que estudos futuros não apenas considerem os efeitos de uma intervenção nutricional sobre determinados exames laboratoriais em diferentes grupos genéticos, mas também observem os efeitos dessa intervenção sobre o desenvolvimento de doenças, sobrevivência e qualidade de vida.

Nutrientes têm a capacidade de interagir e modular diferentes mecanismos moleculares intracelulares. O conhecimento dos diversos efeitos dos nutrientes e compostos bioativos de acordo com a constituição genética (nutrigenética) e como esses compostos presentes nos alimentos podem afetar a expressão gênica (nutrigenômica) está promovendo uma revolução no campo da nutrição.

Ciências da nutrição têm tradicionalmente estudado os efeitos de nutrientes em termos de respostas "médias", o que desconsidera amplamente a variabilidade interindividual e as causas subjacentes. Avanços na nutrigenética e na nutrigenômica, com abordagens distintas, elucidarão as interações gene-alimentação, mas com o objetivo comum de otimizar a saúde por meio da nutrição personalizada, fornecendo abordagens robustas para desvendar as complexas interações entre a nutrição molecular, as variantes genéticas e a biologia de sistemas.

REFERÊNCIAS BIBLIOGRÁFICAS

1. Ferguson LR, De Caterina R, Görman U, Allayee H, Kohlmeier M, Prasad C et al. Guide and position of the international society of nutrigenetics/nutrigenomics on personalised nutrition: Part 1 – Fields of precision nutrition. J Nutrigenet Nutrigenomics 2016;9(1):12-27. Disponível em: http://www.karger.com/?doi=10.1159/000445350. Acesso em: 12 dez. 2016.
2. Rahman I, Biswas SK, Kirkham PA. Regulation of inflammation and redox signaling by dietary polyphenols. Biochem Pharmacol 2006;72(11):1439-52. Disponível em: http://linkinghub.elsevier.com/retrieve/pii/S0006295206004199. Acesso em: 12 dez. 2016.
3. Aggarwal BB, Shishodia S. Molecular targets of dietary agents for prevention and therapy of cancer. Biochem Pharmacol 2006;71(10):1397-421. Disponível em: http://linkinghub.elsevier.com/retrieve/pii/S0006295206000955. Acesso em: 12 dez. 2016.
4. Wahli W, Michalik L. PPARs at the crossroads of lipid signaling and inflammation. Trends Endocrinol Metab 2012;23(7):351-63.
5. Agarwal S, Yadav A, Chaturvedi RK. Peroxisome proliferator-activated receptors (PPARs) as therapeutic target in neurodegenerative disorders. Biochem Biophys Res Commun 2017;483(4):1166-1177.
6. Brown JD, Plutzky J. Peroxisome proliferator-activated receptors as transcriptional nodal points and therapeutic targets. Circulation 2007;115(4):518-33.
7. Ordovas JM. Genetic interactions with diet influence the risk of cardiovascular disease. Am J Clin Nutr 2006;83(2):443S-6S. Disponível em: http://www.ncbi.nlm.nih.gov/pubmed/16470010. Acesso em: 12 dez. 2016.
8. Lindi V, Schwab U, Louheranta A, Laakso M, Vessby B, Hermansen K et al. Impact of the Pro12Ala polymorphism of the PPAR-gamma2 gene on serum triacylglycerol response to n-3 fatty acid supplementation. Mol Genet Metab 2003;79(1):52-60. Disponível em: http://www.ncbi.nlm.nih.gov/pubmed/12765846. Acesso em: 12 dez. 2016.
9. Villegas R, Williams SM, Gao Y-T, Long J, Shi J, Cai H et al. Genetic variation in the Peroxisome Proliferator-Activated Receptor (PPAR) and Peroxisome Proliferator-Ac-

Capítulo 18 Genômica nutricional 231

tivated Receptor Gamma Co-activator 1 (PGC1) gene families and type 2 diabetes. Ann Hum Genet 2014;78(1):23-32. Disponível em: http://www.ncbi.nlm.nih.gov/pubmed/24359475. Acesso em: 12 dez. 2016.

10. Butt H, Shabana, Hasnain S. The C1431T polymorphism of peroxisome proliferator activated receptor γ (PPARγ) is associated with low risk of diabetes in a Pakistani cohort. Diabetol Metab Syndr 2016;8(1):67. Disponível em: http://www.ncbi.nlm.nih.gov/pubmed/27625707. Acesso em: 12 dez. 2016.

11. Li Q, Chen R, Bie L, Zhao D, Huang C, Hong J. Association of the variants in the PPARG gene and serum lipid levels: a meta-analysis of 74 studies. J Cell Mol Med 2015;19(1):198-209. Disponível em: http://www.ncbi.nlm.nih.gov/pubmed/25265984. Acesso em: 12 dez. 2016.

12. Curti MLR, Rogero MM, Baltar VT, Barros CR, Siqueira-Catania A, Ferreira SRG. FTO T/A and peroxisome proliferator-activated receptor-γ Pro12Ala polymorphisms but not ApoA1 -75 are associated with better response to lifestyle intervention in Brazilians at high cardiometabolic risk. Metab Syndr Relat Disord 2013;11(3):169-76. Disponível em: http://online.liebertpub.com/doi/abs/10.1089/met.2012.0055. Acesso em: 12 dez. 2016.

13. Curti ML, Pires MM, Barros CR, Siqueira-Catania A, Rogero MM, Ferreira SR. Associations of the TNF-alpha -308 G/A, IL6 -174 G/C and AdipoQ 45 T/G polymorphisms with inflammatory and metabolic responses to lifestyle intervention in Brazilians at high cardiometabolic risk. Diabetol Metab Syndr 2012;4(1):49. Disponível em: http://dmsjournal.biomedcentral.com/articles/10.1186/1758-5996-4-49. Acesso em: 12 dez 2016.

14. Curti MLR, Jacob P, Borges MC, Rogero MM, Ferreira SRG. Studies of gene variants related to inflammation, oxidative stress, dyslipidemia, and obesity: implications for a nutrigenetic approach. J Obes 2011;2011:497401. Disponível em: http://www.hindawi.com/journals/jobe/2011/497401/. Acesso em: 12 dez. 2016.

15. Grimble RF, Howell WM, O'Reilly G, Turner SJ, Markovic O, Hirrell S et al. The ability of fish oil to suppress tumor necrosis factor alpha production by peripheral blood mononuclear cells in healthy men is associated with polymorphisms in genes that influence tumor necrosis factor alpha production. Am J Clin Nutr 2002;76(2):454-9. Disponível em: http://www.ncbi.nlm.nih.gov/pubmed/12145022. Acesso em: 12 dez. 2016.

16. Moleres A, Ochoa MC, Rendo-Urteaga T, Martínez-González MA, Azcona San Julián MC, Martínez JA et al. Dietary fatty acid distribution modifies obesity risk linked to the rs9939609 polymorphism of the fat mass and obesity-associated gene in a Spanish case-control study of children. Br J Nutr 2012;107(4):533-8. Disponível em: http://www.journals.cambridge.org/abstract_S0007114511003424. Acesso em: 12 dez. 2016.

17. Camp KM, Trujillo E. Position of the Academy of Nutrition and Dietetics: nutritional genomics. J Acad Nutr Diet 2014;114(2):299-312. Disponível em: http://linkinghub.elsevier.com/retrieve/pii/S2212267213017838. Acesso em: 12 dez. 2016.

18. Ho E, Beaver LM, Williams DE, Dashwood RH. Dietary factors and epigenetic regulation for prostate cancer prevention. Adv Nutr 2011;2(6):497-510. Disponível em: http://advances.nutrition.org/cgi/doi/10.3945/an.111.001032. Acesso em: 12 dez. 2016.

19. McKinsey TA, Olson EN. Cardiac histone acetylation – therapeutic opportunities abound. Trends Genet 2004;20(4):206-13. Disponível em: http://linkinghub.elsevier.com/retrieve/pii/S0168952504000381. Acesso em: 12 dez. 2016.

20. Yang X-J. The diverse superfamily of lysine acetyltransferases and their roles in leukemia and other diseases. Nucleic Acids Res 2004;32(3):959-76. Disponível em: http://nar.oxfordjournals.org/lookup/doi/10.1093/nar/gkh252. Acesso em: 12 dez. 2016.
21. Krämer OH, Göttlicher M, Heinzel T. Histone deacetylase as a therapeutic target. Trends Endocrinol Metab 2001;12(7):294-300. Disponível em: http://www.ncbi.nlm.nih.gov/pubmed/11504668. Acesso em: 12 dez. 2016.
22. Yun J-M, Jialal I, Devaraj S. Epigenetic regulation of high glucose-induced proinflammatory cytokine production in monocytes by curcumin. J Nutr Biochem 2011; 22(5):450-8. Disponível em: http://linkinghub.elsevier.com/retrieve/pii/S09552 86310000872. Acesso em: 12 dez. 2016.
23. Borén J, Taskinen M-R, Olofsson S-O, Levin M. Ectopic lipid storage and insulin resistance: a harmful relationship. J Intern Med 2013;274(1):25-40. Disponível em: http://www.ncbi.nlm.nih.gov/pubmed/23551521. Acesso em: 12 dez. 2016.
24. Petersen KF, Shulman GI. Etiology of Insulin Resistance. Am J Med 2006;119(5):S10-6. Disponível em: http://www.ncbi.nlm.nih.gov/pubmed/16563942. Acesso em: 12 dez. 2016.
25. Werner ED, Lee J, Hansen L, Yuan M, Shoelson SE. Insulin resistance due to phosphorylation of insulin receptor substrate-1 at serine 302. J Biol Chem 2004;279 (34):35298-305. Disponível em: http://www.jbc.org/cgi/doi/10.1074/jbc.M40520 3200. Acesso em: 12 dez. 2016.
26. Capurso C, Capurso A. From excess adiposity to insulin resistance: the role of free fatty acids. Vascul Pharmacol 2012;57(2-4):91-7. Disponível em: http://linkinghub.elsevier.com/retrieve/pii/S1537189112000936. Acesso em: 12 dez. 2016.
27. Yang W-M, Jeong H-J, Park S-Y, Lee W. Induction of miR-29a by saturated fatty acids impairs insulin signaling and glucose uptake through translational repression of IRS-1 in myocytes. FEBS Lett 2014;588(13):2170-6. Disponível em: http://doi.wiley.com/10.1016/j.febslet.2014.05.011. Acesso em: 12 dez. 2016.